心若菩提（增订本）

曹德旺 著

人民出版社

2009 年 5 月，曹德旺从全球 43 个国家和地区代表中脱颖而出，荣膺 "安永全球企业家 2009 大奖"（Ernst & Young World Entrepreneur of the Year® 2009），成为该奖设立以来首个华人得主。

2016 年 10 月 6 日，曹德旺获颁全球玻璃行业最高奖项——凤凰奖（the Phoenix Award）。

2011年5月5日，由曹德旺捐赠3亿股福耀玻璃股票发起成立的河仁慈善基金会在北京正式成立。股票过户当天价值35.49亿元人民币，成为当时中国最大的非公募慈善基金会，开创慈善造血方式先河。在成立仪式上，曹德旺向"河仁慈善基金会"的代表、副理事长程铁生（右一）、监事长洪永世（左一）递交了捐赠牌。

在夏威夷会议期间，与美国前财政部长保尔森先生及夫人合影。

2014 年 8 月 29 日，福耀兼并美国 PPG 公司 Mt. Zion 工厂，交割仪式在福清福耀总部举行，曹德旺与美国 PPG 副总裁 Richard Beuke（左）先生共同签署了合作协议。

蒙特卡洛颁奖现场，曹德旺与安永全球CEO Jim Turley、2009年安永全球企业家奖评委会主席J. Christer Ericsson同庆。

2016年是凤凰奖第46次颁发，曹德旺也是第一位获此殊荣的中国企业家。图为凤凰奖委员会与历届获奖者的合影。

1988 年夏天，曹德旺在办公室工作时留影，桌上的摇号电话记录着时代的变迁。

1994 年 6 月 17 日，莱米诺公司中国销售代表马丁（中）带领曹德旺（左）和福耀总工程师李维维（右）赴美国莱米诺公司考察生产设备。

程安村位于福清与平潭交接的一个岛上，交通不便，村子破败不堪。2002 年，曹德旺得知情况后，出资 180 万，将这个村庄搬迁到附近一片宜居的土地上重建新村。2007 年 7 月，新村举行盛大的落成庆典，图为曹德旺在庆典现场致辞。

2009年9月至2010年5月期间，曹德旺陆续捐资2.5亿元，在福建省福清市高山镇建设德旺中学。学校按照省一级达标学校标准建设，于2011年7月竣工并投入使用。

心芝菩提

傅泛舟

丁酉年春

他的成就远远超过汽车玻璃领域。福耀集团真正推动了中国汽车工业在海外的发展。他同时也为中国的公司治理开辟了先河，他不仅把福耀重组为福建省最早成立的股份有限公司之一，也是中国最早将独立董事引入董事会的企业之一。安永全球企业家大奖今年的竞争十分激烈，也正是因为上述因素使各位评委最终决定把奖项颁发给曹德旺。

——安永全球企业家大奖独立评选团主席兼
瑞典 JCE 集团主席 J. Christer Ericsson

PROLOGUE
自 序

小时候，大家叫我小印度。

九岁时，要上学了，长福伯给我取名"德旺"，"聪明又有德，必然兴旺啊……"我高兴好几天。

记得那时母亲常说："穷不可怕，最怕的是没志气。""要摆脱贫穷，只有靠你自己的努力和拼搏。""做人最重要的是人格的完整，最需要的是取得他人的信任。要做到：穷要穷得清，富要富得明。所以，在外面要把胸挺起来，头抬起来，不要被别人看不起。"

这些话，打小就深深地刻在我的脑海里。

失学后，我跟随父亲学做生意，倒过烟丝，贩过水果……可以说，我最初的经商理念，都来自于父亲，我的很多人生的感悟，也来自于父亲。

记得父亲说过："做事要用心，有多少心就能办多少事。你数一数，有多少个心啊？"

"用心、真心、爱心、决心、专心、恒心、耐心、怜悯心……"我掰着手指，有那么多心吗？

"当然有。"父亲说："但当你悟到爸爸讲的道理时，爸爸或许已经不在人世了。"

以后，我的确知道了。随着我事业的发展，我能数出来的心，已经不是一双手能够容得下的了。

我悟到时，父亲已不在了。

是为序。

PREFACE
引 子

我有早起的习惯。

我起早是少时随我父亲做水果生意落下的。那时觉多,每天凌晨2点,母亲总是坐在床前,不断地喊着推着酣睡的我,才起的床。就是到现在,我都时常会闪过,母亲坐在床沿边,含着眼泪喊着"德旺,起床了",一手轻轻地推在被子里的我,一手抹着止不住的泪。

往事一幕幕在眼前浮过……

CHAPTER 1

第一章
贫困童年

家庭因变致贫

1946年我在上海出生。

在那个动荡的年代，我的出生并没能给家人带来太多的欣喜。父亲忙于生意上的事务，甚至连我的名字都忘记给取了。一直到我上小学前，我的名字就叫"小印度"。我曾经问过母亲，为什么用"小印度"来称呼我？母亲告诉我，当时的上海租界，巡捕多为印度人。很多家长爱把孩子打扮成巡捕的模样，着巡捕装。对这样的孩子，人们就叫他"小印度"，也就是小巡捕的意思。

我明白了，这就像后来一个时期人们喜欢给孩子穿军装，一个时期又喜欢让小孩扮警察一样，没有什么特别的寓意。

解放大军南渡长江前，上海的企业主们纷纷举家搬迁，逃离上海。很多人去了国外或者香港。父亲和母亲商量的结果，是回福建老家。

父亲曹河仁是福建福清高山镇曹厝村人。福清位于福建省东部沿海，为福州市辖县级市，自古就有"海滨邹鲁、文献名邦"的美誉，是林则徐的祖籍地。福清还是全国著名侨乡，自古以来就有年轻人远渡重洋学习打工经商的习惯。

我的家族在高山镇里算是望族。曾祖父曹公望，是福清的首富，他的墓就在我家院子的后面。小时候，我常到曾祖父的墓地一带玩，墓地很大，周边长满了野花。

曾祖父努力积攒下的家业，到爷爷时逐渐衰微，直至最后破落，这是在父亲出生前。

父亲年轻时跟着舅公到了日本。舅公自己在日本有店，可是他没有把父亲放在自己的店里，而是介绍父亲到一家日本人开的布店当学徒。学徒的第一年，父亲所做的，就是煮饭、煮菜、挑水、倒马桶、倒尿壶，吃的则是布店老板一家的剩饭剩菜。到了晚上，布店老板要求父亲不断地对着镜子练习走路，练习微笑，练习鞠躬，练习说话的口型，并告诉他要一直练，直至自己满意为止。

学徒的第二年，布店老板叫父亲把店里的货担着带到乡下去销售，就像我们现在还能看到的货郎担，挑着担子货，边走边叫卖，时而，将担子搁在路边，边卖边吆喝。学徒的第三年，父亲才回到店里，学习怎么站在柜台内，接待客人，进货出货。三年一到，店老板告诉父亲，"我教给你的，你已经都学会了，现在你可以离开我的店，去开自己的店了"。我爸说，他的前半生，很感谢日本老板："三年出师后，我才知日本老板用心良苦。他第一年是练我身骨，第二年教我吃苦，第三年才授我真技。"

我以前无法理解，父亲第一年的学徒生活，为什么只做粗活脏活甚至连帮佣都不如，但父亲向我叙述他的这段学徒生活时，从来也没有抱怨过，似乎理所当然。在我自己经历了苦难的人生后，才明白日本布店老板的苦心：他是"苦其心智，劳其筋骨"，就像习武之人挑柴担水一样，是让父亲练好身板，扎好"马步"，从基础开始一步一步累积经验啊。难怪父亲说起生意经来，一套一套的。

离开日本人的布店，父亲进了舅公开的布店当店员。1936年，我奶奶要父亲回家成亲，父亲就回到高山，与母亲成了亲。一年后，父亲计划再去日本，但经过上海时，卢沟桥事变爆发，父亲改变了去日本的打算，留在了上海。因为不打算再出去了，留在日本的舅公就把父亲在日本赚到的十万日元都汇了回来。

当时的汇率，日元比美元更高。

一下子收到了那么多的钱，父亲都不知道怎么花了。这时候，只要有人同他说做什么项目很好，他就做，因为钱足够多，做什么，也都只是九牛一毛而已。于是，父亲就什么都做，也开了夜总会。

父亲后来成为上海永安百货公司的股东之一。

1947年，国民党的政权已经风雨飘摇，上海很多人都举家搬迁，或去美国，或去香港，或去台湾。父亲母亲决定举家搬回福清高山。父亲买了一艘机动铁壳船，装载家中所有的家产，他的如意算盘是，把东西运回来的船，回到高山后，还可以租给别人运输用。一家六口则坐客轮。没承想，客轮抵达马尾好几天了，货船却迟迟没有靠岸。再几天，消息传来：货船在海上遭遇风暴，沉没了。

怎么办？

母亲陈惠珍，也是福清高山镇洋门村人。论身份，她是地主的千金。嫁给父亲时，外公给了很多的陪嫁。这些陪嫁，母亲都换成了可随身携带的细软。现在，母亲倾其首饰钿钗，变卖成钱，在高山买了块宅基地，盖起了一幢二层的小楼，楼梯、地板、房间，用的都是木板。沿着小楼的墙，用三合土垒着，围了一个小院子，母亲在院子里种上了果树，打开院门，是一望无际的田野。在田野与天空的边界，是海。所以高山，实际上是一个无山海可依靠的小村镇。这一地域特性，也养成了高山人时而开放、时而封闭的性格。

盖房子的工程仅剩下铺瓦片时，国民党第74师溃败经过高山，到处抓壮丁，抓走了正在我家屋顶铺瓦片的工人。虽然被抓走的壮丁，后来又偷跑回来了，但因为是在我家的屋顶上被抓走的，所以他们的家人，从那天起就一直到家里来哭闹，要父母赔人赔钱。父亲不堪其扰，就又回到上海。回上海，是父亲最好的选择，他自幼离家学习经商，已不会耕田种地，大上海的商海，才有他的施展空间。

父亲走了，家里住进了"三反"工作队。有一天，村里人又到家里闹事，工作队队长看见了，便询问母亲，母亲告知事情的原委，队长认为应该出来主持正义，就把来闹的村里人抓了起来。原本工作队要处理他们，母亲代为求情，整件事情算过去了。

对于母亲来说，接下来的生活更为艰难。身边 6 个要吃要喝的孩子，如何养活他们？于是母亲当掉了最后的首饰，买了十几亩地，请舅舅帮忙种地。高山的地比较贫瘠，所以大多只能种些红薯、花生、青菜什么的，而我们又都在长身体的时候，地里的收成，根本不能解决家中最基本的口粮。而父亲在上海所挣的钱，在那个兵荒马乱的年月，又不能每月如期地寄到母亲的手中。所以，小时候，我们总要忍饥挨饿。时常一天只能吃两餐，而两餐也只是些汤汤水水，难顶饥饿。饿得难受了，我们会叫，这时母亲就把我们兄弟姐妹集中在院子里，坐在小板凳上，围成一圈，吹口琴，唱歌，玩游戏。我记得母亲当时总交代我们，千万别告诉别人我们家吃两餐，记住："让人知道了，只会看不起你"，出门"要抬起头来微笑，不要说肚子饿，要有骨气、有志气！"

我们穿的衣服，母亲总是洗得干干净净的，穿破了，母亲会坐在灯下认真地缝补，尽可能地不让补丁张牙舞爪地贴在外面，而是藏起来，缝补在内里，尽量地不让人看见。虽然住在农村，但家里总是一尘不染，这或者是母亲在上海居住时养成的习惯吧，木楼梯和木地板，洗得发白。母亲常说，"天下没有人会同情你的贫穷，也没有人为你解决；要摆脱贫穷，只有靠你自己的努力和拼搏。""穷不可怕，最怕的是没志气。""做人最重要的是人格的完整，最需要的是取得他人的信任。"

这些话，打小就深深地刻在了我的脑海里。

因顽皮辍学

记得在我 9 岁时，就是 1954 年初夏的一个傍晚。下了一天的雨，到了傍晚才停了。院子里有知了在"知……知……"地叫，似乎在唤我出去。于是着急就想往外跑，但一脚刚跨出房门，就被母亲叫住了。母亲说，外面很湿，在家待着吧。我就收回了跨出去的腿。

不一会儿，长福伯来了。长福伯总是穿一身长袍，鼻子很挺，是村里的先生。长福伯很喜欢抽水烟。他一进门，母亲就递上一个烟筒，为他点上了烟。长福伯吧嗒吧嗒猛吸了两口，问："叔公有信回来？"母亲小声地："好久没有信了，您看小印度都九岁了，学堂都上不了。5 角的报名费还凑不齐，最急的是，他到现在还没有一个名字，他长福伯，您帮帮忙，给孩子起个名字吧！"

"学，无论如何都要上的。"长福伯顺着母亲接了一句，然后接着抽烟，抽完了，他把烟筒搁在一边，对母亲说："没钱，就慢慢来吧，小印度的定时纸你拿给我，先把名字给取了吧。"母亲起身走进屋里，再出来时，手上就拿着一张红纸，红纸上有用毛笔写着我的出生年月日时。这张纸，就叫定时纸，我们这里，给孩子取名、找对象都要先看时辰。过了几天，长福伯来了，见到母亲就说："名字我取好了，叫德旺。他是德字辈，依他的生辰，人很聪明，点子很多，所以就叫德旺吧。聪明又有德，必然兴旺啊……"

母亲高兴地谢谢他，又一路送出了院门。我呢，一连高兴了好几天，德旺。德旺。德旺。我反复地叫着自己的名字。相信自己一定会有新生活。

果然，那年夏季，母亲就送我去学校了。

领到课本那一天，我开心极了，书上的每个字都让我觉得新颖。看着其他同学的书都用画报包得漂漂亮亮的，回到家，我也让姐姐帮忙包。后来我的书也都包上了画报纸，当然我都是姐姐包的。

新鲜归新鲜，新鲜劲儿一过，孩子的天性就出来了。

还记得小时候玩的"我们都是木头人"的游戏吗？在这个游戏里，一个人在前面背对着大家，数着数1，2，3，4，5，……后面的人则在他数数时一步一步地快速前进，不过得时刻提防着数数的人回头，因为他一回头，被他看到的正在动的人，就得出局被罚。我就在课堂上与老师玩着"木头人"游戏：老师在讲台上讲课，时不时地会转身在黑板上写字，我呢，老师一转身，我就从座位上站起来，模仿老师写字的姿势，我学得很像，班上的同学看着笑得前俯后仰，老师一回头，我立即就坐回到座位上，双手交叉搁在课桌上，一副很认真听讲的模样。刚开始老师很狐疑，因为不知道怎么回事，后来，老师发现了，是我在学他的动作，老师很生气，说我很坏。上学才一个月，老师就来家访，说我上课不专心，不是好孩子。母亲听了就很生气，一个劲儿地对老师说对不起。老师走了后，我以为母亲会拿起竹子打我，但没有，母亲坐在那儿，很久不说话，哭了。我吓坏了，一连声地对母亲说：我不敢了，再也不敢了。

因为经常不遵守课堂纪律，经常在学校里闹出些事来，再加上家里穷，我背上了坏孩子的名声，但有一个女教师却不这么认为，她对母亲说，德旺不是坏孩子，他只是调皮，好动。

这个老师叫林秉珠，我一辈子都不会忘记的漂亮的女老师。

9岁以前，我都在田野里跑，每天还要捡树叶回家当柴烧。一下子要安安静静地坐在课堂里几个小时，自然就觉得凳子上扎着钉子似的，怎么坐都不舒服。虽然如此，我的学习成绩却都还可以。那时的学分，是5分制，从小学一年级到六年级，我的成绩总是在3分和4分之间，最好的也就是4分了，从来没有拿过5分。

1956年夏日的一个晚上，父亲从上海回来了。父亲是骑自行车回到村里的，到家里时已经是半夜时分，我正在睡梦中呢，母亲推着我把我叫醒。"你爸爸回来了。你赶紧穿衣服起来见你爸。"

一听到爸爸回来了，我一骨碌就从床上跳了下来。爸爸！自从爸爸再次去上海后，就没有回来过。我冲下楼。在大堂里见到母亲正在和一个人小声地说着话。那个人瘦瘦高高的，和记忆中的父亲无法重叠了。我怯怯地上前，父亲看到我，把我叫到跟前。"啊哈！小印度，你长高长大了，再长下去，就和你爸爸一样高了。"父亲笑眯眯地低头看着我，"你到镇上，去帮爸爸买点酒。"我从母亲手里接过买酒的钱和空瓶子，与寄住在家里的另一个孩子一起，到镇上去，敲开酒家的门，给父亲打回了他要喝的酒。那时，我们乡下，大人们喝的都是农村家庭里酿制的烧酒。有的是用米酿制的，有的是用地瓜酿制的。所以在我们当地，也叫米烧，地瓜烧。

从那以后，父亲要喝酒，就让我去买。这是我每天傍晚必做的作业。我的酒量也在这一来一去买酒的路上得到了提高——我总是会偷着喝一口，刚开始是好奇，父亲为什么爱喝这东西，后来则是习惯，买到酒就会拧开酒瓶喝一口。也奇怪，父亲从来没有觉出酒有什么不同，或者，他觉得有不同，但却不想追究我。所以后来，当我有了钱，我总是给父亲提供最好的酒。

父亲喝着酒，常常要求我站在一旁，对我"摆龙门"。父亲的皮夹子里总夹着一张剪报，是上海的《新民晚报》，父亲曾经不止一次地给我看过，因为那上面，有报道他的文章，我那时也没在意，只记得上面写着"旅日归侨代表曹胜美"（这是父亲在上海时用的洋名）这么几个字眼。那应该是父亲最骄傲的事了。我若想跑开不听，父亲就会开揍。所以，我就是在实在不想听，又不得不听的状态中，听了很多当时并不怎么明白，后来逐渐领悟的人生道理。

父亲的叙述，时常重复，有时说他当年去日本当学徒的事，有时说他在上海经商的事，有时则同我谈人生的哲理。

那时父亲应是处在生活的逆境期：父亲不会务农，家中没有强劳力。在农村，没有强劳动力的家庭是会被人瞧不起甚至受欺凌的。父亲因而脾气较大，时常发火。而我调皮捣蛋，使我成为父亲的出气筒——每遇有乡亲到家里告状，父亲就会不问青红皂白地用皮带抽打我。有时不是我的错，但也一样要承受父亲的鞭打。这时我就很委屈。每每在我委屈申诉，甚至怀疑自己是不是父亲的亲生儿子时，母亲总会一边安抚我，一边告诫我："被爸爸打，哭是可以的，但千万不要和你爸爸顶嘴，也别还手或逃跑。即使你是被冤枉的，也不能。因为打你的人是你的亲爸爸。"

母亲抚着我的鞭痕，轻轻地用蛇油涂抹着。"孩子你要记住，从你出生的那一刻起，你的一生，直到将来老了，死了，你都是妈妈和爸爸的孩子。这个事实，即便你跑到天涯海角，甚至改了名字，也不会改变。"

母亲这么说时眼里总是噙着泪。

直到今天，我都记着母亲的这些话，记得母亲说这些话时的情景。

小学 5 年级后，我每天天不亮就要起床到附近的山野去捡树枝扒树叶或者茅草，背回家，匆匆地吃点稀饭地瓜什么的，抓起书包就跑到学校上课。下课后，吃完饭再去捡树枝扒树叶或者茅草回家。早上捡的，是供母亲中午烧饭菜用的，中午捡的是供母亲晚上烧饭菜用的。冬天还好，夏天的时候，南方的太阳很大，又是正午，捡完树叶就会出一身汗，我就跳进浅水沟里洗澡，穿上衣服再直接跑回学校上下午的课。天天如此。

一个孩子，每天天蒙蒙亮起床干活，接着上一上午的课，然后再干一个中午的活，到了下午上课时，自然累得上下眼皮直打架，扛不住了，就趴在桌面上睡着了。这样的事经常发生，老师当然生气。初一上学期的一天，我又在课中睡着了，下课后，老师把我拎到教导主任面前，请求处置我。我站在老师办公室里，低着头，不说话。教导主任让我伸出胳膊，然后用指甲在我的胳膊上划拉一下就划出了一道道白色的印痕（注：能划出白痕说明下水玩过）。

放学了，同学们都走出教室。教导主任召集所有同学集中在操场上，把我拎到队列前，在同学面前，划拉着，让大家看我胳膊上的白痕。

"你们看，这小不点儿，中午不午休，天天跑到小沟里玩水，哪天淹死了，家长还要找我们的麻烦。你们可不能像他这样！"教导主任说。

周围的同学们"轰"地笑了。我看着教导主任，心中憎恶着他所说的话。

队伍散后，同学们都急急忙忙跑回家吃饭，我磨磨叽叽地，留在教室里等了一个多小时，看见教导主任叼着牙签往厕所方向走，我就捡了块石头放进书包里。心想，逮着机会，就用石头砸他。

农村的厕所，多是三合土的土墙围着半截高，里面的坑一字儿排开，背靠背，中间矮墙稍稍隔着。主任旁若无人地走进厕所，自顾自地解开裤带，**蹲在坑位上大便**。我溜到背面，爬到墙头上，正想拿出石头往下砸，可又一想，若砸坏了，家里没有钱赔，手又收了回来。不砸，又不甘心。阵阵臭味扑鼻而来，我捂着鼻，脑袋里忽然灵光一闪，为什么不尿他呢？心到意到动作到，嘘嘘就尿到他的脑袋上面去了。主任跳了起来，屁股也没擦，提上裤子就要抓我，我慌忙跳下墙，撒腿就跑。

老师如何跑得过如猴一样的我呢？一溜烟地，我就跑没影了。跑进家门还不停步，一气儿跑上楼，躲在自己的房间里。我知道，我闯大祸了。

但我那时不知道，跑是没有用的，躲得过初一，躲不过十五。教导主任找到村里来，通过知情人的带路，找到了我家。

听了教导主任气急败坏地谩骂，母亲连连哈腰："对不起！对不起！孩子做了对不起您的事，是我当妈的错，对不起。不过孩子不午休跑水沟里，可能不是玩水。我家穷，孩子要捡树叶当柴烧，可能是天气热觉得身上脏不好上课才跑到沟里洗澡的。对不起啊，老师！"

教导主任愣了一下，什么也没说就径直走出了院门。第二天我却不敢上学了。那是初中一年级上学期。虽然学校并没再给我什么处分，教导主任也没有再到家里来，但我还是不愿再回学校：对老师做了那样的事，我怎么还敢回去呢？

就这样，我辍学了。我把自己关在屋里哭得非常伤心。委屈、惭愧、懊恼、悔恨，各种滋味都有吧。

书不能读了。日子却还得过下去。母亲从队里牵了一头牛回来，14岁的我，成了队里的放牛娃。一天两个工分。一个工分8分钱，一天有1角6分钱的收入。现在到菜市场买菜，1角2角经常被忽略不计的，那时的1角6分钱却很大，相当于现在的几元钱，可以买到1.4

斤大米或者 3 两猪肉。

我每天一早起床捡柴，挑水，白天放牛，傍晚将牛牵回栏里后再去捡柴。有时，还要到田里帮舅舅种地。冬天地瓜收成的日子，则负责到地里翻捡薯蒂，补充家里不足的口粮。

离开了学校，仍然想读书，怎么办呢？我就捡哥哥读过的书念。哥哥大我两岁。但和我不同，他从小就是一个乖孩子，很听话。母亲和老师都喜欢他。

还想读书却不能读了。我就把哥哥读过的书带在身边，边放牛边捡柴之余边自学。看不懂的字，就问哥哥。哥哥不在身边时，就用《新华字典》和《辞海》查找。那时的《字典》一本 8 角钱，是割了一年多的马草攒下的；《辞海》3 元钱，是割了三年多的马草才攒够了钱买下的。我靠字典自学读书的习惯，就是这样养成的。一个一个的字，从它们认得我到我认得它们，也是这么一字一字查出来的。那时，只要是印有字的纸，我都会拿起来读，我的很多知识的积累，都来自于这样的自学。一直到现在，我仍然爱看各种书籍，并有一个怪癖，到我家千万别向我借书或要书，再好的朋友我都不会给，真是有一点爱书如命。

放牛的日子不过一年。与后来的日子比起来，并不算苦，也不算累，却让我在幼小的年纪就体验了成人世界的险恶与底层百姓受欺凌的滋味。这个苦，我没对母亲说，怕她伤心。不过，这样的人情冷暖，也成为我后来处世的经验。

用心办事

　　15 岁时，哥哥在高山中学当了临时代课教师。他代课的班级里，有个学生家长是福清薛港农场的场长，他在农场里给我找了个职位。这个职位的活儿很轻松，每天只是数大人们挖好的树坑，却能拿到 5 角钱。

　　别看数树坑这活简单，一不留神，就可能数错，只得再从头数起。所以，很多大人都是宁愿挖树坑也不做这个看起来很轻松的活儿。刚开始，我也数错过，但后来，我找到了不数错的方法，也很简单，就是手捻一根树枝，一个坑一个坑的点数过去，清晰明了，再也不会因看不清树坑或数花了眼而出错。

　　"这依弟吖聪明。"大人们都直夸我。

　　大人们都说，调皮的孩子聪明。这个推论成立的话，我承认我聪明。但如果说我聪明，不如说我喜欢动脑筋。1962 年，三年自然灾害的末期。有一天，我看到邻居在吃鱼，好奇地问："哪里来的鱼？""从公社农场那里捉来的。"他们神神秘秘地悄声说。

　　农场的鱼他们怎么能捉到呢？我和几个小伙伴们悄悄地讨论着如

何抓：农场的鱼是公家的财产，肯定是不可以直接去捕捞的。那么，如何才能捉到又捉得多呢？一次我意外地发现，下雨水溢的时候，农场的鱼会冲出来。这是什么原因呢？原来，公社农场养鱼池是在海滩上围垦的，鱼池里的水经过阳光照射后，水分蒸发会变咸。因此，遇到淡水，塘里养的淡水鱼，就都冲了出来。那时候东张水库会定期定时放水给农田灌溉，于是我想到了捉鱼的办法——晚上，等东张水库放水灌溉时，将东张水库放出来的水中途截留部分，将拐了弯的水接到农场的鱼塘里。果然，东张水库的水一到，鱼就冲了上来。多的时候，我们会抓到几百斤。不过，捕鱼的盛宴没能延续太久，有一次我们正在捉鱼时被农场看管的人抓了，我们七八个人，被关在一个屋里。不一会儿，关在里面的我们闻到屋外烤鱼的香味，我们知道，是那些看管在烤我们捉到的鱼吃。趁这个时间跑，也许是个良机。如何逃出去呢？屋子里只有一个小窗户，只有我能从窗户洞口钻出去。大家一商量，决定用他们的肩膀把我扛到窗户上，我出去了再从外面将门扣打开，大家就可以悄悄地溜走出去了。没承想，我跳下去的时候，被发现了。他们朝我追来，我撒腿就跑，直接跑回家了。

……

薛港林场的好日子没过多久，父亲找来了。他是骑自行车来的，让我跟他回家，一起做生意。

可以说，我最初的经商理念，都来自于父亲，我的很多人生的感悟，也来自于父亲。父亲常说，男人有没有本事，并不是看读了多少书，关键是看做了什么事，怎么做事。

我记得，父亲有一次一边剥着花生酌着酒，一边问我将来想做什么。父亲的下酒菜，多为家里自制的白晒花生。福清靠海，土地并不肥沃，但却极适合种植花生和地瓜。所以在我们福清，除了晒干的地瓜片，还有用地瓜做的各种小吃，比如地瓜丸子、地瓜饼。花生，则除了提炼花生油，就是煮熟后放在太阳下晒干，做成家家户户接待客人的茶点，也是大人们喝酒时最好最方便的下酒菜。

　　将来做什么？在那个食不果腹的年代，有谁会想这样的问题。我正在想如何回答，父亲自顾自地接着说："做事要用心。有多少心就能办多少事。你数一数，有多少个心啊？"心？和心有关的词有哪些？我伸出手数着"用心、真心、爱心、决心、专心、恒心、耐心、怜悯心……"似乎十个指头用不完，有那么多的心吗？

　　"当然有。"父亲说，"以后你就知道了。"

　　父亲呡了一口酒，又接着说："但当你悟到爸爸讲的道理时，爸爸或者已经不在人世了。"

　　以后，我的确知道了。随着我的事业的发展，我能数出来的心，已经不是一双手能够容得下的了。

　　而且，父亲的确也不在人世了。有时，喝了点酒，我总后悔，如果我当时没有偷喝父亲的酒，如果我总是认真地倾听父亲的回忆，或者，父亲还在吧？

少小担纲

说远了。

那天父亲骑着单车到农场来找我，叫我回家帮着他做生意。

15 岁的我，能帮父亲做什么生意呢？但我还是顺从地跟父亲回了家。回家第一件事是学骑单车。父亲从修车店租了一部单车，带我到村里的大晒场，他先帮我扶着让我骑上，然后扶着我骑，不一会儿，我发现父亲的手放开了，"德旺，你自己在这练着，爸爸先回家吃饭。你再骑一会儿就回家，下午就骑这车和爸爸一起上福州。"

骑一会儿，我已经可以自己蹁腿上下车，并且能驾驭自行车了。

回到家，吃过饭，我正想往外跑，被父亲叫住了。"德旺，下午和我一起上福州进香烟。""下午？依爸，我才刚刚学骑，不熟练呢。"

"没关系，依爸在边上，边走边练，边做边学。骑两个来回，你就很熟练了。"

没办法，我只能硬着头皮，背上书包和父亲上路。

其实，一个市场若要繁荣，离不开商业的活动。在那个"革命"的年代，有这样意识的，也不一定敢发声，更不用说实践了。

父亲毕竟是从日本回来，在旧上海从过商的人。他知道自己没有种田的本事，但却可以通过小商小贩这样小的商业经营活动，给家庭带来些许的经济收入。所以，父亲就用他从上海骑回来的自行车，作为运输的工具，从福州买些香烟，运到高山卖，从中赚取价差。

但那时，是不允许自由买卖商品的，抓到就会当投机倒把论处，轻者没收，重者收押，游街示众。

"你年纪小，一个孩子，没人会检查你的书包的。"父亲对我说。我挠挠脑袋，15 岁的我，不算大却也不算太小了，在那时，即便是城里的孩子，也有参加工作的。不过，我的个子的确小，虽然 15 岁了，但看着也就十二三岁的模样。

那天中午，吃过午饭，我就跟着父亲出发了。

我很兴奋。福州，常听大人们说起，而且姐姐已嫁到福州，她的家我从未去过，现在能和父亲一起去了，还会见到姐姐，真是太好了。

刚开始骑，还不觉得累，一方面是新鲜，另一方面是年轻。可毕竟高山到福州山高路远，骑着骑着就骑不动了，几乎哭出来。但父亲却没有休息的意思，我只能硬撑着。宏路过后是太城岭，岭下开着一家小杂货铺，老板是当年与父亲一起在日本打工的好朋友，父亲喊他老蔡。骑单车翻越太城岭并不容易。父亲看看天已黑了，就叫我下车，进到一个朋友开的杂货铺里，住了下来。

这个下午，并不怎么会骑车的我，竟然骑了五十多公里！

第二天一早，父亲叫醒我。我一骨碌翻身下床。虽然睡了一夜，但全身酸痛，坚持着骑到福州。那天下午，我见到了阔别的姐姐，高兴极了。休息一天。第三天一早，父亲早早地叫醒了我，骑上车，跟着父亲七拐八拐，走进了一处不显眼的住房。这儿，就是进烟丝的所在地。一路上，父亲教我如何认路。较之高山，福州城里热闹了许多。店多，人多，单车也多。但那会儿，我压根没心思理会那些热闹。

进好货，父亲放进了我的书包里。快到城门时，父亲将书包绑在我的自行车后架上，由我带着出城门。果然，在城门口，父亲的单车被拦了下来，我却没有。

出了城，一路紧骑慢骑，骑到太城岭，已经是下午2时左右了，父亲还是在朋友的杂货铺里停了下来，喝了碗热茶，稍事休息，就叫我上车往高山赶。

就这样，我开始了与父亲一起贩卖烟丝的生活。每趟进货30斤左右，100多公里，来回3天。第二次还是跟着父亲，第三次，就自己一人骑着单车去了。从第三次开始，我与父亲的商业分工形成：我负责进货，父亲负责销售。

记得某个冬日的一天，我进好货，大概是头天受了风寒，骑出福州没多久就开始拉肚子。从福州到宏路的太城岭，五十多公里的山路，平日里半天的时间就可以骑到，那一天，我用了一天的时间。一路上，我都想停下来，不走了，但是，又担心车上的货会不安全。于是骑一会儿，停一会儿，脚越来越软，车越来越重，人就像在棉花上。那时的山路并不像现在的公路，崎岖而窄小，一不小心就可能连车带人翻到山涧下。抵达太城岭时，已经是晚上快8点了。我都不知道自己是怎么翻过太城岭，挨到老蔡的杂货铺的，只知道翻过太城岭，到了小杂货铺，自己就不会死，货也安全了，因为有老蔡在。

到小杂货铺时，应该是晚上8点多，我人都变形了，见了老蔡话也无力说。老蔡一见，赶紧出了货铺，接过我的单车支好，再扶我进了货铺。一进去，我就瘫坐在椅子上了。老蔡急忙烧了热水，让我擦擦身烫烫脚，又煮稀饭给我吃，再用开水冲神曲，让我喝下。扶我上床，之后我就昏昏迷迷地睡了过去。

我昏睡着，高山的家里却彻夜难眠。那个年代没有电话，我的情况老蔡不可能及时通知父亲。

那天我本应该在下午三四点回到高山的，可一直到晚上，都没见到我。家里急了，父亲母亲一次一次地到镇口去接我，但路的那一端，始终没有我的身影。那一夜，应该是遭了母亲的不少埋怨，天还没亮，父亲就忐忑地出发，沿路打听有没有见到我，一直找到老蔡的货铺。

"在我这儿，还在睡呢。德旺这孩子可了不得，生了那么重的病，人都走形了还不忘记把货带到家。"

这以后没多久，父亲改做水果生意。我每天得凌晨2时起床，冬天顶着寒风，夏日冒着酷暑，骑车到福清县城，天刚刚发亮，批发好水果，囫囵吃点东西再载着300多斤重的水果骑车回高山。到高山，通常已是下午3时左右，再和父亲一起卖水果，水果卖完一般就天黑了。回家吃晚饭通常都要到晚上7点半以后。这样辛苦地赚，一天下来，大概有3元左右的利润。

17岁的少年，正是生长的旺盛期。凌晨2时，刚刚进入梦乡，哪里起得了床？所以，每天，都是母亲坐在床前，不断地喊着，轻推着酣睡的我，才起的床。常常，睁开眼睛时，看见母亲眼睛还是湿润的，没有来得及擦干。

"妈，你为什么哭？"

"傻孩子，妈没有哭，只是难过。"

"为什么难过？"

"唉，叫你难过，不叫你又不行。"母亲说着又有些忍不住，眼泪在眼眶里直打转。"你小小年纪，小小个子，就要承担起家里的重担。孩子，难为你了。"

我的早起习惯，就是在这样的劳作中养成的。就是到现在，我都时常会闪过，母亲坐在床沿边，含着眼泪喊着"德旺，起床了"，一手轻轻地推被子里的我，一手抹着止不住的泪花。

和水果的利润比，烟丝的利润要高许多。水果生意做了三四年，父亲又回头做起了烟丝生意。不到一年，父亲被当地的工商局抓了现场，烟丝被收缴，自行车也被牵了去。执行者，是我小学的一个同班女生。她那时显得很得意，一副了不起的样子。其实，她的母亲也在做生意，我气愤不过，指着她的鼻子骂道："姓 X 的，你得意什么，你妈不是也在做生意吗？只不过您有一个好姐夫当官，罩着你而已。老子从此不做了，你也得给我小心点。"

独闯天下

这段时间，家里出现了一些新的情况。

母亲生病了。由于三年自然灾害和大跃进大鸣大放，人们没有了吃的。能吃的，树根、树皮、野菜、观音土……吃一切能"填饱"肚皮的东西，很多人全身浮肿。母亲，也是在那时，得了浮肿病。常常肿得走不动路，需要有人在家服侍她。可是，大姐出嫁了，哥哥在学校读书，妹妹还小。母亲和父亲就商量着给我找个媳妇，来服侍母亲。

那时的农村，年轻人都结婚得早。也大都是依媒妁之言。我无力抵抗习俗，也愿意早些独立生活。

舅舅介绍了他同村的一个姑娘，说是一户好人家的女儿，叫陈凤英，要我去看。我请母亲去看，对母亲说："您看了好就行。"我的小九九是，身体不好后，母亲的脾气也变了很多，易发怒，又管得严。如果我找一个母亲不喜欢的姑娘，合不来，家里不是要吵翻了天？

母亲很满意地回来了，并且翻箱倒柜地找钱，又四处张罗着借了三四百，凑成 500 元，送到陈家，算是聘礼。然后，我们两人一起到镇上去照了张相，买了 8 斤糖果，在村里分了分，这就定了亲。

我结婚的时候，是"文革"时期，1968 年。

新房是姐姐和姐夫从福州赶回来，帮忙布置的。他们的布置，完全离不开当时的形势，标语口号什么的，贴满了墙，红红绿绿地，却也喜庆。妻子陈凤英，在岳母的坚持下，是用八抬大轿抬进门的，就像我们常在电影里看到的那样，穿着红红的衣裙，坐在红红的轿子里，披着红披，穿着红鞋。在轿旁走着的我，身着几块钱缝制的中山套装，脚穿一双簇新的解放鞋，袜子是在福州读书的哥哥，从自己的脚上脱下来的。一路上，乐队敲敲打打地从她家抬到了我家，摆了十几桌酒。就算结婚了。

结婚后，我同母亲说："妈，我们分开过日子，但凤英可以留在家里服侍你。"

"为什么？"母亲一愣，有些生气地问，"为什么要分开？！"

"我要自己出去闯天下。"声音大得，连我自己也吓了一跳。我激动地说："我要出去闯一闯。我不想老了以后像爸爸一样！"

和父亲一起做生意的几年磨炼，让我想了很多。父亲烟摊的被收缴，更激发了我外出闯天下的决心。在我看来，父亲虽然聪明，也会做生意，但做的都是小本生意。所做的事，政府不认可不支持，根本没有前途可言，我还年轻，不能重走父亲的老路。独立出去后，首先要做的，就是做政府允许做的事，而且要学会赚钱的生意。

做什么呢？

种白木耳。那时候是见很多人都在做，政府也不反对。

钱从哪儿来？

凤英进门时带来了些许嫁妆。我同她商量，把嫁妆卖了，又借了一些钱，凑了几百元，开始种植。

我种得很用心。

那一年，我种的白木耳收了十几斤，多为一级品。但是，我高兴得太早了。

在我埋头种白木耳的同时，福建也有很多人在种，因此，在福州的市场上，好的产品卖不出好的价格。怎么办？从投资到产品到收入，销售是很重要的环节。那时我就在琢磨。

镇上一个干部告诉我，他听一位老师讲江西一斤可以卖50元左右。

"真的？"我眼睛一下睁得好大。太好了。我在心里快速算了一笔账：一斤50多元，10多斤，不就可以卖到800元左右吗？

本地不好卖，就到外地卖。

从小随父亲销售烟丝和水果积攒下了的经验，这时起了作用。我迅速坐火车到江西。果然，卖掉了，很顺利地，800多元到手。扣除成本，不亏但也不赚。

自己种，赚不了什么钱，怎么样才能赚？坐在从鹰潭回福州的火车上，我心里盘算着：福建的白木耳比江西便宜三分之二，如果我在村里收购，运到江西去卖，赚取中间的差价，做两个来回，不就赚了一大笔吗？

说干就干。一回到高山，我立刻用800元在村里收购村民种植的白木耳，卖到江西，这一次我赚了近千元。尝到了甜头的我，开始了一次又一次福州—江西的往返旅程，一直到1970年冬，我的白木耳生意才告终止。其中，赚得最好的一次，有3000多元钱。

有了儿子，家里多了一张吃饭的嘴，我只有更努力地赚钱。赚到3000多元，自然欣喜若狂。

3000元是什么概念？当时，2000元可以盖一栋房子。3000元，相当于现在的几十上百万啊，许多人家根本想也不敢想。我看着手中的3000元，心想，再赚一笔过年就不再卖了。而且，因为见我收益好，公社一位干部也要入股，不过却是不出钱的干股，因为他告诉我，他会成为我的保护伞，比如在需要的时候开个证明什么的。"这下好了，有了保护伞，可以大干一场了。"因为赚了钱而大起来的胆子，更壮了。于是，又去进了3000元白木耳的货。加上一些村民愿意赊账（先给货，卖完再结账），这一趟江西，我带的货太多包太大，出站的时候只能拎着包吃力地朝前挪步。一个值班的民兵看见了，径直走上前来。

"站住！哪里来的？"他朝我喝问。

"福建来的。"

"包里是什么？打开看看。"

"白木耳。"眼看混不出去，我主动交代。脑袋迅速地转着应对的方案。

"好啊，你投机倒把！"他不由分说，上前提起我的货袋。

"请别，同志。这是公社集体的东西，你收走了，我如何回去向集体交代？"我试图做最后的挣扎。那民兵也不与我多言，提起货袋走出车站，径直走进火车站附近的收购站。转过身，对一路跟着他的我说，"同志，投机倒把是不允许的。货，收购站收购了。钱，暂时扣下。如果是集体的，你回去开个证明来，才能把钱领走。"

我傻眼了，立在那儿。"去哪里打证明啊，东西本来就不是公社大队的，怎么可能给证明呢？"可是，人家已经说得很明确了，哪里还有转旋的余地？

无奈地，我点点头认可，坐上了回福州的列车。

祸不单行

回到高山，我心急火燎，先去了公社干部的家。看见我来，他很高兴。

"叔公来了，快请进来。"他招呼着我进门。从桌子上拿起茶壶，倒了一杯，递给我。

我接过杯子，一仰脖，喝干了杯中的茶，"货被鹰潭站的民兵扣了，现在要公社开一张证明才能取回，你能搞一张吗？"我盯着他，毕竟，他是股东。

"什么？我开不了证明。"他大吼一声，脸变得铁青。继而又捂住胃部："我胃痛得很厉害，无法外出。"

第二天再去找他，他老婆出来，说他生病了。"神经病发作了，你不要再来找了，他神经病发作时，会打人的。"

生病自然是一个托词，就像每当运动来时，这个干部就生病一样。表示他不愿意承担责任承担风险，更不愿意分担几千元白木耳的损失，他当时的承诺只是一句空话。

我拖着疲惫的身体，离开他们的家。

看来，我必须独自承担并且独自解决问题了。

我挨家挨户上门，说明白木耳被扣的经过，向他们表示，他们的货款我会一分不少地给付，不过，容我筹措，有了钱，就给他们。庆幸的是，他们相信我，愿意等待。

在村里转了一圈回到家。

一进家门，见一个大队干部正等在家里。"你欠 06 工地的义务工，一共十个工，必须到 06 工地去。你也可以不去，找别人顶，但必须交钱，按一天 3 元算，你交 30 元钱就可以了。村里也有很多人不做，就是按这个数目顶的。"干部说，口气和表情没有任何商量的余地。

30 元？我一分钱都没有，上哪儿寻 30 元？"那我自己去工地吧。"

他的脸色立刻缓和了许多，"能自己去做是最好的，说是义务，还是有点工资可领的。"他转身朝门口走去，又回过头说，"对了，过两天就有一队要去工地，你准备一下，随他们去。"

大队干部没有想到，我也没有想到，"我去"的这个决定，竟然给我带来了此生最快乐的一段时光。

1970 年 12 月，福清县委县政府决定动员全福清人民的力量，在渔溪镇修建建新水库。参加建设的农民皆自带粮食挣工分，但先得完成义务的工作量。建新水库工程是 1970 年福清第 6 号工程，所以我们都称建新水库工地为 06 工地。

1971 年春节过后，收拾好去工地的行囊，我送老婆孩子到岳母家。我对岳母说："凤英和小晖就拜托您老人家了，我这一去，如果没有赚到钱，就不回来了，您让凤英改嫁他人。"

"傻孩子，不许说这种话！"岳母生气地扬手拍我的肩膀，"凤英和孩子放这里没问题，你在工地好好干，工做完了就回来，我相信你将来会有出息的，暂时困难要忍着。"

工地的日子很苦。

我每天的任务是拉装有半吨土的板车，运到十多公里外的地方，卸掉。回到工地，再装上土，再运出去卸了。一天要拉三车，走五十多公里的路。

第三天，工地上发生了一件大事。

南方的冬天较短，立春过后，天就渐渐地热起来。那天，天格外的蓝，太阳如夏日般热烈，一早起床拉了两车后，我依靠在营房旁，边喝水边休息边与其他两位民工唠嗑。也不知怎么的，民工营房忽然着火了，噼里啪啦地烧着。我们吓坏了，吓傻了，僵在那儿，看着火迅速地蔓延，甚至都想不起要冲进营房抢救些东西出来。

高山营是4个连分开住，一个连近两百人，集中住在一起。营房是用毛竹、麦秆扎的，一旦着火，火势蔓延极快。火从下午三四点烧到晚上6点，营房、修理所、食堂，所有吃的、用的、穿的，什么都烧没了。看着一地的灰烬，陆续从工地回来的民工围在一旁，不知所措。不知是谁先哭的，反正有人哭了，我也哭了。哭声迅速传染开，整个营房哭声一片。有个民工，一边哭，一边在他宿舍床铺的位置扒拉着，"可惜了我的猪脚啊，我中午舍不得吃，想等晚上收工了回来吃的，却吃不到了啊，呜……"

晚上，吃完兄弟连送来的稀饭，已经过了8点，工地指挥部派民兵把我们当时在场的三个人都抓到了指挥部，审问。

"说，你们三个，是谁点的火？"指挥部领导怒眼圆睁。

谁点的火？不是我。那是谁烧的？真没有注意，就发现着火了。但是谁烧的呢？我们三人，你看看我，我看看你。

我们是最早在火灾的现场，发现着火的人，所以，如果没有人证明不是我们放的火，我们也就有可能被当作是放火的人。

"把他们都先关起来！"指挥部的领导说。

就在我们差点被关起来的时候，在附近调查的干部，带回来一个消息：火灾发生的时候里，距火灾现场不到百米的地方，有个农民在淘粪。据农民回忆，他看见三个人拖着板车停在营房旁边，进了营房，从里面端水出来喝，其中一个留着大胡子的人从口袋里掏出卷烟，刷火柴点着烟后，随手将火柴丢在地上。接着就起火了。

原来，因为我们三人在那儿喝水，农民担心我们是小偷，所以远远地监视着我们。于是目睹了大胡子扔火柴引发火灾的过程。大胡子被绑起来了，剩下两人被放回，此时已是午夜了。

侥幸地回到营房，营里依然乱成一团。

第二天一早，租住在民房内的营指挥部办公室里，高山来的民工们将营长和教导员团团围住。

两百人一下子无处安生。吵闹着要赔偿的，想开工没有板车的，板车坏了无处修理的……

营长和教导员陷在吵闹声中，灰头土脸的，疲于应对。

我挤到营长跟前："林营长，我会修车，是否让我帮您。"

"知道了。"林营长点点头，压根没有想到我是在主动地为他解难，好像我也是吵闹者中的一员，应付着我。

"林营长"，我拉高了嗓门儿，"板车坏了修好不难，不修就都得停工了！"看到营长眼睛盯住我，我知道他这会儿是认真了。我一字一句地说："我会修车，但我没有修车的工具，请求林营长设法借一套修车工具给我。这样，我能修好几辆以应急。"

"可以。"林营长立刻同意，对身边的通讯员说："你马上到港头借一套修车工具来。"

就这样，我在06工地高山营房的路边搭了个简易的修车棚，找人写上"高山修理所"，开始了我近一个月的修车生涯。

其实，我并没有学过修车。在这以前，除了看别人修车，就只有当年骑自行车在福州与高山之间往返运货时，自己捣鼓过自行车的补胎和紧钢丝这样的经验。但是，那天看到营长教导员被围成那样，我不如去修板车，因为并不难。板车不同于汽车，所谓修车，其实主要是补胎和紧轮胎的钢丝，没有什么技术活。

当时促成我想去修车，其实不是为了赚钱，只是自己经历了从贩白木耳被扣，来工地被烧，突然间感到这是天在亡我，既然我要亡了，就帮他们渡过这个难关吧！这是初衷。

我修车，没有收修车费。从刚开始摸索着修到成为一个修车的行家里手，我只用了整整28天的时间。这28天，我没有离开过修车棚一步。吃的喝的，都是来修车的民工顺手给的。就像"桃花源"里的那些人一样，"不知有汉，无论魏晋"。我不知道救济的物资到了很多，也不知道赔偿的款早已到达，更不知道营部所有的民工都拿到了救济物资及赔偿金。一直到有一天，营长、教导员盘点物资及赔偿金时，反复核对名单，才发现少了一人。遂问通讯员："曹德旺跑去哪里了，为什么没有来领？"

通讯员挠挠头。"曹德旺？哦，我知道了，就是那个在路边修车的人。他的修车工具还是你让我去港头借来的。那以后就一直在那里修车。这几天还好是他帮忙，不然的话就麻烦大了。"

"去，立刻把他给我找来。"

我不知道什么事，通讯员一叫，丢下工具就随通讯员到了营部。一进门，教导员蹙起眉毛，"德旺，你怎么变得人不人鬼不鬼的。"接着有些心疼地，"辛苦了，赶快去洗一下，换个衣服再过来。"我相信他们闻到了我身上的臭味。

我这才惊觉，这28天里，没有剪过发，没有刮过胡，没有洗过澡，没有刷过牙，没有洗过脸。"洗也没有用。我一无所有，没有衣服换。"我站在那儿没有挪动脚步。此刻，站在教导员面前的人与乞丐无异，甚至比乞丐还更不济。注意到了这一点，教导员立刻吩咐通讯员到捐赠的衣服堆里挑几件衣服，"挑了交给曹德旺。"教导员说，"你快去洗一下，最好，头发也理一下。"我接过通讯员递给我的衣服，转身走出营部，像小时候一样直接跳进溪里。洗完澡，换上衣服，又去了理发摊，理好发，刮好胡，人不免神清气爽了许多。再回到营部，这时教导员已经吃过晚饭了。见到我，教导员笑着喊道"进来，进来。"

"坐吧"，教导员说，"我很早就认识你们全家人。你家做小生意，生活过得不错，你怎么会跑到工地来当民工？"

我将到江西卖白木耳却在火车站被强行"收购"的事，简单做了个汇报。我告诉教导员，自己是一贫如洗的人，看着那么多的民工，步行一整天到工地，因没有工具出不了工，感到焦心，心想我若做点什么成全他们，牺牲点自己的时间也值得。教导员听后说："听了你这些话，我很感动。你是我们营最后一个没有领到赔偿的人。我这里还有剩下的赔偿款包括粮票什么的，你今天都领走，你这一个月日夜工作的工资也包含在内了。角落里的救济物，有合适的，你也捡走。先回家。至于给鹰潭火车站的证明，等我回到公社以后帮你问问，看能不能解决。"我千恩万谢地退了出来。

没有想到的是，我将教导员给我的赔偿——粮票、布票什么的变卖后竟有 1000 多元。那是多大的一笔款啊，要知道，那些个整天围着吵要赔偿的队友，最后也就拿到几十块钱。而我，不吵不闹甚至忘记了要，却得到了这样一大笔赔偿！

教导员原任公社副书记，因"文革"站错队被贬，我要的证明是他与公社其他干部商量，帮了我的忙。但当时他没有直接告诉我"可以"，而是转了个弯儿。我非常感激他。那个证明，让我要回了被扣在鹰潭火车站的钱，虽然白木耳的价格是按收购价算，比市场便宜了三分之一，但我总算要回了钱，还清了各位菇农的货款。

我雀跃的心，岂是文字所能表达？

真是无债一身轻啊！

苦力不苦

还清了债，有了钱，妻子孩子也接回了家。

接下来做什么？生意不能做，思来想去，决定再回 06 工地。工地上一天有 3 元多的收入，算是高的。累一些没关系，关键是心情愉快。

回到工地，见到了教导员他们，再次向他们表示感谢。然后提出希望再回来出工。工地的活苦、活累，没人愿意干，我却去而复返，教导员和营长都表示难以理解。但最后，还是决定安排我到连里的食堂做炊事员。"你愿意吗？"他们问。

"当然愿意。"我立即表态。在工地的各工种中，炊事员可是一个软差。不用风吹日晒，一个月有 90 元的工资收入。那时工厂的学徒工一个月的工资只有 18 元，处级干部也才 70 元左右。连里食堂的炊事员，都是一些上年纪的人，不是公社干部的岳丈，就是领导的父亲。可不知为什么，从到食堂的第一天起，我就发现他们每天都在吵架，和民工吵，他们之间也吵。

吵什么？仔细听听，我明白了。

其实，主要矛盾只有三个。一个是没有供应足够的热水，民工干了一天的活，又累又脏却无法洗澡；二是早上起来吃饭却发现自己的饭盒里不是饭而是米粒——水被人倒掉了，所以蒸不出米饭；三是发现饭盒里的饭变少了，罐里的粮食被偷了。

食堂原就是要为民工们服务的，原来的炊事员因为是连队领导的亲属，所以不愿意多做事。而我，当过民工，知道洗热水澡对于民工的重要性。我与几个老炊事员商量，我负责挑水，他们负责烧火，他们不用多做事，自然也没有意见了。从那以后，我每天都多挑水多备柴，提供充足的热水让收工回来的民工可以洗热水澡，第一个矛盾迎刃而解。

解决第二个矛盾也比较容易。把人家饭盒里的水倒掉，造成对方没有米饭吃，第二天无法出工，从而不得不延长待在工地上的时间。这属于民工间的恶作剧。别人的心态无法控制，但食堂的蒸笼却可以控制——原来的蒸笼随意乱放，是否所有民工的饭盒都放进了蒸笼，是否饭盒里的水被倒掉，米被偷盗，皆不可知。我建议对蒸笼进行管理：一是所有民工都在头天晚上9时前将自己放好米的饭盒，统一码放在蒸笼里，码好一笼，锁一笼。超过晚上9点的，就要送到炊事员使用的房间里，过了时间就把这间房的门锁上，闲杂人等不得入内，第二天早上我再将这一个一个的饭盒加好适量的水后放入蒸笼内；二是实行蒸笼有规律地摆放，民工的饭盒有序放入，满一个叠上一个。

这两个措施，有效地预防了民工的饭盒有米无水蒸不出饭的恶作剧发生，从而保证每一位民工都吃上热腾腾的米饭。民工们都很高兴，也很感激我。

和其他炊事员比起来，其实，我只是多了个换位思考，多了点将心比心。

解决第三个矛盾费了些周折。

民工营房内从家中带来的粮食、地瓜等会莫名其妙地变少，为什么？大白天，人人都在工地干活，屋里的粮食又怎么会被偷呢？

　　我开始留意观察，每天民工们到工地做工后，除了食堂的炊事员，都有谁会进出营房。乍看起来，都不是外人，似乎没有什么可疑的。但有一天，挑水时，我发现房东的儿媳妇挑着桶从里面出来。看见我，她似乎很紧张，我觉得很奇怪，看见我有什么好紧张的呢？难道是做贼心虚？我迎面走去。

　　"你，把挑子放下来。"

　　"干嘛？"她并没有放下肩上的挑子，而是换了个肩挑。"德旺你想干嘛！"她有些生气地，提高了嗓音。只是，那嗓音里透着点害怕。

　　"放下！"我厉声喝道。她一惊，就放下了。一挑桶里，都是泔水。阳光下，泔水桶里的残羹剩饭发酵着，散发出阵阵的馊味儿。看起来没有什么异常呀，她为什么要害怕呢？我看看她，再看看桶，有些犹豫，她毕竟是房东的儿媳妇，如果弄错了，等于给自己找了麻烦。正想叫她走，却还是觉得她的神情不对。我捋起袖子，将手伸进桶里。我这一伸手，她顿时花容失色——泔水下面是半桶的米和地瓜片！

　　看着捞在手里的米和地瓜片，我愤怒极了："你怎么可以这么做，你家房子租给我们民工，你收了租金竟然还偷民工的东西！"

　　她扑地一下，跪在地上，一手扯着我的衣襟，"德旺兄弟，你千万不要把我交出去。"声音里带着哭腔，"只要你不把我交给民兵，你要我做什么我就做什么。"

　　的确，如果我把她交出去，她就会被扣上破坏"农业学大寨"的帽子，轻则她一人戴高帽游街，重则家人也都会受到影响。"德旺兄弟，我是没有办法才偷的，家里没有粮吃。我心想，这里民工人多，我一人拿一点不会有影响，但我们家的粮就有了。我以后再也不偷了，我保证。"

　　"你怎么保证？"我想了想，"这样，你写一张保证书来，现在就写，以后要是再发生这种事情就全都是你干的，那时我就找民兵抓你。"她千恩万谢，从地上爬起来，一溜烟地跑回去，让他老公代写了一张保证书送了过来。

　　这事以后，营房里再也没有丢粮食的事件发生。民工们对我很满意，连长对我很满意，营长也对我很满意。

　　在06工地，我待了两年的时间。这期间，我一直在连部食堂里，做得很开心。期间，营长曾经想把我调到营部小食堂去，我不干，营长问我为什么。我同营长说，我是农民，为农民服务，只做一点点的小事，农民们都很感激我，今天你给我一把花生，明天他给我一把炒豆，我干得很开心。你们是官，你们的伙食费都是有限的，没有津贴。分菜的时候，一样分你们会有意见；给你们多分些，其他干部会有意见，我也不会做这种事。营长听了我的话，也没再勉强我。过了一段时间，大坝准备合龙。高山营承接合龙口任务。为保证按时完成这一艰巨任务，高山营从四个连队抽调最得力干将，组建了大坝合龙突击连。我被抽调，成为食堂的采购员。

　　就这样，我当上了突击连的食堂采购员。负责食堂各类食材的采购，也不是一件容易的事。一个民工，一天有8角的伙食费，我要用这8角钱，让所有的民工吃得好又吃得饱，每天都得变着花样，有时还有兄弟营的人前来协助或者参观，这些人的伙食费又得另想办法解决。这让我费了一些脑筋。每当这时，我总告诉食堂的师傅，民工的花名册上多做一些人头，这样，既能保证所有的民工都能真正地享受到8角钱的伙食费，又解决了招待其他兄弟营的钱。这种解决经费的招数，也不是什么秘密。客观上，突击连紧邻大坝，每天有几千上万人来往，兄弟营连或者指挥部干部如有5%到这里来，就是一二百人。

　　对于我来说，突击连食堂采购员的那段日子真是又风光又开心。可惜，好日子似乎总是容易过去，只一眨眼的工夫，两年就过去了：工地的工程已经完工，我的美差———一个月100多元的收入也没有了。我心里那个惋惜呀，难以言表。

悯从怜中求

　　工地的好日子结束了，生活却还得继续。

　　再做什么呢？有人介绍我到莆田的大洋农场，做果苗技术员，一个月 40 多元的收入。与 06 工地的收入比起来，虽然差了很多，但这时的我，没有欠债，这个收入，日子也能过得下去。

　　大洋农场工作期间，我见证了知青上山下乡的艰苦岁月。大洋农场是一个公社知青农场，有近 150 个年龄在 20—30 岁的知青。知青每人每月工资 2 元，吃饭定量供应大米 22 斤。一些知青家里本身就很困难，无法接济，而正在长身体的知青，靠这点供应，自然饿得晕头转向。因此，常常有周边的农民跑到农场来吵，说家里昨晚少了只鸡或鸭的，或者说被人偷了。

　　……

　　那年夏天的一个正午，烈日高挂，天空没有一丝的云彩。我坐在农场大路边的大树下纳凉。我摇着大蒲扇，微微地闭着眼，打盹。似睡非睡之际，我看见马路上远远地走来一个人。

　　谁会在这么热的正午依然赶路呢？

我想着，远远地注意着越来越近的人。

他大约 50 岁左右，穿着旧军装上衣，斜挎着一个军用帆布包，戴着一顶大沿的草帽。这是一种南方常见的草帽，常用水草、席草、麦秸、竹篾或棕绳等材料编织，帽檐比较宽，上面常还写有"农业学大寨"、"千万不要忘记阶级斗争"、"将文化大革命进行到底"或"知识青年上山下乡"等字眼。这种草帽，可用来遮雨、遮阳，在休息时或坐在草地上时，可将衣物放于帽中，或者垫坐在屁股下，以防衣物或者裤子沾上尘土。那天，来人戴的草帽上写着的字是"农业学大寨"。

人越来越近了，并且径直向我走来。

"老乡，可以借一下您的吊桶吗？"他问。他的话里带着浓重的福州腔，在我听来，比我的腔调重许多。看得出来，他很渴，汗水不断地从发际顺着黑红的脸庞滴落。我刚才忘记说了，在我纳凉的大树旁，还有一口井，夏天的时候，我时常会在井边冲凉，就是从井里打起水直接在井边洗澡。

"您是福州人？"我用福州土话问。

"是的，我是连江人。"也许是听到乡音，与他的距离感立刻缩小许多。我用福州话告诉他，这井里的水虽然冰甜，但水里有血吸虫，不能直接饮用。

"我太渴了，只要有水喝就行，有没有血吸虫都没有关系。"

"您等等，坐在这树下先凉一下。我房间里有泡好的凉茶，我去端来给您喝。"说着，我站了起来，将蒲扇递给他，然后朝不远处的农场宿舍楼跑去。在宿舍里，我泡了一大茶缸凉茶，原是准备下午出工时喝的。其实，我不让他喝生水，并不是因为水里有什么血吸虫，而是我知道大暑天走了那么长的路，一身汗后，如果猛喝生水，人一定会生病。

回到树下，我将一大茶缸的凉茶递给他，咕咚咕咚，他竟然一口气给喝光了，递回给我，"谢谢您，谢谢您！"

"不用谢。"我接过空茶缸，"吃饭了没有？"

"没有。"

"您从哪里过来的？"

"永泰。在永泰等了 3 天都没有买到长途车票，气起来决定走回去。今起了个大早，走到现在，走到了这儿"，说到这儿，他又一连声地道谢："谢谢您啊，幸亏遇到了您，不然我要渴死了。"

"不必客气呢。"我又问，"那您打算去哪里呀？"

"福州。"

"那您今晚住哪里？"

"我要走出这一段，到甘厝口，然后再搭车回福州。"

"这不可能的，您今晚到不了甘厝口。从永泰到这里，距离您要到的地方，您才走了不到一半的距离。今晚，估计您到不了您要去的地方。"我劝他留下来，"走了这么长的路，您也累了，饿了，今天下午，这里也没有上福州的车了。您就留在我这儿，先吃饱饭，休息休息。明天，我负责送您上车。"我告诉他，每天，经过的班车，司机我很熟悉，可以买到票。即使买不到票，司机也会把他顺带捎走。"走吧，现在和我一起到我的宿舍去，我给你做点饭吃。"他想了一下同意了。然后就用吊桶打水冲洗了一通，跟我回了宿舍。

我下了半斤米，用煤油炉给他煮稀饭。

"不够，再多些。"他也不客气。

半斤不够，那就 1 斤吧。我心里想着，淘好米，下到钢精锅里，点着煤油炉，多煮点，若有剩下的，晚上也还可以吃。我这么对自己说。没想到，饭煮好后，他呼噜一下全吃完了。刚刚放下碗筷，他问我："您留我在这儿住，晚上有没有酒喝？"

"想喝吗？我这里没有，但是我可以弄到。"这人还真是自来熟啊，我心中暗想。就这样，我喜欢上了他，这种直接，我视他为知己，起码说他看得起我。

"您还是去弄一瓶来喝吧。"

"没有什么下酒菜，我这儿只有花生米和鸡蛋，可以吗？"

"可以。很好了！"他说。

我写了封信，喊来一个知青，请他帮忙到公社食堂找司务长，借了一瓶丹凤高粱、1斤花生米和10个鸡蛋。这时大约下午5时左右。

"您刚刚吃完午饭，现在肚子肯定也不饿"，我对他说，"现在，我们先在宿舍里喝茶，等到农场的知青们吃过饭，八九点时我们到食堂去做菜。"

那个下午，我也没有去出工，同这个路人喝茶聊天。后来我知道，他是连江琯头人，山兜农场的场长，当过村长，名字叫王以晃。人的缘分也真是奇怪，在那个正午，当我吃过中饭，摇着大蒲扇，像往常一样坐在树下纳凉时，绝对想不到，我会给一个路人做饭吃，并且成为此生第一个好兄弟。

而这一切，仅仅因为我心生怜悯，怕他喝了生水会得病。

那一夜，王以晃就在我的宿舍，搭了个地铺睡了。睡之前，天南地北地海吹了大半个晚上，讲了很多我以前听都没有听过的故事。最后，他动员我过了年后到他的农场去当推销员。

第二天，起了床，吃过萝卜干就稀饭的早餐，过路的班车也就到了。我送他上车，临了，他回过身对我说："老曹，过了年，你就不要再在这里干了，到我那儿去。"

我挥挥手，和他道别。班车卷起一阵尘土，走了。而我的生活也回到原来的轨道，一切照旧。对我而言，王以晃的邀约，不过如那车后扬起的尘土，风吹过，即散了。

转眼新年来临。元旦过后不久，春节就到了。

那年的春节，农场的任务很重，书记不同意我回高山过年。腊月二十八，王以晃来了。这回，他穿得有模有样的，着一身深灰色卡其布缝制的中山装，看着还真有干部的模样。见到我，就用福州话骂道："真是太无德了，大年三十鸡犬都返家，而你，家里有父母老婆孩子，竟还待在这儿，干什么？！"

"我是想回家过年，可书记不同意啊。"

"书记个屁！你不是同意到我那儿做吗？走，我与你一起去见书记，告诉他我们明年不干了。明天要回家陪父母妻子过年。"

说着，他开始动手帮我收拾起行李来。

晚饭后，我骑着自行车载着他到公社见了书记。我说家里出了事，父母身体不好，马上就过年了，要我回家。书记也不好说什么，就同意了。

就这样，坐上经常往来门前的车，我们告别了大洋农场。在甘厝口，王以晃下车转乘去福州，我们就此别过。

回到高山，刚进家门，行李还没有放下呢，妻子凤英就迎上前来。

"你可回来了。昨天家里来了一个人，提了很多东西，把家里过年要的年货都送来了，鸡鸭鱼肉酒啊什么的，一式两份，一份给了爸妈那里。"妻子说着，将我领到堆放着年货的房间和厨房，"我不收。他说是你的好兄弟，放下东西就走了。茶水也没有喝一口。"

我真是遇到了一个好人啊。看着那些年货，我心里真是感动。我们在大洋分手时，说好过了年，初五就到他的农场去上班。我还会不去么？！

1973年的春节，我过了一个丰盛的年。初五那天，我就离开高山，乘车到了琯头山兜农场。到他家给他拜年，也是报到。见到我，他上下打量了一下，把女儿叫了过来，说："闺女，你把手表脱下来给我，你曹叔叔需要，你在家不需要。"那是一块上海牌手表，虽然女儿百般的不愿意，但王以晁还是从女儿的手腕上捋了下来，直接戴在了我的手上。随后，他又把老婆叫过来："去，把美国寄回来的的确良布拿出来，再去把裁缝找来，给小曹做一身衣服。"

他将我这一全副武装后，我整个就像换了一个人似的。他满意地点点头：看来，钱胆衣威，俗语说的"人靠衣装马靠鞍"还是有一定道理的。作为山兜农场的销售人员，也是农场的门面，出外销售，和人打交道，模样儿还是很重要的。从那以后，外出的时候，再累也要穿戴齐整，打扮和自己的身份相当。这个习惯，我一直保持着。

立春以后，我熟悉一下情况，开始全身心地投入工作中。因为刚入行，第一年我没赚到什么钱，年终的时候，王以晁就跟农场的人商量给我 1 万块。他是怎么商量的我不知道，虽然他是场长，但反对者也肯定是有的。所以我很感动，在我看来，这 1 万元，是对我的扶持，更是对我的激励。我更加发奋图强了。第二年我就赚了 3 万多，第三年，我又赚了 3 万多。当时没有存银行的概念，也不敢露财。所以，这么多的钱，全藏在家里的床铺下。那时，人民币最大的票面额是 10 元，6 万元，我铺了厚厚的一叠！如果没有后来发生的两件事，我或者就一直在琯头山兜农场做下去，也就没有后来的福耀了。

后来发生了什么事情呢？

1975 年冬天，有一次，我和农场的几个干部子女一起送树苗到明溪县。才到明溪，就下起了倾盆大雨，就像天开了个大洞似的。因为苗木无法栽种，闲来无事，我们就在县城的街上转悠。听到当地的百姓纷纷传说要地震了，这些干部子女，回到住处，收拾了行李，转身就跑掉了。我们带来的树苗怎么办？那些树苗一株 2 角钱，二三十万株，总值也有几万块钱，他们就这样不管不顾地扔下不要了。回去要怎么交代？他们不管，我却心疼：这些树苗，是农场乡亲的心血，不能扔下。他们走了，我一人留下来，看守着。虽然被雨淋得全身湿透如落汤的公鸡，但树苗最终没有丢失一株。云开雾散后，树苗都卖了。拿着卖树苗的钱，我回到琯头，汇报了明溪之行的情况，希望场领导能处理那几个干部子女。可是，干部们却不愿意，一边表扬我，一边敷衍我，说什么反正也没有造成损失，都是孩子，算了。

一个没有组织纪律的企业不会发展！

一个不会发展的企业不是久留之地！

我琢磨着……1976年春节，我回到福清高山。春节期间，有几个人拎着礼品到家里来拜年，说是福清龙田人。龙田镇紧邻高山，算是邻居。领头的那人见面就夸我做果苗做得非常大，是苗木界的一把手。

"老曹，我们是慕名而来呀。"来人说。

"哪里哪里，不过是混碗饭吃。"我客气着，在客厅里泡茶给他们喝。一边泡，一边思忖：不对呀，他们怎么知道我做树苗销售？正想着，来人又说话了："老曹，我们知道你在琯头做得很好，也知道他们给你是按20%的抽成。这样吧，你到我们这儿来，我给你按40%的抽成。"对方看着我，等着我回答。

不会吧，40%！疯了！花一倍的价钱来挖墙脚，我是什么呀，不过是一个卖树苗的。这还了得，我的情况，福清人都知道了，钱赚太多，是要拿去枪毙的！不行，我得想个法子把他们打发掉。

"喝茶喝茶。"我说，"谢谢你们大老远地来看我，不过，大春节的，不提这事吧？"

"也好，老曹你春节期间想一想，我们给的条件，很优惠哦。"

"好的，好的。"

送走他们，我当下决定，离开苗木界。

那个年，我过得踏实又不踏实。不踏实的是，自己卖树苗的名声大了，随时可能会有人来抓自己；踏实的是，决定了年后的路要怎么走。

一过完年，我立即乘车到琯头，向王以晃辞职。但我答应他，会帮助他做好本年度应做的工作。

我再次回到了高山。

2003 年，曹德旺与副总裁何世猛（右一）视察浮法玻璃建设施工现场。

在公司管理上，"以人为本"是曹德旺的管理之道，他对员工在工作、生活、思想上都有所关心。

1993年6月6日，曹德旺在福耀玻璃上市报告会上作报告，4天后的6月10日，福耀股票在上海证券交易所挂牌上市，成为福建省最早上市的公司之一。

1996年1月25日，福耀集团在福清举行集团公司成立暨万达汽车玻璃投产及其产品通过ISO9002国际认证庆典。

2005 年 6 月 1 日，曹德旺与奥迪采购外饰件总监 Hell Karlheinz 先生（前左）在福州签订全球配套协议，自此，福耀融入奥迪全球采购网络，进入全球高端汽车品牌市场。

2008 年 1 月 28 日，福耀集团获得中央电视台颁发的"2007 年度最佳雇主"，曹德旺和福耀员工一起在央视演播厅领取奖杯。

2015 年 3 月 31 日，福耀玻璃 H 股在港交所主板挂牌。图左起依次为：时任福耀集团总裁曹晖、时任美国俄亥俄招商局官员 Kristi Tanner、福耀集团董事长曹德旺、时任董事局秘书陈向明、时任财务总监左敏。

2015 年 3 月 31 日，福耀集团董事长曹德旺和时任总裁曹晖为福耀玻璃 H 股上市鸣锣。

CHAPTER 2
第二章
艰辛创业

结缘玻璃

　　离开山兜农场，回到高山，我开始思筹着办工厂的事。这件事，自从老吴和我说过后，就一直在我的脑袋里转悠着。

　　我计划在家乡办一个生产玻璃的乡镇企业。

　　说起来，也要感谢 1976 年春天明溪那几天瓢泼的大雨。大雨和倒春寒将人们关在屋内，闲来无事，我约了老吴和小林一起品茶一起喝酒。

　　老吴的全名叫吴异璜，是明溪县二轻局的采购员，"文革"前的大学毕业生。一米八的个子，上海人。老吴并不老，30 几岁的美男子，加上吹拉弹唱样样精通，很有女人缘。但在那个年代，有女人缘并不是好事，老吴就因为与同单位的女性发生了"不正当"的男女关系，被定为"流氓"，丢掉了中学教师的工作，被送到明溪劳动教养。

　　小林的全名叫林庶乎，出身于福州一个高级知识分子家庭，也是"文革"前的大学毕业生。大学毕业后，被分配到沿海的一个城市市政府工作。小林是一个很有才气的人，也很会说话。反右时，各单位都有右派的指标，小林所在的市政府也不例外。小林说，那天为评谁是右派开了一上午的会，他喝了很多茉莉花茶，憋不住尿，离开会场上了趟厕所，再回到会场，他就成了右派，送到明溪农场进行劳动教育。后来结婚生子，就扎根农场了。

老吴说："老曹，有没有想过做其他的生意啊？你知道水表玻璃吗？"他用手比划着一个小圆，看着我，"就是我们家家户户厨房里都有的那个水表。你知道吗？这么小的一块，可以卖到5角钱，很赚钱吧！而且，这个水表玻璃很容易，如果你做，我有渠道有办法帮你做起来。"

当然想。我做梦都在想着如何离开农村，离开面朝黄土背朝天的生活。只要有机会。这也是我当初离开家乡到琯头山兜农场的原因——从这个角度讲，山兜是我离开农村的一个跳板，但我没有告诉他们这些，告诉他们也未必能理解。只有如我一样在农村生活过的人，才会知道农村的苦，农民的难。

那天一个下午，我们在策划如何办一个玻璃厂的事。

我们的结论是，可以办一个玻璃厂。

因为，有市场，也有技术。

老吴对市场进行过调研。

小林是工科大学生，设备技术是他的拿手活。

剩下的问题是，办工厂所需的20万资金和盖厂房所需的10亩土地，以及解决老吴和小林的户口问题——如果工厂办在高山的话，就要将他们的户口从明溪迁到高山。

户口是其中最难解决的一个问题。当时，中国的城市户口，是人跟着户口走，户口跟着工作走。人、户口、工作必须一体，要想迁户口，有时是比登天还难的事——首先要有工作单位接收，提供工作；其次要有户口指标，可以落户；第三，新单位愿意接收，还得原单位同意放人。即便是现在，户口迁移仍然是国家行政管理的一项重要制度，是公安机关户籍管理的一个重要组成部分。

因此，我的目标很明确，说服高山公社的领导，提供资金，提供土地，办一个玻璃厂，同时，解决老吴和小林的户口问题。

只是在当时，办工厂都是国家的事，工厂也大多在城市里办。社办企业，虽然在七十年代也不是什么新鲜事儿，但我一个农业人口，想办工厂，谈何容易。

我决定先找公社企业办主任方仁钦谈谈。

那时的农村，执行的政策是"以粮为纲，全面发展，多种经营，适当集中"。公社办的各类企业多了，管理这些企业的政府机构也应运而生。在县里，叫多种经营办，在公社就叫社队企业办或乡镇企业办。在当时，乡镇企业多指农村集体经济组织或者农民投资为主，在乡镇（包括所辖村）举办的承担支援农业义务的各类企业，或者开些小手工作坊之类的店面。

公社的企业办则多为组织农民进城务工。高山的农民，吃苦耐劳，善于开山、挖土、搞基建，但承包这类的工程，通常必须要公社出面，企业办就是这个中间人。据我所知，每年企业办的管理费用收入，就有30—40万元。

1976年初夏的一天，我在高山的街上行走，正好与企业办主任不期而遇。

"老曹，最近在哪里发财啦？吃得白白胖胖的。"企业办主任方仁钦见到我就问。

因为没有做农活，我的确是白白胖胖的，加上很注重衣着打扮，走在街上的我，俨然就是一个成功人士。

"嘿嘿，方主任，我能干什么，就是跑跑小生意而已。"虽然嘴上谦虚，但脸上却是一副成功者的自信。我递上一支"大前门"，"方主任有空吗？正要向您报告一件事。"

我拿出打火机，给方仁钦点上火。"是一个项目。"

"哦，什么项目？"一听说是项目的事，方主任来了兴趣。

站在街上，我告诉他，公社可以建一个水表玻璃厂，很赚钱，"一片水表玻璃，只有那么大一小块"，我用手比划着一个碗口大的小圆，"可以卖 5—8 毛钱，我去上海市场考察过。1 平方玻璃可以做 100 片。"我吸了口烟，"主任，您知道市场上 1 平方玻璃卖多少钱吗？"我伸出五指，"5 块钱。""100 片乘以 5 毛又是多少？1 平方可以卖 50 块钱！我们只是钢化一下，磨一下就增值 10 倍！你说什么有这么高的利润？！"

我接着告诉他，做这个项目，办厂需要 20 万资金和 10 亩地盖厂房，这要麻烦他去同公社书记商量。

"资金和土地不是什么问题，关键在谁来做。"方仁钦想了想，从鼻孔处喷出袅袅烟雾："我们都没有做过。"

"我认识两个人，他们是这方面的行家。如果公社同意做，你们可组织几个人去见他们，再组织人去上海考察。"我简短地介绍了一下老吴和小林的情况，将手上的烟放入口中猛吸两口，丢掉烟蒂，再用鞋尖踩了踩，"如果你们考察后认为可以调他们来做工厂的话，必须解决他们的户口问题，这是他们的条件。"我最后说。

"等我向书记汇报后再说。"方仁钦有点兴奋。

几天后，方仁钦骑着单车找到我家。

我打开院门。

"哟，方主任，请进请进。是不是公社那边有消息了？"

"公社领导基本同意了。"还没坐稳，他就激动地说："现在可以组织去明溪和上海考察了。"

我泡好茶，给方仁钦斟上。听他细说见书记的过程，又定下了去明溪和上海的时间。

送走方仁钦，我便出门到公社邮局给老吴和小林挂了长途电话，告诉他们事情的进展，同他们定下了见面的时间。

几天后，方仁钦一行在明溪见到了老吴和小林，随后又一同考察了无锡的乡镇企业和上海的玻璃生产工艺。在上海的北京路，一家玻璃店后面搁着一台炉子，里面正在生产玻璃。我问小林："这样的炉子，我们能造得出来吗？"

小林左看看右看看，很肯定地说："可以，技术上可以解决。"

带着兴奋，考察组一行回到高山。

方仁钦立刻起草考察报告和立项报告，提交给了公社，同时提交的，还有关于解决老吴和小林的户口问题的申请。

公社批复：同意成立高山异型玻璃厂筹建处，方仁钦任主任、项目负责人。

公社同时同意将老吴和小林的户口迁到高山公社居委会。

同年10月，高山异型玻璃厂的筹建工作正式展开。多年浪迹江湖的经验，也使我很快融入筹建工厂的角色中。

我，就这样，彻底地和农业挥手告别，走上了工业的道路。

机会，就这么来了。

一切似乎都顺理成章。

高山异型玻璃厂的筹建可谓适逢其时。

粉碎"四人帮"后，全国各地春潮涌动，不论城市还是农村。尤其是十一届三中全会后，农村实行了一系列的改革，乡镇企业如雨后春笋般迅速地发展起来。

筹建处借用了公社旧剧场为办公地点。

旧剧场原为城隍庙，现在又成了我们的筹建处。办公室设在前厅的二楼，里面办公人员只有6人：主任方仁钦，老吴、小林和我，还有筹建处成立后配备的会计和出纳。

一切都模仿国营企业的管理条例，这也为后来高山异型玻璃厂的连年亏损埋下了伏笔。

高山异型玻璃厂的第一次会议在旧剧场二楼的会议室召开。会议的主要议题是人员岗位设置和筹建的规章制度。对于厂房的设计，方仁钦强调"节约开支，保守设计，可进可退"。他解释说，厂房最好按住宅设计，这样，如果工厂办不起来，厂房也不会浪费，可以当住宅使用。

这样的设计思路还真是史无前例。我正想提异议，老吴和小林却异口同声地表示赞成。我觉得奇怪，事后曾经问过他们为什么，他们的回答更让我难过："钱不是我们的，权在他们手上，他们决定怎么做就怎么做，有什么好异议的！"

我们的教育培养出来的就是这样的干部！我无语。挫折可以磨练一个人的心智，也可以打击一个人的斗志，是从挫折中站起，还是在挫折中倒下，就要看个人的悟性了。

但方仁钦并不这么看，早在明溪见到老吴和小林后，他就喜出望外，觉得找到了宝贝，而作为介绍人的我，却成了可有可无的人。因此，在设置工厂的重要岗位人员时，没有我。

"老曹不能没有位置。"也许是感念我对他们的帮助，老吴和小林同时坚持。"他是一个很好的销售人员。我们办工厂，生产出来的东西由谁去卖，卖给谁，这些都是要老曹在，才能更好地解决的。在产品生产出来前，也要采购东西，他可以做采购员。"

我就这么成为了高山异型玻璃厂的采购员。但因为我非工非农，所以，我只能按临时工使用。临时工就临时工吧，只要给我这个平台。我心想，自己虽然有销售的丰富经验，但是从农业到工业是一个大的跨度，自己从来没有经历过，更不要说经营了。但饭是要一口一口地吃的，经营企业的经验积累也需要一个过程。所以，我想，只要能让我站在工业的平台上，做什么职位，并不重要。再说，采购员也没有什么不好的——当时干部，一个月只有 22 元，而我一个月有 40 元的收入。虽然，因为是临时工，逢年过节工厂里的厂长、会计、出纳等部门行政管理人员会分到一些鱼啊、肉啊什么的，没有我的份，但我，只当没看见。为保持心境，在那样的日子里，我总是躲得远远的。心里，却在惦记：只要能给我工业的这个平台，将来我就能做出最好的企业来。

投资十几万的高山异型玻璃厂从筹建处成立的那一天起，注定成为高山人不会忘记的历史。它的一颦一笑，是高山人茶余饭后的谈资，它的一举一动，总是吸引着高山人的眼球，成为关注的焦点。有关系有门路的大都盘算着如何将自己的亲属安排进厂，没有关系没有门路的，也削尖了脑袋挤进来。

筹建处的工作人员自然跟着风光无限。方仁钦自不用说，就连老吴和小林，也每天沉浸在有人请吃喝的状态里，以至于一个小小的工厂，从 1976 年到 1979 年，奠基、动土、打桩、起梁、封顶、买设备、安设备，时光飞逝，家中的日历，转眼撕掉了 3 本。

1979 年，终于试生产了。

这时，工厂已有 16 名员工。这些员工，多为公社与企业干部的家属或者子女。虽然都是学徒工，年龄却相差极大。小的只有十六七岁，大的却已经四十有余。

经过一年多的试生产，工厂的成品率始终低下，生产不出合格的玻璃。厂长也跟走马灯似地，从方仁钦变成林学飞再至林学杰。

有人开始怀疑建玻璃厂的决定是否正确。

虽然我不是厂长，但我的压力一点儿也不轻。建厂的建议是我提的，两个重要的人才老吴和小林是我引进的，投了那么多的钱，花了那么多的时间和精力，为什么生产不出合格的产品？我不断地问自己。通过分析，我确认建厂的方向没有错，错在用人上。

小林真的懂玻璃生产吗？

我不是厂长，无权处理工厂的事务，但责任心迫使我站出来。我同仁钦说，上海有一个朋友，可能可以帮我们找来专家，诊断一下问题出在哪里。是不是由我出面联系一下？经过公社批准，我便去了上海。

坐了一天一夜的火车，来到上海。这时的上海，早已一改三年前的素朴，有了花花世界的端倪。这端倪，早在父亲的描述里，让我听得耳朵出茧子来。因此，对我而言，一点儿也没有陌生的感觉。

我正正衣裳，走进上海建材局，找到陈克远。陈克远认真听完我的叙述，对高山厂的困境深表同情。"你来的正好"，他说："上海耀华玻璃厂有一个韩厂长，刚刚调到我们处任副处长。"说着，他拿起桌上的电话，接通了韩副处长办公室。"老韩哪，我家乡有一个玻璃厂，生产上出了些问题，您是不是可以从耀华厂找一个工程师，到他们那儿看看，诊断一下问题出在哪儿，帮他们找到解决问题的办法？"

"我试试看。"韩副处长一口应承。"我这就同耀华联系，看看能不能派出人，可以派谁去。"

第二天，韩副处长就走进了陈克远的办公室。

"陈处长，耀华同意派工程师李维维前往，帮助高山厂解决问题。"

"谢谢您，老韩。"陈克远握着韩副处长的手，转脸对我说："我让办公室给你开一张购买机票的证明，你明天就陪李工赶回高山吧。"

飞机？我简直不敢相信自己的耳朵。

1980 年的中国，飞机和火车的软卧一样，是为正处级以上的干部提供的交通工具，不是有钱就可以坐的。虽然日后我坐着飞机，而且是头等舱，飞遍了全球，里程数也不知可以绕地球多少圈，但飞机带来的兴奋与激动，却唯有第一次，深印脑海。

这次的上海建材局之行，不仅为高山送来了李工，也为日后的福耀埋下了种子。

这是后话。

在邮电局，我给工厂发了封电报："已请到工程师，明日同机返回，请接机。"

在机场，我见到了李工，一个纤细的上海女子，虽然衣着朴素，但依然掩饰不住大小姐的气质。这样一位小姐，会懂设备？我简直不敢相信自己的眼睛：上海耀华是不是派错了人？我心里嘀咕着。

李维维出身名门。父亲是洋买办，公公则是卡介苗专利的拥有者。从小在大上海的花花世界中长大的她，却不染纤尘，完全是一个知识女性。

那时的我并不知道，正是这个纤细的上海女子，后来会上演一幕汉子般的壮举，成为我技术上的顶梁柱。

在福州义序机场，看到和我一起走出来的工程师，竟是一位女同志时，厂长脸上露出掩饰不住的失望。

既来之则安之。

一行人坐上面包车，一路翻山越岭，三小时后，抵达高山。

正值午饭时间。"先吃饭再去工厂。"厂长决定。

"先去工厂看吧。"李工说，"看完再吃，来得及。"

到工厂，一下车，李工径直走进车间，等在工厂的老吴和小林急忙迎上前。"炉子的设计图纸在吗？请拿来给我看看。"小林示意手下递上了图纸。

李工看了看图纸，再看看风箱面板、风嘴排列，"打开鼓风机"，她说。

李工察看的时候，车间里除了鼓风机的声音再也没有其他声音。工人都下班了。围在李工身边的一群汉子，虽然和我一样抱着疑惑的心，但仍怀着真菩萨降临的希望。大家看着李工，默不作声。

李工看着，听着，不停地用笔在手中的笔记本上记着什么。"关了吧。"她说，"如果要改变电炉丝，厂里有没有现货？"

"有。"我回答，"还有很多备用的电炉丝，在仓库里。"

"这个风箱要拆下来，风嘴要重新布置，有困难吗？"她的声音很轻，却很坚定，不容置疑地，完全不是一个弱女子的模样。

"没有困难，你说怎么弄就怎么弄。"

"那好，我们现在去吃饭，吃完饭再来做。"

饭后也没休息，直接回到车间。此时工人已经上班。从仓库取来电炉丝，李工蹲在地上，一边示范着如何绕，绕多少圈，一边告诉我们为什么要这么做。

李工说，将电炉丝分三层解决了电炉温度不均的问题，却无法解决风箱面太大的问题。风机浪费了很多风，另一方面，风压又上不去。因此，我建议你们把旁边的都堵上。风嘴组装得也有问题，几千个风嘴都要拆下来。这个工作量很大，不过，抓紧时间，两天应该够了。按照她的要求，当天下午我们就组织员工加班加点通宵达旦地改造，第二天天一亮，李工再到工厂时，应改的都已经按照她的要求改好了。设备静静地躺在那儿，工人们站在机器旁边无声地等候着。

"咦，有什么问题吗？"走进车间，李工一愣。

"李工"，我迎上前，"设备都已经改造好了，只等您来验收。"我指指等在机器旁的工人们，"他们在等您验收后开始试产。"

李工加快了脚步，她怎么也没有想到，仅仅一夜，这里的工人就完成了上海工人需要花两天时间才能完成的工作。她有点儿狐疑：这样赶的工，能做得好？

俯下身，套上手套，她认真地检查每一个线圈。

"OK，开机试试吧。"李工满意地摘下手套。

推上电闸，接上电源，摁下开关，电炉预热几小时后开始生产。上片、下片、钢化……不一会儿，钢化好的玻璃送到检验台，"合格！"检验员高声喊道。

看见一片片合格的玻璃，和工人疲惫而又幸福的笑脸，李工感动了：这是她以前从未遇见过的一群人。虚心学习，努力工作，充满热忱。有这样一群人，还有什么做不出来？李工后来对我说。

走的时候，厂长偷偷地塞了一块走私女坤表给李工，以示感谢。那时，福建沿海充斥了各类走私物品，大多是渔民用海产同台湾的船老大换来的。各类名牌的手表如欧米茄、浪琴、梅花、精工等等，很受内陆百姓的欢迎。但李工，对此类奢侈品牌早已见怪不怪，走私的，自是不稀罕。

"老曹"，办好了登机手续，进关前，李工的手心里放着一块梅花表，"这是你们厂长刚才塞给我的，说是不要让你知道。我不要，他硬塞。你看，该如何处理？"

"你不要，我也不可能拿回去。"我看了看表，走得还好，选型也的确精致。"这样吧，你是韩处长介绍来的，就收下吧。没什么关系，厂长只是想和你套套近乎，增加私人的交情而已。"我补充道，"我也不能拿回呀！"这时我深感失落，人是我请回来的，厂长送表给她还叮嘱不要让我知道，这意味着什么？

送走李工，坐在回厂的车上，我感到莫名的失望，是我花了九牛二虎之力，通过关系请来了专业人员帮工厂解决了困扰几年的难题，厂长给我的回报就是瞒着我送一块手表给来人，还告诉李工要瞒着我，只要有一点心智的人，都会猜出厂长想干什么。即便是这样，在这个时候我也只能选择装傻，好像真的不知道有这事，因为此时我只是寄人篱下，识时务者为俊杰。

问道石竹

福清是著名的侨乡，最出名的山为石竹山。

石竹山位于福清宏路镇西边。山上有一座也许是释、道混合的庙观，观内供奉着灵验的九仙公。这也是石竹山之所以有名气的主要原因。

还有一个原因，据说，福清的几位巨富都在石竹山上祈过梦，因此香火特别的旺。

我第一次上山时，接待我的是一个老和尚。

那次上山，是陪同福州横屿的一位潘姓朋友去的。朋友是生产水表模具的。1980年，他的一对双胞胎儿子，玩耍时不小心掉到粪池里，淹死了。悲痛欲绝的他，在埋葬了一双儿子后，想再要孩子，可是他的太太却因为计划生育的缘故，做了人工结扎术，无法再生育了。离婚再娶吗，他又不忍心让妻子在失去儿子后再失去家庭。想要孩子要不了，想离婚不忍离，他几乎天天处在苦痛之中，死的心都有了。这时，有人劝他到武汉去发展。他希望我能和他一起去武汉闯一闯，他负责技术，我负责销售。我答应考虑考虑：一则是因为高山厂几年过去还不能投产；二则高山厂因为是乡镇企业，厂小，人的心眼也比较小，在这样的地方肯定不是久居之选。因此有人邀我去闯，我也想试一试。正月初二，老潘到我家拜年。潘太是福清渔溪人，所以每年春节他都会到福清过年。坐在我家的客厅里，我们聊着武汉的设想，但去或不去，其实他仍没有全然下定决心，我也是。

"这样吧，老曹，等等你陪我上石竹山祈梦好不好。"老潘说，"我每年初二都去山上祈梦，今年还没上去呢。那里祈的梦很灵，我们去求一下，看看能不能去。"

石竹山啊……我沉吟着。

小时候，常见母亲在家里烧香礼佛，也常随母亲至寺庙敬香，对于佛教的接受，最早于此。关于佛教的诸多知识，当时的情况也只限于烧香、磕头等，还有就是我爸喝酒时讲的小故事。

但到道观祈梦抽签却没有过。

"怎么样？"见我没有吱声，老潘急了，"就当陪兄弟走一趟，如何？"

"好吧。"

"那我们现在就去。"

老潘拿起随身的小夹包，我们出了门。

路上拦下一辆平潭开往福州的长途汽车。春节期间，汽车上不像往常一样挤满了人。1 小时后，我们在宏路镇下了车。下车后在宏路的市场里买了些供奉用的水果，再雇了一辆三轮车。那时，从宏路到石竹山的路还是沙石铺就的土路，路面不宽，也不太平整。几公里的路，一路颠簸到了主峰状元峰脚下，也花了近半小时。几个农妇在山脚下摆着香和金银纸钱，一份一份地卖给上山烧香祈梦的人。老潘拿出 1 元钱，买了一份香和纸钱，"老曹，你也买一份。其他钱我能替你出，这香火钱，你得自己出，求的签才灵。"

我原不想买，他这一说，我只好掏钱也买了一份。

收好了香和纸钱，老潘从山下一路磕头磕到山上。我呢，就慢慢地跟在他的后面，一边观赏着，一边往山上走。

进到道观，老潘就焚香烧纸。"老曹，我现在祈梦，你也一起进来试试。"老潘说完进到一个房间里席地而躺，闭上双眼。

这就是祈梦啊。

我也躺了下来，可怎么也睡不着，更不可能有梦了。转身看看老潘睡着了没有，他的眼睛似乎也在眼眶内转动，正想开口问他睡了没，他却一骨碌爬了起来，走出门来到庙堂神像前取出爻杯木爻问所梦是不是这个梦，卦象说正是。

他不过才躺 5 分钟时间，就有梦了？我碰碰他，"你胡说八道，我明明看见你眼睛在动，你怎么做梦？"他笑了："我做梦了，我今年会发财。"

"哦，你梦见什么？"

"我梦见家门口铺着铁轨，一列火车，载着满满的货物，从我家的正门冲进来。你想想，满满的货物耶，这不就喻示着发财么。"

"真的吗？"我将信将疑。

"信不信由你，我不去武汉了。"老潘说，"对了，你没做梦吗？"

"我没有梦。"

"没梦也没有关系，我带你去抽签。"

这是我第一次上山抽签，问什么呢？这次武汉去不成，我不是在策划去香港吗？

那一年，因想去香港投奔亲戚，但妻子凤英死活不同意，甚至以死相胁。去香港的机会实很难得，妻子的生命也很宝贵，因此左右为难。既然和老潘到石竹抽签，也就抽个签问问。

上到山上，烧好香，从签筒中向外摇签条时，我默想着要问的问题——去香港好不好？签掉在地上，爻卜为是，我就拿着签号到老和尚那儿换了签条，老和尚看看，"先生问什么？"

"问是否可以去香港。"

"不可，不可！"老和尚摇着头，"依签所言，你若去香港将会家破人亡。"我听了心中一凛：如此说来香港断不能去。"那么，我继续留在高山玻璃厂好不好呢？"我又去抽了一签。

"不要离开，留在这里好。"老和尚将签条递上来，"施主请看，这签中的一句：虎啸凤鸣不觉奇。好到虎啸凤鸣都不觉得奇怪，是一种什么样的好？"

"什么样的好呢？"

"人很难追求到的你都可以得到。"老和尚明确地说。

奉上香火钱，我和老潘一道下了山。

那一年，老潘发了大财。

原来，上海的皮鞋厂要做鞋的模具，因害怕在当地开新的模具会被竞争者仿制，就找到老潘，请老潘开皮鞋的新款模具。上海人没有想到的是，福州的老潘也不是吃素的，他在为上海人开模具的同时，为自己也多开了一双。那时的皮鞋，多为人造革鞋面，老潘就用这个模具，生产出福州第一双人造革皮鞋，接着是第二双、第三双……在改革开放初期，人造革鞋是很时兴的。老潘制的鞋，在自己的店里卖，那一年，他想不发财都难。临近年终的一天，我接到潘太的电话："老曹，你在哪儿？"

"我正在招待所吃着饭。"

"那好，我一会儿过去看你，可以吗？"

当然可以。还有不行之理？"行，来吧。"我极爽快地应承着。

不一会儿，潘太来了。

一进门，她就从肩上挎的小皮包里拿出一沓钱，"啪"地摔在床铺上，"这里是 3000 块，你拿回去过年。"

"你这是干什么?！"我奇怪地看着她。

"今年我们确实发财了，老潘说应该拿一点给你过年。"

"你拿回去，我不要。"

"有什么关系?！你拿去花。你和老潘，谁跟谁呀。再说，我们今年确实赚了很多钱。真的。"

"你赚你的，我不欠你的情。"我坚决拒绝她，一是没有这个习惯，二是自己挣的钱过日子还可以。见我拒绝得很坚定，她也就不再坚持。

那一年，还在做采购员的我，虽然过的是神仙般的日子，但的确没有赚多少钱。但老潘的钱，我也绝不要。

诚交天下士

从厂里确认我为采购员的那一天起，我大部分时间就都泡在福州。

福州是福建省的省会城市，因榕树满城，也叫榕城。

福州人喜好泡温泉和喝茉莉花茶。

关于福州人和福州的温泉，有句老话，住在福州长在福州，没洗过泡过温泉还能算是福州人吗？这说的是温泉与福州人的生活息息相关。大概是因为从小泡温泉的缘故，福州人走到哪儿都爱泡汤，哪怕是盛夏季节，照样一泡到底。

所以，我在福州午后的时间，大都在温泉澡堂活动。说起来，还是原福州仪表厂的张铁干带我去的。

1979 年，高山厂投产后，就开始需要大量的平板玻璃，但玻璃不是现在这样可以随便买的，需要指标。指标哪里来呢？一是政府计划，每个相关的国有企业，政府每年都会按计划下达相应的供应指标，就像每个家庭，每年都固定按人口配给粮食、布票、肉票、鱼票、糖票一样，也叫计划内的指标。二是市场调剂，也即计划外的指标。这就要各企业采购员各显神通了。当时，一个采购员能不能在采购的江湖里混，就看你能不能将别的企业手中富余的指标拿来，能不能从政府机构手中拿到批件。

高山厂是乡镇企业，计划内的指标基本拿不到，只能从计划外想办法。我到哪里搞指标呢？

张铁干说："兄弟，我来帮你。"

张铁干是福州仪表厂的采购科长。在福州的采购界，算得上是呼风唤雨的人物。他对我说："走，我带你去澡堂泡汤。"那时正好是下午两点以后，下午的班已经上了一会儿。去澡堂能解决指标吗？我心里纳闷，但还是跟着去了。

我随着张科长走进温泉澡堂。好家伙，门脸不大的澡堂子，里面的经营面积竟然达到 4000 多平方，男宾部内设 4 口大池，8 门沐浴，120 个座位，并有 40 个包间。澡堂内还设有温泉洗浴、洗目、采耳、修脚、搓背、擦鞋、理发等服务。

门票 2 角。缴完费，服务员拿来浴巾，浴巾看上去很旧，那颜色，砖红但没有光泽还有点发灰，让人搞不清是干净还是脏。浴室的设施有年头且陈旧，布帘子吊儿郎当地挂着。但澡堂内热闹如集市——

那时福州家家户户还是木板房，没法洗澡。赋闲在家的福州老人习惯一大早来澡堂报到，泡完后躺在竹椅上和街坊四邻侃大山，或是下棋饮茶。吃过午饭小憩一阵，下午再泡个回笼澡，一天过得舒适安逸。很多老人即使搬了家也还是经常光顾早已习惯的温泉澡堂。下班以后，澡堂内更是挤满了闲话家常的市民。

采购员们选择下午 2 点后在澡堂子里泡汤，既享受到温泉金汤，又正好避开了澡堂的高峰期。

进门就有人同张科长打招呼。张科长也一一把我推荐给他们，我这才知道，张科长为什么带我到澡堂来泡汤。原来澡堂是福州采购科长们聚会、交换信息和串换指标的场所呀。

传统的福州泡汤很讲究规矩，一般规模的温泉澡堂设有不同水温的4个水池。要从低到高依次泡过去，在第二个池边打肥皂冲洗。最后一个汤池水温最高，下去几分钟就要出来，浑身烫得血脉通畅，特别舒服。泡在池中，认识的不认识的，都会打着招呼，聊着知道和不知道的事，四个池泡过去，基本也都搭上了话，待上了池，大家就躺在竹椅上或喝茶或修脚或推拿或掏耳或继续池中未结束的话题，侃着大山。

从那以后，只要在福州，我几乎每天下午都到温泉澡堂报到，在那儿请各工厂的采购科长们抽烟喝茶吃小吃，不仅玻璃指标，水泥、钢铁、木材等等，不论什么指标，我都能拿到。1吨水泥的指标可以卖四五十块。现在想想，如果那时我心生贪念，拿这些指标卖钱，也就不会有我的今天了。

请他们的钱，不多，那时1元钱可以吃得很好。高山厂给我的出差补贴一天是8角，但却要5个月后才批得下来，且请客费用不好报销。好在我有山兜农场留下的积蓄垫底，但也经不住我这么常常请，原来铺在床下厚厚一叠的"全国人民大团结"（10元钱的正面图像），渐渐地变薄了。但是，我由此认识了福州城内的采购科长们，搭建起了一个完整的采购网，不论要什么指标，想要就有。

不仅自己工厂所需要的玻璃指标，就连其他单位甚至政府相关部门的，也顺带着帮忙解决了。

我是怎么解决的呢？

不同的指标是各自独立的，指标和指标间互不相连。我解决玻璃指标，怎么会解决到木材、水泥甚至钢材的指标呢？

我要玻璃的指标，请各位科长帮忙解决，有人就介绍我到省化建公司郑宝贵那儿，郑宝贵就说了，指标我们有很多，可是都在省外，我们要不回来。你若能要回来，这些指标，你要多少给你多少，足够你们高山厂用的。

这是怎么回事？

原来，因为所有的东西都要指标，省与省之间就需要协作交流，因此每个省每个市、县都有协作办公室。福建是林业大省，出木材，就用木材和其他省交换其他的物资。比如玻璃，木材被江苏和浙江运回去了，但玻璃却发不过来。郑宝贵告诉我，省物资厅的采购员去了好几趟，都拿不回来，就算了，很多指标都被欠在那儿，如果你能去外省拿回来这些玻璃指标，我就分给你，满足你工厂用的玻璃。我说好啊，可以试试。我就被郑宝贵介绍到省物资厅，物资厅给我开了个证明，我就从高山厂的采购负责人变身成了福建省物资厅的采购员。

当时，福建省物资厅驻沪办公室设在上海福建南路33号，就是现在上海锦江之星（外滩店）的位置。那里地处黄浦区顶级商务区中心，紧靠延安路高架和越江隧道，交通十分便捷。周边有外滩、人民广场、豫园、淮海路、南京路等市内主要旅游购物景点。

我住在那儿，以福建省物资厅采购员的身份，结交华东六省一市的采购员们，先和他们交朋友，然后再提出希望帮忙解决的事。我就是用这一方法，解决了困扰物资厅许久的木材换玻璃的指标问题，解决了南平、三明的水泥、钢材调配问题。

怎么解决的？

其实也很简单。

国家每年都有两次的订货会议，全国各个单位都会参加，包括部队。这个订货会议，将解决各单位的统配指标。有时在成都，有时在福州，有时在石家庄，有时在广州，有时在上海。这些统配的指标，由国家建材局统一调配，也有省建材局统配的，如何分呢？国字头，比如说永安水泥厂就是由国家建材局统配的，省市国有企业，比如说顺昌水泥厂、南平水泥厂则是由省建材厅统配的。

国家分配指标是分省份地区的，以水泥而言，南平的，可能拿到张家港水泥厂的指标，南京的却可能拿到永安水泥厂的指标。当时的火车车皮也很紧张，要拿到，也很困难，货的指标，经常会因为没有车皮而不得不放弃。

如何能各取所需各得其所？

我做的事就是商量。

同南京军区商量，把他们手上永安水泥厂的指标拿出来，换成张家港水泥厂的指标，当然是同级的水泥。南平市政府呢，手上就有了永安水泥厂的水泥指标，省去了解决车皮的烦恼，又节省了不少的运费。这就是串换指标。当时我们采购员在泡汤时想出的这个笨办法，却解决了长期困扰着各省、市政府的大难题！为这个，南京军区的后勤部感谢我，南平市政府也感谢我，我成了他们的座上宾，也成了物资界呼风唤雨的人物。这是我没有想到的，我一个高山乡镇企业的采购员，竟然成了国内物资界的"大脚"（福州话，翘楚，"大腕"之意）！后来，我在高山盖房子时，所需要的钢筋水泥，全是用指标买的便宜货。

我得到的好处是什么呢？不是钱，是关系。是从他们身上学到的业务本领。

这些有这么重要吗？

当然，对于一个刚刚出山的人，这些交往及合同签订业务、知识充实与人际关系网的铺陈，非常重要。

因此，任何事，只要肯动脑筋，没有解决不了的。

这是我在那时就有的感悟。以后，不论遇到什么困难，我都会想起这个经历。提醒自己，只要肯动脑筋，问题就一定能够解决。

义不容辞

　　1980 年冬季的一个下午，我在高山厂办公室与几个同事聊天，邮差送来了一封信。信封上的寄信地址是连江琯头。我把信封的封口撕开，是王以晃的亲笔信。

　　老曹：

　　久未谋面，近来可好？

　　听说你工厂已经办起来了，真为你高兴。不久前，我被医院查出患了肝癌，日复严重，可能时日不多了。

　　我很想念你，如有时间，可否见一面。

王以晃

　　放下信，我立即联系车站，洽购一张去福州的长途车票。车站回复我，去福州的长途客车票已经售罄。

　　"明天早班有吗？"

　　"没有。"车站售票窗口说，"明天、后天、大后天的班车票都卖完了。"

没办法，只好包了一辆跑运输的三轮车，第二天一早出门赶到福州，再从福州转乘下午的船到了琯头。

到以晃门前时，天已经有些黑了。和以前他当场长时家门前的喧闹相比，现在的家，冷冷清清的，我以为自己走错了门。

房门前没有人，我轻轻地推开房门，屋内很暗，只亮着一盏昏黄的灯。

"以晃哥。"我喊了一声，担心自己是不是见不上他的面了。

"在这里。"一个微弱的声音回答我。

我寻声走进卧室，定睛细看，卧室的床上的确坐着一个干瘦的人。他就是曾经健壮如牛的王以晃吗？我脱了鞋，爬上床，坐在他的身边。

"不行，老曹。我得的是肝癌，听说会传染。你要坐远一点，我们说话。"他的声音已很微弱。癌细胞已经将他折磨得瘦骨嶙峋，肤色蜡黄。看过去，的确也没有多少日子了。

"我没听说这病会传染，没事，以晃哥。"

以晃大概没有想到我会有这一举动，但他显然也无力阻止我。他的眼睛湿润了。

我们就这么促膝长谈，直到他说完所有的心事。最后，他握着我的手，"老曹，我走了以后，你能不能帮忙关照我的子女？"

"你放心，以晃哥。"我一口应承下来。"先把大儿子兴章的媳妇娶进门吧？"

"这恐怕比较难。"以晃面露难色。"我现在没有钱了。也太突然，女方家长不一定会同意。"

"你安心养病，这事我来操办。"我接着安慰他道，"此事好解决。过去你帮了许多人的忙，这些人现在过得都还可以。我去找找他们，协调一下，钱的问题应该可以解决。至于女方家长，你可能要找媒人跑一趟。我相信，把其中的利害关系说清了，女方家长会同意的。"

第二天天一亮，媒人就到了他儿媳妇的家。福州人的习俗，如果家中的长辈死了，孩子必须等三年后才能办喜事。所以，这一说，娘家人就同意了，并且选好了出嫁的日子。

日子是定了，但婚礼所需要的钱又如何解决？

我赶回福州，去帮以晃邀请他以往的朋友。

以晃是很正直的人，他以前帮助过很多人，他的朋友圈我大多也都认识。到了福州，我对那些朋友说："你们也不用拿钱给以晃，他也不会接受你们的资助。现在他的大儿子要完成结婚仪式，大家去捧个场，帮个忙，红包包大一点就好。"

王兴章大婚那天，我率先包了500元的贺礼。福州来的朋友们也都跟着包了，贺礼一共有1万多元，除去婚礼的开销，还有剩余。

只隔两个月，王以晃的太太也跟着以晃去了。还好我当时帮其策划将大儿媳娶回，不然真不敢想象会是什么局面。这件事在山兜村影响很大，后来也有朋友问我为什么那么起劲，我说作为知交，这就可谓义不容辞。

身试改革

　　前面说过，在福州时，我常拿自己的钱出来请福州其他厂的采购员吃饭喝酒。那时的物价便宜，要一些菜或是一头鸭子，啤酒二瓶，两三个人有 1 元钱就够了。我因此认识了很多工业界的同仁，建立起了自己的采购关系网，所以采购一个月的事情我一两天就可以完成。口袋里总有用不完的玻璃指标，不论工厂要多少玻璃，我都能及时给予解决。富余出来的时间，除了泡汤，我都用在读书上。

　　"文革"结束后，春天来到了中国。这是科学的春天、文艺的春天。原来禁演的古装戏可以演了，很多名著复出了。得益于春天的百花齐放，书店里的图书品种也增了许多。《唐诗宋词》、《三国演义》、《红楼梦》、《水浒传》、《鲁迅文集》、《巴金文集》、《基度山伯爵》、《红与黑》、《红字》、《钢铁是怎样炼成的》、《安娜·卡列尼娜》、《变色龙》、《呼啸山庄》、《根》、《欧也妮·葛朗台》等等中外名著，都是在那个时段集中阅读的。——一方面是因为那时有大把的时间，另一方面，出版社出了大量的书籍，在经历了知识饥荒、没有书读的年代，当读书的机会重新来临时，就像一个饥饿已久的人面对食物一样，也是狼吞虎咽，大咬大嚼。

正是这段时间里所读的书让我受益终身。

除了上面讲的各类中外名著外，还有会计学。如果说中外名著打开了我的视野，提升了我的素质，那么，会计学，则让我掌握了经营企业的钥匙。

因为业务关系，我时常要到福州水表厂转悠，因此结识了水表厂会计科的陈科长。陈科长是"文革"前的大学生，学的是会计专业，一个我敬重的人。有一天，我又到陈科长那儿闲逛，陈科长给我倒了杯茶。"老曹，最近很闲啊，都看了什么书啊？"那时的人，见面喜欢问人看什么书，看书的人也喜欢向人推荐自己看过的书。这大概和恢复高考，读书的气氛变浓有关。

"没什么，就是莎士比亚的《罗密欧和朱丽叶》，生存还是毁灭。"

"哦，有时间，您读点会计的书。"陈科长说："会计是很重要的一门知识。"

"真的？"我来了精神，虽然那时并不知道会计到底有多重要，又能够给我的工作带来什么帮助，但既然老陈说重要，就一定重要。"老陈，您能教我吗？"话刚刚出口，又觉得有些不妥，"或者，你以前学过的会计的书借给我看，我不会的再请教您，可以吗？"

陈科长一口应承下，站起身在办公室的书架前巡视了一遍，翻找出一本会计学递给我。"这是一本会计学的入门书，你先读读。"

接过书，我翻开书的封面，"前言"里的一句话立刻吸引了我，"会计工作是厂长的参谋和助手，要做到比有对象，学有榜样，赶有目标，帮有措施……"这段话，已经深深地刻在了我的记忆深处。

从那以后，我拜陈科长为师。有不懂的，就跑到他那儿向他请教。在近两年的时间里，我学完了会计学的所有相关知识。

会计学，让我知道了什么是原始凭证，原始凭证的重要性，如何归类，如何分析财报，进而如何透过各种数字，分析企业的实际经营状况，了解市场的动态和未来的走向。

这个能力的培养，或者也是冥冥之中，上天透过陈科长开示于我的吧。否则，如果没有向陈科长学习过会计知识，在随后的不久，高山厂发生变故，公社让我出面承包时，我也不可能有管理高山厂的会计基础，更不可能有看报表即能知道企业生产经营情况的能力。

那几年，高山厂的水表玻璃订单一直很好，自李工走后，设备虽然正常运行，生产出来的产品质量总是不合格者多，而且，成本一直居高不下，企业连年亏损。从1977年到1982年，六年的时间，工厂换了6个厂长。公社投资的十几万，几近打了水漂。老吴和小林先后离开了高山，一是因为右派得到了平反，二是李工的到来，让小林觉得有些惭愧——拍着胸脯说没有问题，结果却因自己并不真正懂设备导致工厂生产出的产品成了次品。到了1983年年初，若工厂继续亏损下去，结局只有关门倒闭。

元旦过后的一个正午，我刚离开工厂，准备回家吃饭，迎面见到公社施副书记。

"施书记好。"我如往常一样，见到领导打个招呼就准备走。

"德旺，我正要找你。"施副书记说，"把玻璃厂包给你经营怎么样？"说完，他盯着我的脸，似乎立刻想要从我的脸上探究出我的答案来。

"可以考虑。书记，怎么突然想起让我承包？"

"德旺，我不说你也应该知道。高山厂是在你手上建起来的，亏到现在，公社投入的钱也亏得差不多了，公社可以认赔，但是，18个工人和4个干部要怎么安置？想必你也有看到前几天的报纸，中央一号文件刚刚出台，鼓励承包。方仁钦也提出这个方案，我们考虑了一下，认为你来承包最合适。"

我点点头。

"不过，我一个人的力量怕不够，我必须联合几个人一起来包。您看可以吗？"我问。

"这个我不管，只要你肯承包。"他说，"怎么包你自己定。"

"这是谁的意见？"我又问。

施副书记盯着我，严肃地说，"这是公社的意思。"

"那行。"我点点头，给施副书记递了根"福建"。"公社打算如何承包？"

"承包对公社也是第一次，你看什么条件能承包就按那个条件定吧。"

"这样……"我深深地吸了口烟，将烟蒂扔在脚下踩了踩。"一年6万元吧。"

"什么东西6万元？"

"上交利润6万元。"我说。

"上交6万元利润可以。"施副书记笑了。"剩下的都归你处理。"

"怎么处理？现金我是用麻袋装还是用盒子装？拿回家还是上交公社？"

"当然可以拿回家。用什么装，是你自己的事，你想怎么装都行。"

"说笑啦，剩下来的我也不全部要。"我笑着伸出四个指头，"剩下的部分，我拿60%，留20%做发展基金，20%做员工福利分红。好不好？"

施副书记笑了，笑得很开心，他大概认为我在痴人说梦，画饼充饥：一个从来没赚过钱的企业，能在今后几个月赚6万之后，还可以有这样的分成，怎么不行？"可以。完全可以！"

"我的这60%是完税后的，如果要交所得税需由政府承担。"我认真地说。

"可以。"

"承包期间我做厂长，工厂我说了算。人员聘用及薪资我自己决定。"

"可以。"

"会计科目的核算方式，会计科目的应用，按照 1982 年以前的会计核算科目。折旧部分，原来是按 20 年计提，延续这个计提方法。"

"可以。"

"库存的东西，能用的用，不能用的冻结封存，还给政府。"

"可以。"

我想，那时候，如果我能想到什么，提什么，书记都会答应。一年有 6 万的收入，他做梦都要笑的。"那要在合同里都写清楚。"

"还有一个条件"，我想了想，这个条件很重要。"公社财政所必须派个人来兼会计，工厂的账要做得很完整。"

施副书记一听我还有一个条件正有些不耐烦呢，一听是这个条件，想了想说，"这事儿，我一个人做不了主，公社党委讨论后再答复你。"后来，公社果然同意，派了公社财政所的副所长方朝钦兼玻璃厂会计。

与施副书记分开后，回到工厂，我就找来工厂的技术员翁祖礼和兄弟厂高山仪表厂的林常胡、林传官、林文振，商量联合承包异型玻璃厂的事儿。

客观地说，当时能对联合承包起直接作用的，只有翁祖礼一人，他可负责工厂的管理。其他的股东，只是凭自己的感情作出的决定。

五个人商量的结果，同意联合承包。我们之间的合约是：完成承包任务后，超额返利的部分，他们 4 人各占 10%，共 40%，我个人占 60%。我代表大家与镇政府签订承包合同。

因为长期从事推销产品的工作，对于合同的重要性有深刻感悟，因此，凡能想到的、该说明的都写入了合同中，从而避免了后面的纷争。

老师的爱

　　有了钱做什么？中国人的传统观念是起厝——建房子。建房子是我早就想做而一直没有做的事。在 1976 年，当我一年赚了 3 万就想建了，但当时不敢建，怕露富，被人抓起来游街。现在我敢盖了。因为所有的人都知道这是我完成承包任务赚来的，这个钱，我不盖房子，人家也知道有那么多。所以，当我从公司的账面上知道仅仅 3 个月我就已经完成了应该上交的利润指标时，我就开始筹划着完成我盖房子的心愿。1983 年 8 月，我告诉福州那些采购界的朋友们，我要盖房子，他们就将水泥、钢材、玻璃的指标额度给了我。那时，那个风光，那个派头，整车整车地，他们给我送下来，送到我家的工地里。整个高山，都轰动了。

　　8 月的福清高山，气温已经达到 30℃以上了，由于气流的影响，时不时地，常会下点小雨。但这，一点儿也不影响我家房子的建设进度。每天一早，我总要到工地上去转悠转悠，看看房子的进度，同工人聊聊天，了解了解是否存在影响进度的问题。

　　一天傍晚，我的老师来了，就是我小学时的林秉珠老师。

"德旺，德旺。"还隔着很远呢，林老师就大声喊着。林老师是我最尊重的老师，我一直记着，在其他老师都认为我很坏不是好学生时，只有她，到家里告诉母亲我不是坏孩子，只是皮，只是因为有太多的精力用不完。"过来，过来。"老师朝我招着手。

看见林老师来了，我忙迎上前去。"老师有什么事？"我问。

"我听说你现在发财了。"十多年过去了，林老师依然美丽，还是和年青时一样直言不讳。"全公社都在传你发财了。你成才了，我很高兴。一来看看你，二来老师需要你的帮助。"

"老师要我帮什么？只要帮得上，我一定帮忙。"

"你小时候坐的桌椅，现在学校还在用，已经破破烂烂了。你捐笔钱给学校买课桌椅吧，到时候我会把你的名字刻在桌子椅子的腿上。"

"老师，不是我谦虚，讲发财我还谈不上。现在我只是完成了承包任务，是否会发财还要看工厂下半年的生产。老师您既然开了口，我就去算一下，看看需要花多少钱，把这些桌椅做出来。"我接着林老师的话，"到我的办公室，我们计划一下。"

林老师跟着我回到办公室。坐在办公桌前，我们算了算细账，大约 2000 元左右就可以。

"这样吧，老师。"我想了想，说："我做好学校需要的新课桌椅，送给学校。不过，不能在课桌椅上刻我的名字。这可不公平。"我笑着对老师说，"捐了钱，您还要我帮你们看教室还要被孩子踹呀。"

林秉珠老师也笑了。"德旺，你是好孩子，当年老师就没有看错。"

林老师的话，再一次触动了我心中最柔软的那一部分。"老师，学校那些旧的课桌椅，也不要丢了，修一修还可以用，我听说有的村一级小学课桌椅是用土坯做的，那些旧的，修好了，就送到村一级的小学校去用吧。"

"你的想法很好，真的是阿弥陀佛。德旺，那老师就走了。"老师的脸上绽放着幸福的光芒。

送走了林老师，我的心情很好，很温暖。老师的一句阿弥陀佛，让我记起母亲说奶奶的一段话。母亲说，你奶奶以前念经，在佛前总是念叨这么一句话："阿弥陀佛。"

此时，我感到万分幸福，我真正感悟到了曾经我幼时的老师对我的真诚、希望与爱，我认为老师是在为我的成才而骄傲，为我的成功在鼓掌。

挑战权威

就这样，我承包了高山异型玻璃厂。

之后，我对工厂的管理进行了系列改革。首次在工厂推广管理会计制度，树立会计的权威性，并对工资结构实施改革。

工厂工人的工资，原来是一个月固定的，18—22元不等。做与不做一个样，干好干坏一个样。现在，我改成按完成的数量与质量进行考核的双重标准，以此考核发放工资，上不封顶。工人由原来固定的8小时白班，变成三班倒，设备24小时不停地运转。为此，又向社会新招收了60名工人。工资水平也从原来的18元提高到了100元左右。在当时，这个工资比县委书记的还高。

这个办法，打破了原来"大锅饭"体制下，干多干少一个样的状况，极大地调动了新老员工的生产热情。产量与承包前相比，翻了几倍。而我，折旧费几乎就没有了，利润一下子就给我赚回来了——承包才4个月，我就完成了全年应该上缴的6万承包额。这以后，就是净赚了。

产量上去了，销量自然要跟进。

这时候，市场销售集中反馈的一个问题，引起了我的重视。其实这个问题，一直以来都存在，只是以前自己的量都不多，矛盾没有那么凸显。

什么问题呢？

我发现，我们按照水表玻璃图纸生产出来的产品，送到不同的水表厂，每一次都会有不同的反映。

为什么？

为什么同样的产品，有时候说行有时候又不行？

为什么水表玻璃市场吃紧，发货的时候还必须帮他们买海鲜才被接收？

我做销售出身。在我看来，市场如果出现了问题，如果不是产品的问题，就一定存在产品以外的问题。只有找到问题所在，才能真正解决问题。

于是，我召集技术部门、生产部门和销售部人员一起开会，将一机部对水表玻璃的要求和建材部对玻璃的要求进行比对。我们发现，是部与部之间所定标准的不同造成了市场的混乱。

这是怎么回事呢？

原来，玻璃归建材部管，建材部标准对同一片玻璃厚度公差的允许值是 ±0.2 毫米，而一机部仪表局对水表玻璃设计的公差允许值却是 ±0.02 毫米。两个公差的允许值相差了 10 倍！用游标卡尺来测的话，玻璃肯定是不一样的，所以建材部允许有 ±0.2 毫米的公差，±0.2 毫米公差是很大的，6 毫米的浮法玻璃国家标准为 6mm（±0.2），一片玻璃 5.8 毫米到 6.2 毫米就算是合格的，可是若用这个标准生产出来的产品，到了一机部就不合格了，它要求的公差是 ±0.02 毫米（即一片玻璃 5.98 毫米到 6.02 毫米才算合格）！但玻璃不是木头，是不可能像刨木花一样推平的。图纸设计时是一个标准，使用时采用的又是一个标准。这让生产企业如何是好？

一机部关于水表的标准，简单地概括，有四点：一是厚薄公差为±0.02毫米；二是水表玻璃边部加工要求为8级，即不得有斑点，要磨光边；三是每平方厘米应承受15公斤的压力；四是玻璃表面不得有划伤，清晰便于读表。

问题就出现在前两个要求上。一是厚薄公差，两个部门的要求不同；二是加工按8级精度要求，如果水表表边凹进去的部位磨不过边的话，就算有缺陷产品。

水表，家家户户都有安装的那种。有生活经验的人都知道，水电工装上后，它静静地躺在那儿，让水缓缓地流过。除了每月抄水表时会再光顾它，打开它的盖子，透过玻璃，看看里面各表针的刻度，记下当月的消费，再盖上表盖，没有人会再想要多看它几眼。因此，用户拿到水表后，不可能将水表玻璃从水表上取下来（那样水表也坏了，不可再使用了）。那么，既然是压铸在塑胶内的玻璃，其厚薄的误差有必要精细到±0.02毫米吗？厚0.18毫米、边部凹陷的问题并不影响玻璃的使用。

不行，我得去找一机部，提出要求，修改原有的图纸标准。

拿着图纸，坐上火车，到北京找一机部仪表局。那个年代，官员都很谦虚，官气不重。接待我的官员和颜悦色地告诉我，这个问题，要找上海的热工仪表研究所讨论。同时，给了我上海热工所的地址。

我又乘火车从北京到了上海。按仪表局给的地址，找到了热工所。接待室的同志领我走进了所长的办公室，一见到所长，我就说："所长，我姓曹，是福建高山异型玻璃厂的厂长。我们工厂，是专业生产水表玻璃的，我今天来，是要向您反映一个情况。希望能得到您的支持。"放开与所长相握的手，我接着说："我认为，你们对水表玻璃的设计图纸有必要做些修正。"

"哦，什么问题？"所长显然吃了一惊。

"是这样的，在我们的生产和销售过程中，我们发现贵所设计的图纸，标准存在一些问题。具体地说，根据设计，水表压力要承受 15公斤，是为了安全考虑，是需要的；表面清晰便于读表也是需要的。问题在于，第一，厚薄公差要求达到 ±0.02 毫米，和建材部对于浮法玻璃厚薄公差 ±0.2 毫米的要求，相差整整 10 倍。第二，水表玻璃边部的磨边要求为 8 级精度，是否太高了？水表玻璃的边部多有凹进去的部位，那部分很难磨到。实际使用中也没有这个必要——玻璃的厚薄公差即使是建材部的 ±0.2 毫米，都不会影响使用者看水表的刻度，也不会有人在买水表时将盖拆下来看玻璃的磨边是否符合标准。第三，设计稿上，没有标明水表玻璃是用普通浮法玻璃还是磨光玻璃，磨光玻璃的价格是普通玻璃的 10 倍！由于标准出自国家，但又不适用，极易造成社会的不公平交易，更易导致腐败现象的产生：有吃饭有送礼的就将货收了，没有就刁难不收。国家玻璃的资源本来就紧张，如此一来，岂不要造成很多玻璃的浪费？因此，我希望，你们能根据实际情况修改一下你们的设计图。"

我说得很激动，一口气，竹筒倒豆子一般，不管不顾地就一路说完了。所长极有耐心地听完了我的话，和声说："曹同志，您反映的情况很好。不过，修改设计图有困难，下个月有个行业会议在宁波召开，我邀请您参加。到时候，您在会上，把您的这个想法说出来，我们再来讨论，设法解决你们遇到的这个问题。"

第二个月，我果然接到热工所的通知，到宁波参加他们的会议，并在会上做了发言。与会的专家学者们纷纷点头，同意了我的建议。在这个会议上，所长说，"以后，谁使用高山异型玻璃厂生产的玻璃就不要打开盖子抽检。厚薄的公差与建材部一致，按 0.2 毫米。"

这个政策一出来，可不得了。那时节，中国有 220 万只水表产量，我们高山就占了 200 万，占中国总量的 90%。

从那时开始，水表玻璃的标准，虽然没有修改，但也没有人再拿此说事了。

1983 年，这一年，高山玻璃厂不仅第一次实现了盈利，而且赚了很多的钱，赚了多少呢？赚了 22 万。扣除上交给政府的 6 万，我们还剩下 16 万。按照合同，我们 5 个人领取了 16 万的 60%，即 9 万 6 千元。我是大头，拿到了近六万元。

我又成了万元户了。

二问石竹

1984年年初，我搬进了新盖的房子。

此时的我，可谓名利双收：因为1983年承包工厂获得成功，我一举成名。我被评为福州市劳动模范，当选为福清县政协常委和福州市工商联副主委。

但无限风光时也有烦恼。

镇政府希望我再继续承包。

可我的几个合伙承包人，吵吵嚷嚷着要分钱走人。

"钱肯定是要分的。"我说："但承包也可以继续。"

我试图说服他们，但他们坚决不同意。

我有点烦，举棋不定间，正好接到县里开政协会的通知，要我到县里开会。那天没有什么事，就溜出会场，跑到石竹山抽签。

有了第一次抽签的经验，这一次我直奔主题，问是否可以离开高山玻璃厂。

签条上说："中原群鹿可追寻，不问东方问何方；回首过来日又午，寒蝉唧唧笑空归。"解签的是一位四十上下的道士，与去年的老和尚相比，年轻很多。

"先生求什么？"坐堂的道士问。

"事业。"

"这签不好。"道士有些怜悯地看着我，"'寒蝉唧唧笑空归'怎么会好呢。"

我失望地收起签条，向山下走去。

走到观门前，正遇上去年解签的老和尚。大概是看到我的脸色不好，寒暄之后，老和尚笑容可掬地问："这次您上来做什么？"

"抽签。"

"抽到什么了？给我看看。"老和尚伸出手。

"一个不好的签。"我嘟囔着，将塞进口袋里的签条拿了出来。"您求什么呢？"老和尚笑着问我。"我求的是可不可以离开高山玻璃厂。"我说。

老和尚接过签条，仔细地看着，抬头看着我，再次问道："您刚才问仙公什么？"

"我问是不是应该离开玻璃厂。"

"哦，问这个。"老和尚笑了。"这是好签呀。是您不要离开的意思。"

"什么？"我惊讶地睁大了眼睛。

"您看，第一句'中原群鹿可追寻'，逐鹿中原是皇帝的事业，说明您做的是一个大事业，您应该去追寻；这第二句'不问东方问何方'，就是讲您不在现在的地方做，还要去哪里？"

说到这里，老和尚抬头又问："您今年多大了？"

"38。"

"这就对了。"老和尚低头念着签条，"这后面的二句'回首过来日又午，寒蝉唧唧笑空归'，说的就是您已近中年，就像一天，是近正午之人了。您再有本事如果像蝉一样到处鸣叫，到了冬天也依然是空壳一个。所以您不能离开工厂，逐鹿中原啊，您的将来会非常好。"老和尚一边耐心地向我解说签意，一边陪着我沿着石阶，从山上向山下走，"您一定要留在工厂里，切记，切记！"老和尚临别还一再叮嘱。

我最终选择了留下。

探路合资

春节过后，何齐祥镇长和林正耕书记来找我，希望我能继续承包高山厂。

这里，我应该补充一下：去年县里根据中央文件，已将原高山公社改名为高山镇了。

这样的演变，对于我，却没有两样。社长也好，镇长也罢，人还是那个人，只不过，称呼改变了而已。

我显得为难。

"今年看起来包不成。一是原来和我一起承包工厂的人都拿钱走人，团队散伙了。二是工厂设备已经老化，需要更多的维修费用和维修时间，这会影响到承包的效益。三是我个人一直在寻找一个长期、稳定、可追求的事业。通过去年的承包，我发现承包制并不是彻底解决企业危机的办法，它只能治标，不能治本。"

"为什么？"林书记问。

"我的体会是，承包者只会用掠夺式的经营方式去拼利益的最大化，也就是只追求短期的效益。至于企业的存活及持续发展，却不会加以考虑。所以我决定不浪费自己的青春，离开这里。"我说。

我的话，林正耕书记听进去了。"那么，你认为什么办法可以解决这个问题？"

"你的想法是什么？"何齐祥镇长也有了兴趣。

"我也不知道要怎么办。但总之，应该要建立一个长效的机制。"我说。

过了两天，林正耕书记把我叫到他的办公室。一见面，他开门见山就问："老曹，改成合资怎么样？"

"谁与谁合资？"

"玻璃厂与你合资，如何？"

"我没有钱。去年分红的钱，我盖房子都花掉了。"

"只要你有决心，这个好解决。"林书记想了想，"我们可以协调银行给你贷款。你把房子抵押给银行，不就可以了？"

"如果资金能解决，我同意参与合资。"

"好啊。"书记也很开放，"但是你总不能让工厂停下来，就算改合资也要把工厂继续下去。我的意见，今年继续以 6 万承包。当然，一要保证镇财政收入正常，二要保证工厂原来生意不受影响。你看如何？"

"我接受先把业务保下来的方案。"

其实，我接受，还有另一个原因。

就是几天前，我在石竹山抽的那个签和老和尚临别的再三叮咛。

在当时，企业承包正轰轰烈烈地进行。因为上一年的 4 月 1 日，国务院又颁布了《国营工业企业暂行条例》。条例规定国营工业企业是社会主义全民所有制的经济组织，企业实行党委领导下的厂长（经理）负责制和党委领导下的职工代表大会制。中国的事情大都如是，一份文件，一个政策，全国各地就会掀起一个配合的浪潮。

但合资，没有先例，也没有文件。这是一个新生事物。当时的南方比较开放，镇里向福清县县长报告了这个事情，县长也同意拿高山厂做合资的试点。

对于高山厂来说，也只能走合资的路，因为工厂的设备，从1977年筹备到现在，已经老旧，再加上83年和84年连续两年的加班加点，早应该淘汰更新了。但重购设备、技术更新都需要钱，高山镇刚刚从亏损中解脱出来，怎么可能再投钱？唯一的出路也只有从外面融资，即合资。

怎么合？

高山镇政府提出以账面资产17.5万入股，我再找几个人投入现金17.5万，各占50%。投入的现金就用于设备的更新和技术改造。

有关合资的谈判，从1984年的4月一直谈到6月，因为一年已经过半，签订合同的时候，就约定从1985年1月1日开始执行。不过，1984年仍需按1983年的承包合约履行，也就是说，我仍然需要在1984年度向镇政府上交6万元。

镇领导说，没有这6万元，政府的财政支出会很困难。

我同意了，反正一年总会赚十来万。但当我同几个承包人商量的时候，他们的想法却完全不同。

你这个傻瓜！时下流行的一句话是，"毛主席像太阳，照到哪里哪里亮，党的政策像月亮，初一十五不一样"。你应该以最快的速度，把去年赚的钱拿出来分了走人，还待在这里啃什么剩骨头。万一政策变了，我们就又成投机倒把分子，就要被镇压的。

他们七嘴八舌。

我一时也难以说服他们。

但我仍然认为政策不但要变，而且要经常变。因为政策是一个政党在推动他的执政理念所出台的文件。过去发生的一些问题比较左，这不是政策的问题，而是体制的问题，是官本位的问题。

"邓小平说要改革开放，改革开放总得有人先走，我不认为会发生你们所说的问题。"

"退一万步说，我们也没有把家里东西搬过来，就是出自己的力气，又没偷又没抢，那么紧张干什么。真到了那一天，是我们的就拿走，不是我们的还给他不就解决了？"

我费尽了口舌，试图说服我的合伙人。但没用，吵了好几天，最终还是无法达成共识。他们坚持，1983年赚的钱，分到手即退出。

于是，我向镇党委、镇政府报告，再承包与合资都碰到了困难，此前的几个合伙人都不愿意再继续下去。镇党委和镇政府都出面，和我的几个合伙人谈话，但不论怎么沟通，他们的主意都已经定了：不做。

剩我一个人，虽然我愿意合资，但我手中已经没钱了。合资从何谈起？

镇领导决定按此前说的协调银行给我贷款。他们找来农业银行高山营业所所长施常林，与他说，镇政府希望该所向曹德旺提供一笔贷款，曹德旺可以用他的房子作抵押。但那时银行尚没有以自住房屋为抵押物贷款的先例，所以镇上的银行不同意放贷。

实在被镇领导磨得没有办法了，银行松了口。"除非……"

"除非什么？"领导追问着。

"除非镇政府同意做这笔贷款的担保人。"

"这个没问题"，领导手一挥，"镇政府可以做担保人。"

在我的资本金解决了以后，镇财政所所长黄宗金、企业办会计林文俊和我的一个朋友林庆平又都表示愿意参股。因此，我的50%的投资，就都有了着落。

承包资金的解决，用我们信佛人的话说，是我的福报——当采购员时运用串换指标的手法，帮助南平政府解决了许多困难，成为他们的座上宾，现在，他们向我伸出援手，同意借 3 万给我。

于是，我把我盖的房子和我爸爸盖的房子一起，抵押给福清市农业银行高山镇营业所，同时高山镇政府作为担保人贷了 8 万元，加上南平市政府借的 3 万，一共是 11 万。黄宗金、林文俊、林庆平 3 人加起来投了 6.5 万元，合计 17.5 万元，我成了合资方个人股东中占比最大的股东。

这件事，让我从中悟到了儒家的仁义礼智信的真谛。

信是一种信念，也是一种信任，不仅对自己要有自信，对他人也要有信任，这叫互信。如果一个人什么都不信，那肯定会一事无成。正是因为有对政府政策的坚定不移的信心，正是因为对自己能力的自信，和相互之间的信任，才有了今天的福耀。

武夷山得的信息

合资之后，高山镇政府希望我继续做水表玻璃。

我呢，暂时也没有做其他的打算。

1984 年 6 月，我即开始建新的水表玻璃厂。旧厂继续保留，在工厂原来的空地上建一座三层楼的厂房。顶层用做成品库，二层用做预处理，底层用做磨边。钢化车间则建在厂区的西北侧。

这一年我过得特别扎实。第一次享受着生产与投资同时开展的那种紧张工作的乐趣。

这样的乐趣，在后来的福耀，我得以经常享受。

涉足汽车玻璃，完全是一个偶然。

1984 年 6 月，我到南平出差。南平协作办派了部汽车送我上武夷山游玩。那时的武夷山旅游，并没有像现在那么完善，但是因为游客没有现在这么多，景点的风景更趋自然，包括九曲溪的竹排。那次我们玩了一整天。

上了岸，在景区旅游纪念品市场，我买了根竹根做的拐杖。拐杖很结实，很好看，是给母亲用的。母亲的脚，时不时地总要浮肿，一肿，就难于行走。

付好钱，拿着拐杖，不过却不是手拎着拐杖，而是把拐杖当扁担，挑着其他的东西。上车时，驾驶员吴锋突然说话了："老曹，上车时小心一点，车玻璃不要给我碰了。万一破了，你可赔不起。"

我愣了：不会吧，不就是一块玻璃吗？我是做玻璃的，还会赔不起？

"不会吧，你不要吓唬我。"嘿，别以为开着一辆海狮就能牛 B 到哪儿去。当然，这话我没有说出来。

看我一脸不信的模样，吴锋继续说道："真的很贵，老曹，一片就要几千块钱呢。"

我还是不信。回来后，到汽车修理店去转了转。这一转，还真让我大吃一惊：马自达汽车，换一块前挡玻璃，6000 元，若急，8000 元。

太离谱了。日本就这么欺负中国人吗！

1984 年，南方各地公路上跑着的很多车，大多是进口的，也有走私的。这些车，买的时候很便宜，几万元的都有，看是什么品牌的，可是若玻璃破了，换起来可就麻烦了，因为没有国产的，进口的玻璃很贵，且等待的时间通常都要很长。因此，那时节，我们常常能看到公路上跑的车，不论是小轿车、越野车、商务车、大巴或者大货车，车窗玻璃破了就用胶纸贴着，前挡也好，后挡也好，边窗也好，应付着用。不好看不说，安全首先是一个大问题。

为什么没有人做汽车玻璃？

1 平方的玻璃一块也不过几元，加工一下，一块玻璃，最多也就十几二十元的成本吧？

既然有那么多的汽车需要玻璃，我生产了，一块卖个几百元，不仅替代了日本进口的汽车玻璃，让老百姓享受到实惠，自己还能赚到很多的钱。

愤怒之余，我陷入了思考。

没有人做，我来做！我要为中国做一片自己的汽车玻璃，让所有的中国人都能用得上，用得开心、用得安心。

现在想想，做企业，目标很重要。只有方向正确了，企业才能走得远。

几天后，我到上海出差。

常到上海出差，是因为经常要到上海耀华玻璃厂搞些小规格的平板玻璃做水表玻璃的生产原料。也因此熟悉了上海耀华厂的副厂长石宏藏。

我叫他石头。

"石头，为什么你们不做进口汽车玻璃？"在工厂碰到他时我问他。

"不能做。主要原因是汽车不是中国制造的，市场上的车型太多太杂，维修市场上单一品种的量太小，无法做，做了也无法卖。"

过了两天，我又在厂里碰到他。

"曹德旺，你前天说的汽车玻璃的事，我认为你这个个体户可以做。"石宏藏把我叫住，笑着说："你可以一个品种一个品种地做，每个品种做几百片，再集中起来在中国各地的维修市场上卖，你不就赚了吗？"

"那您愿意帮我忙吗？"

"可以。但是你要出 2 万块钱给我们。"

"为什么要 2 万元？"

在石宏藏的办公室，他告诉我，上海耀华开始引进进口设备了，旧的设备即将淘汰。"旧的设备的一套图纸也没有用了，可以卖给你。你拿回去后，赶快做，应该可以赚一些钱。这个设备，虽然我们淘汰了，但应该还是有几年的市场。"他说："你的 2 万元，不仅是买图纸，也买技术。耀华会负责安排派一批技术人员帮你。"

"你要拿 2 万元到耀华的工会去买这些图纸，我跟厂长也报告过了，厂长同意这 2 万元给工会做费用。"

"2 万，包括你们的技术支持。没有问题。不然我图纸买去，没有技术工人的培训和技术人员的帮忙，有设备也生产不出玻璃来。"

"到时候，你把工人送来培训，设备所需要的零部件你都整齐了，我这里就派技术人员过去帮你安装。"石头笑笑，"他们的费用要你们出。"

"一言为定。但我要先回去与镇政府商量，关键的还有资金怎样解决的问题。"

上海之行，如此顺利，出乎我的意料。我万分兴奋，连夜乘火车赶回福州。

第二天一到家，先找到了农业银行高山营业所的施所长。

"我想做汽车玻璃。"我说。接着将在上海与耀华达成的意向告诉了他。

"那水表玻璃怎么办？"他问。

"那不受影响。新的水表玻璃厂已经快建好了。"我兴奋地对施所长说，思路又回到汽车玻璃上："这是一棵摇钱树，每年可以给高山厂贡献几百万利润。我做了大致的评估，建汽车玻璃厂大概需要 50 多万元，没有什么风险。如果能得到你们的支持，我就去说服高山厂的其他股东，同意用厂房来抵押。"

施所长考虑了两天，最终还是同意支持。

至此，我向林正耕书记正式报告。

林书记听完我的报告后，说："这是大事。要通过党委研究才能定。我会很快给你答复。"

两天后，我接到林书记电话，赶到他的办公室，他告诉我："党委研究过了，只要你认为项目好，镇政府又不要再出钱，就同意上这个项目。"

"这肯定是一个好项目。"我再次对林书记说，"镇政府不必再出钱。汽车玻璃生产线的钱已经有着落了。"

在这一切开始前，先得做好资金上的准备。所谓兵马未动，粮草先行。

合资后，高山厂的注册资金改为 35 万元。完成所有的改造需要 70 万元左右，好在银行支持，同意工厂用资产抵押，提供了 50 万元的贷款，资金的问题解决了。

按照与镇上的合资合同，此前混杂在一起的其他的几个镇企业都要搬到其他地方，腾出来的土地，就用来建水表玻璃的新生产线，已经建成投产了，上汽车玻璃可以和水表玻璃共用预处理车间，只要再建一座 500m² 厂房用作钢化车间即可。接着是招工。从中学刚刚毕业，没有考上大学的学生中招。

1985 年元旦，我送走了第一批去上海培训的工人。

然后就是要按照图纸，将需要的材料如数采购齐全。

我将我认识的所有采购界的朋友一一请出来，请他们给我出主意，如何在最短的时间里采购及加工完成所有的零部件。

图纸摆在桌上，看起来很多，一张一张的，如不细分，很容易乱，让人不知要从何下手。

于是又从福州客车厂请来总工程师。他看了看说："可以先将图纸按类别分好，比如，压机总成，钢化总成，驱动总成，炉体……分好后，按照分类同时发包给不同的人加工，这样最快，两个月准能回来。"

于是快速地分包出去。朋友们能帮忙采购的，也都领走了任务。

所有的部件中，有两个硬骨头难啃。

一个是压机的底部，用的是铸铁，需要两个，每个有 1 吨左右重，还要用铣床来铣。上哪儿找这么大的铣床？"能铣这么大铸铁的铣床，只有空八军后勤部有。"总工说。

临近春节了，一般都不接单。即使接活儿，待春节后再开始工作，还是会影响整个设备安装的进度。还是采购界的朋友，帮忙找到了空八军的后勤部长，刘部长听了事情的原委，当下表示支持。他拿起电话，即通知下面的战士：春节期间不放假，加班加点，把高山异型玻璃厂的这套设备做完再补放假，可以多放几天。就这样，战士们在春节期间就完成了压机、压机底座铸铁的刨铣工作。

另一个是鼓风机。鼓风机的生产厂生产一台鼓风机至少也需要半年时间。我们1月份才拿到图纸，年前下订单，两个月后怎么可能拿到产品？没有办法就向上海耀华求助。耀华采购科的采购员帮忙出了一个主意。

"耀华以前想建个新厂，鼓风机也订好了，但因为厂里决定改成用进口设备，所以，那台就还放在鼓风机厂里没有提回来。你若急着要，就去鼓风机厂签一台和耀华签的一样的风机，你把耀华的那台先运走，耀华需要时，就取你订的那台好了。"

到4月，按照图纸，设备所需的所有材料都已经备好。我到邮局，打电报给石头。

石副厂长：材料已齐，请派人来安装，谢谢！

曹德旺

"疯了，疯了。"石宏藏扬着手中的电报，在办公室说，"曹德旺疯了！"

这也难怪。当初我和石头订的计划设备完工的时间是1985年的10月份。现在材料准备好了，技术人员需要在5、6月份过来安装。"哎呀呀，这一次给曹德旺帮倒忙了。没想到他那么紧张，居然现在就要我们派人去组装，你们相信吗？"他将我的电报念给办公室的人听。

众人皆点头：是啊，一个风机就够他做 1 年的。

石宏藏原想不理我，想一想不妥，决定派钢化厂的车间主任老山东来看看。"老山东，你先去看看曹德旺到底疯成什么样了，他的设备材料是不是真的齐全了。"

老山东来了。一进工厂就惊呆了：工厂的地上，摆着的，不是一个一个的零散件，而是一个一个的总成。回过神，他立即跑到邮政局打电话。

"石厂长，快派人来吧。曹德旺没疯，不，确实疯了——不知道他怎么搞的，居然是一个一个的总成摆放在车间里，加工的精密度超乎我们的想象，就等我们的技术人员来组装了。"

石头真是好样的，他一下子就从上海派了十几个技术人员过来，这里面也包括李工。

5 月，距离石头给我设备图不过 8 个月的时间，我的第一片玻璃就出来了。

那天，工厂安排了一个剪彩仪式，县长陈月珍来剪彩。和陈县长一同前来的县里各部门领导加上高山镇的所有领导，一共有一百多人参加。6 月，我委托县乡镇企业局帮我组织了一个产品鉴定会。

为什么要做产品鉴定会？

汽车玻璃可不同于普通的玻璃，是跑在路上的房子。人在里面，安全自然是最重要的。因此，高山产的汽车玻璃，其安全性能如何就必须通过检测。

这场产品鉴定会开了 5 天，花了 1 万多元。

两场活动结束后，我派人把相关发票拿到会计那儿报销。会计，就是前面我所说的镇财政所的副所长方朝钦，她拿过发票，看了看，扔出窗口："他妈的，什么素质，这种发票你也拿来报。"

经办人拿回发票，回到工厂，"老曹，这些发票方朝钦不但不给报销，还骂人。"

"骂什么？"

"说您是什么素质，这些发票也拿来报销。"

我决定直接到镇财政所找她理论。

我当时不知道，方会计的这种态度，是会计们的基本态度，不论哪个单位哪个部门哪个企业，大的小的，只要是会计，当有人去报销时，就会感受到这样的会计"风"或者说会计"派"。

"什么素质？农民的素质！"我生气了，"你这什么意思？不能报，花的时候你就应该说呀。现在和我说什么素质？"

见我生气。方会计倒缓和了，她解释说："我不是说你不能花，是上面规定请客送礼的发票不能报账。"

"那镇上领导天天请客吃饭送礼，你们也不让报？"我就好奇了，难道他们是拿自己的钱请客送礼？

"当然不是。不体现在账面上就行。"不体现，又能报的发票，是什么发票？我挠挠头，"那要开什么发票？"

"随便什么，只要不是请客吃饭送礼的。生产材料、办公用品，都行。镇里，用的是建筑公司开的票。"

"你早说呀，现在工厂正在建厂，我去找一下工程队，让他们把票开了不就解决了。"

"这是你的问题。我可没教你。"她接着就忙她自己的事不理我了。

我呢，就找工程队把这个问题解决了。账是报了，那些原始发票我却没有丢弃。也许是自我保护的本能，我将他们保存在一个地方。加上零零散散的开支，毕竟是超过4万元了。这可不是一个小数目，万一哪天查起来，我担当不起。

没有想到，我的这个本能后来还真的发挥了作用……

拜师不应分贵贱

高山生产出汽车玻璃的消息,很快就传开了。

那时中国自己生产的汽车不多,路上跑的大多是走私的进口车,玻璃破了却很难更换。因此很多的汽车,不论是卡车、轿车还是大巴,不得不用胶纸粘着破损的汽车玻璃,继续在路上跑。现在,不仅维修厂里可以更换得到,玻璃一片才1000多元,只有进口的三分之一,闻讯赶来的人络绎不绝。他们中很多人都是做进口车配件生意的,也有开着车直接到厂里来希望能帮忙换玻璃的。

1985年10月的一天,国庆刚刚过去没有多久,天气依然炎热,人们也大都穿着夏装。一个西装革履,提着个密码箱的人走进了工厂。那时节,这样的打扮,通常就是要让人一眼看出他就是大款。

我亲自接待的他。他的头发梳得油光发亮,油滑得就连苍蝇都得带拐杖。我的天,就像皮鞋刚上油,并且被抹布反复擦拭后贼亮贼亮的。

我招呼他坐下。

"曹老板,我从厦门来的,在厦门我也有一个生产汽车玻璃的工厂。我姓施，叫施能享，是总经理。"在我的办公室小会议桌旁，他放下了密码箱，递上名片，"不过，我那个厂只生产前挡，没有边窗和后挡。我今天来，是想和您谈谈代理贵厂汽车玻璃的事儿。"

"哦，施总，您也生产汽车玻璃呀，那咱们是同行。"我热情地接待他，双方讨论如何合作销售汽车玻璃。"这样，我带您先看看我们的工厂。"我一边带着他到车间里顺着生产线走，一边继续和他聊着玻璃生产的事。从车间出来时，我说，"施总，今天迟了，您先到镇上的旅社住下，晚上我们一起吃饭，那时再聊。"

"施总，合作必须是建立在双方互相了解的基础上的。"吃饭的时候我说："您对高山厂已经很了解了，但您的工厂我却一无所知。明天，您能不能带我去看看？"

当然可以，这也是必要的。他一口答应，毫不含糊。

第二天，我随他一起去了厦门。一早从高山出发，抵达厦门已是下午2时许。厦门的路我并不熟悉，但我还是发现他似乎是在厦门的城区里绕来绕去的。他是根本没有工厂还是不想让我看？不管是哪一种原因，今天我必须看到。"施总，您的工厂在哪儿，快到了吗？明天我还有事，可否现在就带我去。"

他也不回答，笑笑，汽车拐来拐去地又向城外驶去。车终于停下来。我下车一看，所谓工厂，原来是一个生产队报废的仓库。这是工厂吗？难怪他不想带我来看呀，我心里想。

可是既然来了，还是走进去看看吧。

随着施总，走进仓库。仓库并不亮敞，里面只摆着一个炉子，炉子是土块砌的，炉上搁着一个四四方方的架子，"这就是模具。"施能享说。

"老曹，您别看我这一小厂，平时我不开工，每当有人玻璃破了，开到这边来，划一块平板玻璃再把它们烧弯。"他指着炉上的那个简陋的架子，声音里充满了自豪。"您可不要小看我这个模具，看着简单，却可以满足厦门所有的汽车玻璃的需要。"

所有的汽车？若真这样，可是一个宝贝。

我俯下身，认真地看着，琢磨着：我们的模具也就是从上海耀华买的图纸设计的模具，很重，做一副就得二三万元。一副模具还只能做一款汽车玻璃，每换一款玻璃的生产，就得更换一副模具，而且做多了还没地方放。不仅费时费工，费地也费钱。这个四四方方的铁架上周边用角铁焊在架子上，四周均匀用螺栓拴着，就是靠它来调整玻璃烘弯的幅度。我也可以借鉴他的这种模式，做一个万能模具。只要将铁架烘弯交界处加一个软胶头不就可以随意调整，生产出任何一款的玻璃？！这一定行！我高兴得大笑起来：这一趟还真没白走。

走，回高山去，我要立刻改我们的模具！

而施能享，大概以为我是在笑他的模具太简陋，竟不好意思地挠着头，嘿嘿地笑着。

"施总，谢谢您！"我握着他的手，真诚地说："回高山后，我会送一车玻璃给您，玻璃款等您卖完再结。"

施能享开心地说："谢谢您！"

当晚我就乘车赶回高山，次日立刻组织模具组开始试制万能模。

7 天后，我们在他的模具工作原理上，找到了一个办法，制成了万能模具。正是这付模具的诞生，让高山玻璃厂赚了很多很多的钱。

因为，不要换模具可以生产很多品种的玻璃，为工厂节约了大量的生产成本。

1990 年福耀向瑞士购买了 1 台钢化炉，没想到，他们的模具竟然就跟我们在高山时设计的万能模具一个样！

这件事后，我对外考察任何项目时，不论企业有多小，都不敢存藐视之心。

　　模具的事，让我认识到，人，不一定要多伟大，才值得学习。也许，从我们身边走过的随便一个人，他们的身上就有值得我们学习的地方，只是我们不知道罢了。

　　顺带想起小时候的一件事。

　　一次随父亲外出，父亲指着街上乞讨的乞丐问："德旺，你觉得他们值得你学习吗？"

　　"他们？有什么好学的。"我一脸不屑。

　　爸爸说，乞丐也是人，为了谋求活下去，他可以不辞寒暑，露宿街头，向人乞讨。当你向其施舍后，他会千恩万谢。试想你能够向他学习为了生存下去而努力的这个精神，对你来说该有多大的帮助。

据理力争

由于水表玻璃车间在 1984 年年底合资后即开始重建，并投产，1985 年年底，高山厂仅水表玻璃就赚了 20 几万。

还没有计入 5 月投产的汽车玻璃利润。

高山人的眼睛都红了，这哪里是在生产玻璃，分明是在印钞票啊。

1986 年 3 月，全国开展农村整党整风运动。

我不是中国共产党党员，从来没把这类运动和自己挂上钩：你们组织爱怎么整就怎么整。我一平头百姓，还是继续卖我的玻璃，研究我的技术去。所以，我压根儿也没有想到，这整党的事儿，会与自己的生活联系在一起。

一天早上，从县里下来负责整党的高主任找到我，他高度地赞扬我的才智，将高山厂经营得风生水起。然后话题转到整党办的工作，说为履行手续，要对玻璃厂这三年的账进行审查，希望我能提供所有账册凭证给他们，以示支持。

要审就审吧，我没有什么不干净的事。"行啊，你们拿去好了。"我大大咧咧地。

当天傍晚，高山镇上一个传言就像流感一样传开了：曹德旺有经济问题。他的账册凭证都被查封了，他的问题十分严重！

谣言的速度极快。没过几天，高山人就都知道了：曹德旺有严重的经济问题。

但相信的人却不多。"工厂就是他私人的，还会贪什么污？"听到的人大都会这么说。

有一天，我从广州出差回来，刚刚进厂，农业银行营业所的施所长就找到了我，火急火燎的，"老曹，你跑哪儿去了，到处找你找不到。"

"跑去玩了。"我笑着说。

"你是神经病啊，人家都要抓你了你怎么还笑得出来！"

"我又没有做什么坏事，人家为什么抓我？我怕什么？"

"怕什么？现在还需要有问题才抓人么？你不知道以前有多少人造假案吗？"

"有这么严重？"我将信将疑。

为了引起我的重视，他将所知道的整党办整我的资料一五一十地告诉我。"你还是先想办法摆平，不然的话，他们先把你抓起来，把工厂搞倒后，再把你放出来，那时你又能怎么样？"

说的是。真到那时我又能怎么样？"那我该怎么做呢？"

"你最好亲自去县里，找县委书记汇报一下，不然就来不及了。"

第二天一大早，我坐车到了福清，走进县委大门，传达室的人拦住我，问找谁。

"找元春书记。"因为还早，进县委大门的人寥寥无几，我就走进传达室分香烟给他们，叼了一支，点着了烟，吸了一口，问："元春书记在吗？他一般几点上班？"

"你哪里的，找书记？"他上下打量着我。

"我是高山玻璃厂的厂长。有公事找他。"那时还不兴名片，所以，我也没有名片发给他。

"书记昨天出差刚回来。看你也不像一般的人，告诉你也可以"，他吸了口烟，"书记一般7点左右就会到。你注意看，高高的，瘦瘦的。"

"我不认识书记，同志麻烦您，他来了告诉我一下。"于是，就坐在传达室里和他们一支接一支地抽着烟聊着天，一边思忖着该如何与书记谈。县委大院的大门，一到上班时间，都是进出的干部，人还不少。坐在传达室里，我望向窗外，时刻留意着外面进出的人。

7点钟，果然，县委书记元春走了进来。果真如传达室人所说，高高的，瘦瘦的。

"书记来了。"

书记刚走到大榕树下时，我赶紧跑上前去，"陈书记？"我跑到他的面前。

"你是谁？"书记这时一定纳闷，谁这么大胆敢拦在他的面前。

"我是高山玻璃厂的厂长曹德旺。"我刚刚报上姓名，书记立马有了警觉，眼睛上上下下搜寻着，大概是想看看我有没有什么不轨的行为。"书记，请允许我占用您一点时间，让我把高山玻璃厂的情况具体地跟您汇报一下。如果我做错了什么，您可以拿法律来处理我，我毫无怨言。但是，你不能给我制造冤假错案，我这个人不接受道歉。再说，厂里现在贷款有70多万，如果我有什么三长两短，我相信高山人负责不起。"

元春书记停下了脚步，看看表。"那好啊，给你几分钟。就站在这里说。"

我用了不到20分钟的时间，就把如何组建高山玻璃厂，如何承包，如何合资高山玻璃厂以及工厂目前的现状，概要地向书记做了报告。"情况就是这样，从整党到现在，没有人跟我说过我有问题，而且一直表扬我。陈书记，这个厂50%是我的，财会系统干部是镇上派的，我以人格担保，我是清白的。我要求不高，听说您要抓我，是不是等查清楚再抓。至今没有一个人讲过我的不是，背后却准备抓人，这就是共产党所做的事吗？"

书记脸色严峻。"这是你说的，只要你能为今天的讲话负责，我一定给你一个解释对质的机会。今天你先回去，把工厂管起来，把生产抓好。"

"谢谢书记！请书记相信我，如果我有贪污一分钱，您就可以判我一年。"

我与陈元春书记的第一次见面，在县委大院的榕树下，就这么结束了。那时的我，匆匆忙忙的，压根儿没有想到，我与陈书记的缘分，才刚刚开始。

人的缘分就是这么奇怪。如果没有这一次高山人整我，也就没有我与书记的这次会面，也就没有书记后来到高山拜年，也就没有宏路的搬迁，也就没福耀玻璃厂的出现，也就没有我与陈元春书记一直维持至今的君子之交……

7月20日下午，县里的通知到了，要我三天后，也就是23日晚上7点到县委圆形会议室开会。

放下电话，处理好工厂的事务，我整理好可能用到的所有材料，包括所有往来的合同文件，一一分类，整理清楚，装进手提包里，坐上汽车赶到福州。那时，高山没有复印机，福清也没有复印机，要复印材料，只能跑到福州。

复印好了一大堆材料，分类，装订。

23日一早，拎着复印好的材料，坐最早的班车，赶回福清。到福清还早，看到融城旅社的招牌，就走进去，住了下来。然后出门，找了一家餐馆，美美地吃了一餐。再走回旅社的房间里，泡一杯茶，静静地抽着烟，我要捋一捋自己的思路。

快到晚上7点，我往县委走去。在县委圆形会议室门口，遇到了高山镇的整党办主任。

虽然知道是他在整我，但还是不愿意现在就撕破脸，这也是中国人的传统文化。

"你晚上也来。"他似乎春风得意，朝我点点头。

"高主任，正好碰到你，能不能麻烦你告诉我，你们到底查出我有什么问题？"

"这个……"他四下看看，小声说道，"我不好先告诉你的，不过反正再等一会儿你也就知道了，现在告诉你也无妨。"他停了停，似乎等着我接腔，但我没有说话。

"他们主要讲你有四个方面的问题。第一，贪污十几万元，主要证据是国家规定个人不能向银行贷款投资，你用银行贷款去投资，是非法的，因此，你去年分红所得也就是非法的，应视为贪污。第二，你这几年请客送礼，花了4万多元，账上查不到，你说在基建里列支，发票被你毁了，应视为毁灭凭证，贪污公款。第三，你把仪表厂拆掉建玻璃厂，是破坏生产。第四，你还向南平市政府借了3万元，现在还没有准确认定是贪污还是挪用。"

"还有没有其他的？"其实这些我都知道了，施所长早就告诉我了，我只是想听他本人亲口证实传言来自他。

"没有了。"他想说没有说又吞回去的话，大概是"这些还不够？！"

我不再理他，径直走进了会议室。

会议室内，除了县、镇两级整党办的主任，县上四套班子的领导、检察院检察长、法院院长，还有高山镇的所有领导都来了，个个正襟危坐。每位面前，都放着一个白色印花陶瓷茶杯，杯里早已由县委的通讯员冲上了茶水，盖着杯盖儿。

会议由元春书记亲自主持。

"今晚的会议主题，很简单，是关于高山镇整党办送上来的有关高山玻璃厂厂长曹德旺问题的材料。曹德旺本人希望县委能给他一个当面对质的机会。"元春书记环视会场，"现在我宣布开会。"他看着我，"曹德旺，你说吧。"

"非常感谢县委组织了这个会议。自整党以来，我一直不知道我在哪里做得不对。在此之前，高山镇政府的领导特别是县委高主任，都一直表扬我为高山作出了很大贡献。一直到刚才，在进这个会议室前，我在门口遇见了高主任，问他'你们到底指控我什么'，他才告诉我，我在四个方面有问题。"

我把复印好的材料码在桌上，"那好，今晚，我们就来把这四个问题搞清楚。"

"我这里有所有的材料。"我按事先分好的份数，一份一份分给在场的所有领导。"有关领导今天也都在场，正好可以一一对质。"

材料分好后，我坐回我的位上。

"第一个问题，说我贪污十多万。主要是因为我用银行贷款投资，被视同非法行为。理由是国家规定不能用银行贷款投资。所以，玻璃厂1985年的利润分红到我名下的款就可以视同贪污。这件事说来话长，得从我建议高山镇政府办玻璃厂开始。"

于是我将怎么找到水表玻璃的项目，怎么与镇企业办主任谈话，怎么到上海考察，怎么开始筹建玻璃厂，怎么开始的承包，又怎么开始的合资，没有合资的款，镇领导又是如何答应可以帮忙找银行贷款，用房子抵押，银行又是如何不同意，最后要求镇政府担保才同意贷款等等，一五一十，原原本本地从头道来。我举起一张复印的贷款合同，"这是一份银行的合同，高山镇政府出具的担保书，你们每个人的面前都有，那上面签着何齐祥镇长的名字，高山镇政府签的。"我看向何齐祥，"何镇长今天就坐在这里，您看看，这是您签的字对不对？"何镇长没有接我的话茬，其实我也不需要他说什么，我接着说，"我是一个农民，我不知道国家有规定不能用银行贷款投资，这是你们一手策划亲自协助才完成的。现在工厂做好了，有了很好的利润，又拿这个来说事。有这么做事的吗？"我气愤地说："如果我现在因为这个成为罪犯，那你们这些人就应该是教唆犯！"

"第二个问题，说我破坏生产，把仪表厂拆了拿去建玻璃厂的厂房。这个指控，我没有办法拿出什么文件来举证。但是，我请在座的各位领导想一想，高山镇企业办的院子里有企业办、仪表厂、玻璃厂和锯木厂，玻璃厂合资时，是将这些都估了价，含在镇政府的 17.5 万投资里的。合资文件签订后，镇党委决定把企业办、锯木厂和仪表厂都搬出去，把地块腾出来给玻璃厂。仪表厂里的设备，车、刨、铣床这三种设备，有十几台机床，每台都是 2 吨左右的重量，要从那里拆下来，再搬到现在的地方，还有工厂里的百十号工人，也都在新的厂区里工作。请问，这么重的设备，如果没有重型车辆根本无法搬运，若不是你们镇政府、镇党委的决定，我一个农民哪有这个号召力，指挥他们搬，又让他们安心在新的厂区工作？他们搬走腾出地块儿来，不是用来给我们重新建厂，还用来做什么呢？"

"第三个问题，说我以请客送礼为由花了 4 万多元，发票也销毁掉了。"我喝了口水，努力地压下自己的愤怒，放慢语速，以便让在座的领导听得更清楚。"确切地说，这是玻璃厂 83、84、85 三年的行政开支。这三年，建起一个汽车玻璃厂，开了一个产品鉴定会，举办了工厂剪彩的庆典。建厂花了 1 万多，是接待上海耀华厂的技术人员，他们十几个人到高山来帮忙安装生产设备，一个月的时间。产品鉴定会是县企业局局长陈清松主持召开的，花了 8000 多块，我批的。剪彩庆典花了 1 万多，买了纪念品摆了酒宴，今天坐在这里的高山镇领导都吃了饭喝了酒拿了毛毯，就我没有拿。因为我没有这么多的钱买这么多的毛毯。如果我拿了，我的员工也要拿。所以工厂的干部一个都没有拿。"还有 1 万多是 83 年承包以来零零星星的请客开销。我喝了口水，在我说话的当口，整个会议室，除了翻阅复印纸的声音，不再有其他的，甚至连咳嗽都没有。"工厂请的会计是镇上财政所副所长，这是整个高山都知道的，请客送礼的发票，我的部下拿去报销被她丢了出来，并臭骂我没有水平。我向她请教该如何解决，她告诉我镇政府不是这么处理的，账面上不能体现请客送礼。玻璃厂正在建厂，可以向工程队要相应的建筑发票来报销，于是就放进工程里报销。至于请客送礼的原始发票，则给工程队去处理。"我盯着会议室里的领导们，"这就是为什么账上有了这 4 万多的建筑发票。原来的发票，被我收了，没有销毁。如果需要，我可以拿出来给你们，但是你们也应该拿出这三年你们的开支费用处理凭证。你们花了多少钱请客吃饭？你把发票拿出来看看。销毁凭证的罪何来？原始发票都有在，100% 的都在。但我现在不会拿出来，如果要把这类发票拿到桌面上来审的话，你们的拿出来，我今天也拿出来。这些发票我都不是经办，我只是一个审批者。"

"第四个问题，就更离谱了。说我向南平市政府借了 3 万元，是贪污，或至少也是挪用公款。说是政府的钱私人不能借，不能拿去当投资款。我是南平市政府的朋友，我们几个人帮南平市政府串换指标，仅运费一项赚几千万元，因此我去南平吃住都由政府买单。我向南平政府借钱时，他们嫌我借得少，说什么曹德旺很奇怪，既然要借怎么只借 3 万。后来我告诉他们只缺 3 万，就批了。南平市政府借钱给我，是因为我帮南平做了很多事，所以在我需要时他们帮我，这跟福清半毛钱的关系都没有。这事，你们可以发函给南平市政府查证。一纸查询函，不是很简单的事吗？为什么不去查询？"

"说我贪污挪用？"我越说越上火，忍不住站起来，猛拍桌子，竖起中指。"他妈的，他们这些人是公报私仇，他们有的子女被我开除了一两个。我说完了，怎么处理悉听尊便。"

一口气说完上面的话，我一甩手，就走出了会议室。看看手腕上的表，这时已经是晚上 10 时许。

走下楼梯，走出县委的办公大楼，吹着夏日的晚风，我的愤怒渐渐平息。有点儿后悔最后的激动，但是管他呢，做了就做了。

后来听说，在我甩门出去之后，元春书记继续主持会议。他说，"我从 16 岁当通讯员，到今天当到县委书记，工作二十几年，见过无数的干部，还没有一个有曹德旺这个水平，一个人坐在那里讲两三个小时竟然不用打稿，而且没办法辩驳，每一条都说得无懈可击，值得我们在座的每一位学习啊。"他的脸色渐渐地恢复了常态。

"真是一个稀有人才啊。"他拿起面前的茶杯，嚓了一口。"当然啦，也有缺点，刚才的举动就是一个范例，怎么能把中指伸出来呢？不过，他是一个农民，这也就是他的特色，我们要包容他，毕竟，成绩是主要的，要充分肯定，缺点嘛，要帮助他提高。"我后来听说，那个晚上的会议内容，被整理出来，形成了"723 会议纪要"。"纪要"的主要精神，就是充分肯定我的工作，要求高山镇把工厂的所有账册还给工厂。

但高山镇的领导们虽然都在纪要上签了字，却并没有打算执行"723 纪要"的精神。回到高山后，他们并没有将从工厂拿走的所有账册凭证还给厂里。我呢，也不在乎：放在你们那里和放在工厂里并不能改变什么。总有一天，你们要还给我，我急什么呢！

我会这么认为，主要还是错估了那些试图整我的人，以及对整我的事件背后的因素没有重视。我当时以为这事就这么过去了，没有想到，想整我的那些人，并不愿意善罢甘休。

在福清没有整成我，这些人就往上告到福州市。当时的市委书记是袁启彤，他派人到福清和高山调研，又把县委书记陈元春叫到市里，元春书记就把事情的原委和县里"723 会议纪要"的形成情况向袁书记做了汇报，最后说，"整党整风，是共产党内部的事，曹德旺并不是一个党员，又没有错，这事还能这么整？"

"你回去多做一些解释工作。"袁启彤听了陈元春的汇报后说。

这些人一看，福州市也没有下文，琢磨着就往省里告。告状信一封接一封地寄到福建省农委。我哥当时是农委的办公室主任，这些告状信都到了他的手上。他一封一封地拆开，整理好做好文件签，送到当时的农委主任温秀山的办公室。他没有告诉主任，告状信上被告的人是自己的亲弟弟，也没有试图解释什么，虽然他曾经严肃地问过我，向我了解过事情的经过。

告我的人并不知道，我哥哥在省农委工作，更不知道这些信件的拆封，都经过了我哥哥的手。

他们之所以选择往省农委告，是因为当时的农村整党工作，是由省农委主抓的。

这在全国都一样。

温主任决定亲自过问此事。

他先向福州市委书记袁启彤了解情况，然后不带一人，亲自下福清，找福清县副书记林学铿了解。为什么不找陈元春而向林学铿了解？因为林学铿当过他的部下。结果，林学铿说的与他从袁启彤那儿听到的陈元春反映的情况一样。

原来，当告状信放在温秀山主任案头时，温秀山看到高山曹德旺三字就有了怀疑，他和曹德淦是不是同村？如果不是，这也太巧合了。如果是，自己的这位办公室主任怎么不吭一声？这也是为什么当初他颇为慎重，不带主任，自己下去调查的缘故。

在福清见到林学铿时，他也曾顺带着问林学铿是否认识高山的曹德淦。

"认识。"林学铿说,"我在高山当副书记时,他是高山中学的代课老师。"

"哦。"温秀山不再吭声。

"老领导,您认识曹德淦?"林学铿好奇地问。然后补充道:"他就是曹德旺的亲哥哥。"

"他是我的办公室主任。"温秀山陷入了另外的深思,他不再说话。

听了温秀山的回答,林学铿的嘴张得好大,"不会吧?!"但看到老领导的表情,他也不再说话了。

回到福州后,温秀山把曹德淦叫到办公室。

"你弟弟的事,我亲自去查清楚了。他是清白的。"

"谢谢主任。我替我弟弟谢谢您!"曹德淦这时才对温秀山说,"曹德旺是我的弟弟,但我也要尽我的职责。此前不说,是不想干扰领导的工作。"

温秀山被触动了。"以后,再有这样的信件,就不要再送到我这里了。"他特意交待。

真是"屋漏偏逢连夜雨"。整党结束后,1987年元旦,参与高山合资的合伙人中,朋友林庆平首先提出退股。他在工厂里分管销售,他的离开,无疑对我将是一个重击。紧接着,镇财政所所长黄宗金、企业办会计林文俊也先后提出了退股。

我相信,他们的这一决定,是与我一样,在分析了我未来将面临的艰难处境,为求自保资金安全而作出的。

他们的股份,价值已经从1984年的几万元变成了十几万元(1985、1986连续两年的盈利,股东权益净资产已经有所增加)。我没有那么多的钱来收回他们的股份,因此再三挽留,但他们的去意已定,无奈之下,我再次举债,将他们三人手中的股份,悉数收回。

高山厂 50% 的股权从那一刻起，全部归我所有。

人嘛，有时候就是会这样，钻进一个胡同里出不来。高主任他们就是这样。一见省里也没告倒我，就又找到国家信访办的关系，决定再告到中央纪委。

中央纪委很重视这事，先是将信件转回了福建省，希望彻查；后来直接派了人下来，与福建省、福州市、福清县共同组成了一个调查小组，进行彻查。

从福清到福州，从福州到福建，从福建到北京，再从北京到福建到福州到福清。这个状越告越大，大有不把我告倒誓不罢休的架势。如果他们把这种精神用到正道上，没准还真能干出些什么成就出来。但显然，方向错了。付出的努力越多，也只能往错的道上，走得越远。

联合调查。

结论依然。

送走了北京和省里的调查小组成员，袁启彤发火了：这不是胡闹吗？！他一个电话，让陈元春立刻上福州。"这起事件性质十分恶劣。我们基层的干部队伍若都是这样的素质，这样的觉悟，我们党的工作将如何展开？！"在福州市乌山路市委大院市委书记的办公室里，袁启彤铁青着脸，背着双手，来回踱步。"你回去，立即拿出一个处理意见来。"

陈元春回到福清，立即召开了县委扩大会议。会议作出了改组高山镇党委和高山镇政府领导班子的决定。原高山镇党政二套领导班子做了全面调整。相关人员分别调到三山乡、东瀚乡，就行政级别而言，镇与乡虽然同级，但是镇比乡强。

我的所谓的贪污案，终于得以昭雪。

可是我却高兴不起来。

从他们一而再，再而三的行为来看，他们在县里、市里、省里乃至中央都有"靠山"，以后我该怎么办？

思前想后，最后决定：往前走，但永不改变行走的策略——听党的话，严格按政府政策规定办事；按章纳税；尊重所有官员，但保持等距离；一起吃饭可以，但仅限于吃饭，绝不涉及财物往来；如有盈利分红，除用于家庭和自身生活费用之外，皆用于社会捐赠。

因为有这最后一条戒律，所以我的捐赠项目与资助人数，与我的企业发展、财富的增加成正比。这些与日俱增的社会公益数额，皆出自我个人的分红所得，而非企业的行为。

2015 年 7 月，曹德旺在他捐资修建的崇恩禅寺大雄宝殿内。

灵石寺隐藏在福建省福清市东张镇灵石山深处，现有尼众一百左右，并有着福州最大的道场。从1988 年至今，历时二十余年，曹德旺先后投入 2000 万元，帮助灵石寺完成现有规模的建筑群。2015 年，曹德旺又捐资 2000 万元，对灵石寺进行整体翻新。

位于福清黄檗山的万福禅寺始创于唐贞元五年（789），是我国著名的禅宗道场，临济宗祖庭。清初住持隐元禅师传法日本，创建日本佛教的黄檗宗，促进了中日佛教文化的交流互动，福清黄檗道场也成为世界黄檗文化的发祥地。近年来，由于年久失修，道场逐渐沉寂。2016 年，曹德旺捐资 2.5 亿元对该寺院进行翻新重建，将黄檗禅风、文化精神继续发扬，促进世界稳定与和平。

普陀山万佛宝塔位于浙江省舟山市，由曹德旺捐资 5000 万元兴建，2003 年 10 月动工。宝塔总建筑面积 3194 平方米，采用八角重檐楼阁式，蓝琉璃瓦攒尖顶。塔分九层十二檐，含塔刹总高 72.26 米，内奉十种造型的观音菩萨圣像一万尊。

崇恩寺原名香灯寺，位于福清市高山镇，这座有一千多年历史的寺庙历经历史时间冲刷间已经破败。2009年，曹德旺捐资2亿元人民币，对寺庙重新修缮兴建，并于2012年11月17日正式落成。图为落成当日举行的开光法会。

CHAPTER 3

第三章

诚信为本

移师宏路

　　至 1986 年年底，高山玻璃厂产值 596 万元，获税利 101 万元，形成时间主要是下半年。同时，汽车钢化玻璃系列产品生产规模得到扩大，主要产品达到国内先进水平，已被中汽公司定为全国进口汽车修配定点供应单位。

　　整党风波后，经过整理，自己的思路清晰了，我更加坚定自己的信念——

　　努力地做一个国家、人民、社会需要的人才。

　　坚定相信，共产党里有大批好人。只要自己能坚持操守，偶有他人兴风，也起不了什么大浪。

　　多为国家，为人民，为社会做力所能及的事，国家，人民和社会一定会以他们自己的方式，加倍地回馈给你。

　　要做事一定会得罪人，因此做人必须行得正坐得端，做事必须非常认真非常清楚。用我们家乡的话说，就是睡觉的时候都得穿好裤子，连马甲都不能脱。

　　1987 年春节前夕，我接到县委通知，县委书记陈元春将在大年初一率队到工厂来慰问我们。

升斗小民，能得到书记的慰问，也算是整党带给我的成果了。

中国的新年，很热闹的，尤其农村。

正月初一，陈书记如期出现在高山异型玻璃厂，我陪同他们参观了工厂，并向其汇报了市场情况后，书记很高兴说："你做得很好，有没有考虑把它做得更大？"

"这个产业刚刚开始，如果说县里能够支持，让把工厂搬到宏路去，这个工厂能做得很大。"我诚恳地请求。

"哦。为什么？说来听听。"

"玻璃在我国尚未普及，拥有很大的市场。现在农村，很多农民的窗户用的不是玻璃，而是塑料薄膜。我现在做的汽车玻璃，效益不错，正是因为市场短缺，而我还只不过做了一点皮毛。这是一。高山这个地方，属龙高半岛的东南终端，缺水不说，更缺电。从县里送来的电到这里，经过多少个乡镇，遇上旱季限电季节，我们一周生产用电不足三天，这对企业来说是很不利的。这是二。我不讳言，也由于地域的关系，这里的发展落后，这里的人观念更落后。这是三。"走在陈书记的身边，我直截了当地说。

书记点点头，"你想法很好，还要继续完善。我回去组织一个会请你参加，听一听你的汇报再议。"

正月初八，我接到通知，到县里开会。走进会场，我发现书记、县长、各常委包括副书记、副县长，都在座。

会上，我介绍了高山玻璃厂汽车玻璃生产线的发展情况和它给工厂带来的惊人利润，同时告诉他们现在高山厂只能做钢化玻璃，如果要做更高级的夹层玻璃，则还需要引进更先进的设备。接着，对高山的投资局限做了重点说明。最后，我慷慨激昂地说："汽车玻璃行业会成为一个很大的产业，我们中国大地上有那么多汽车，可是却只有我们高山在生产汽车玻璃，提供给市场。这个市场有多大？把高山异型玻璃厂迁到宏路，改成县里的合资企业，上夹层玻璃生产线，专业做汽车玻璃厂，我相信，有县里的支持，我会做出县里的一个重大产业来。"

"建这样一个厂，需要多少资金？"有人问。

"刚开始，也不需要多少，五六百万吧。"

"高山玻璃厂有钱吗？"另一位问。

"有。预计高山厂今年会有 500 万的利润。"我肯定地回答。

"投资与技术有没有问题？"陈元春书记问。

"除了高山厂自己可以解决一部分的投资资金外，现在外面有很多企业想与我合资，因此资金方面没有问题。至于技术方面，我可以请上海耀华厂帮忙。"我回答。

"对曹德旺的提议，大家有什么意见啊？"元春书记环视会场，领导们交头接耳，气氛热烈。

"这件事，初一的时候，曹德旺曾经同我汇报过，我认为行。曹德旺是一个人才，他的高山玻璃厂已经先行做了试验。我们都在乘坐汽车，我相信，你说的这个产业能做大。"他看看眼前的几位副县长，分管工业的副县长翁国梁正在认真做着笔记。"县里成立一个筹建办，县经委、县侨乡建设投资有限公司参加筹建办，翁国梁担任总指挥。"书记说着又将头转向我："以后，有关汽车玻璃厂项目的事，你就找翁县长，他代表县政府。"会后，县委书记陈元春找来县侨乡建设投资公司总经理林厚潭，对他说："曹德旺很能干，是做事业的，县里决定由你负责与曹德旺具体洽谈合资办厂事宜。"

1987 年 2 月 6 日，我带着福清县副县长翁国梁、县侨乡建设投资公司总经理林厚潭以及县经委干部一起到上海耀华玻璃厂，耀华厂副厂长石宏藏代表工厂接待了我们。经过三天的交流，耀华同意成为

"闽融上海耀华玻璃工业有限公司"股东，以技术服务入股，帮助引进国外设备和提供技术服务，合作生产汽车挡风玻璃。

合资公司决定选址宏路，宏路镇征了80几亩地，镇政府决定将原砖瓦厂旧址给合资公司，所得将作为资本入股，这是上海回来后做的第一件事。征地后，第一个遇到的工程就是退土方。那时候我对退土方没什么概念，在讨论由谁来做时，董事长翁国梁把我拉到一边："我外甥有做土建的事，退土方的活，他也能行。"

这才刚刚开始呢，就开始抢利益了？

"翁县，退土方的事，您外甥不会做，也没有什么利润，等基建时他再参与吧。"我想了想，决定先退一步。"退土方的事，还是再讨论吧。"

同一时间，宏路镇镇长詹贤彬推荐了一个闽侯人来承包退土方的工程。

"你们退土方1立方收多少钱？"我问。

"1块钱。"闽侯人回答。

不会吧？！在到宏路之前，我特意就土方的费用咨询过曹宗辉，了解到市场的行情是运距在500米以内1立方3块钱左右。难道阿辉骗我？没理由啊。我并没有打算将这个工程交给他做，和他没有利益相关啊。

"1块钱，太贵了，8毛钱。"我还没有从1块钱的震惊中回复过来呢，这边翁县长竟然已开出了更低的价格。我索性不开口，静看他们的反映。没想到闽侯人居然一口答应了。"行，8毛钱就8毛钱。"翁县长当场拍板：就给闽侯人做。

"那就签合同吧，曹总，您看？"詹贤彬说，还真觉得自己的面子大了许多。我却不踏实，总觉得这里面有什么不对的地方，但不对在哪里，又说不出来。这时，我想起父亲曾经对我说过的一句话：

"便宜不要太贪，价格严重低于价值时，这里面就一定有问题。"保险起见，我说："詹镇长，闽侯人是您介绍的，我不熟悉他，您可以用您的股份担保他不影响我的工程进度吗？如果可以，我们在这个合同上写明，如果工程进度受影响，我要您赔偿，把您的股份吃掉。"

"没问题，没问题。我们是好朋友，我担保。"詹镇长想也没想，就在合同上签字担保。

合同签订后，我按合同的规定，让财务先打了 10 万块预付款给承包商。拿到预付款，闽侯人很高兴，到我办公室就将 2 万元塞给我。"你在这里也要开支，我先给你 2 万。"他边塞边说。

"放你狗屁，难道我的名字就值 2 万块钱吗？！"我放下脸来，厉声喝道。

"曹总，您先用吧，以后再讲。"闽侯人小声地说。

"你 10 万块都给我我也不要！你这样做在侮辱我！"我生气了："带上你的钱，给我出去！"

他收起来了，走了。第二天，又来了。一见面，就从包里掏出一个金手镯。"曹总，这是给您太太的，不好意思，一点点小意思。"他小心地赔着笑脸。

那金手镯，很重，大概也要 2 万元左右。

"你信不信，我现在就给你扔了出去？"我指着闽侯人骂道："我扔下楼你还可以下楼去捡。你记好了，你若再拿过来，我就把你交到县里面去，我会退掉和你的合同。"

闽侯人呵呵呵地笑着，收回了手镯。那以后，他每天都等在筹建办的门口请我吃饭。

好啊，反正我一个人在这里也没饭吃，你陪我吃饭有什么不好？"走吧，我们到外面的小店去吃。"

一个多月过去了。一天中午，闽侯人又准时站在我办公室门口，准备请我吃饭。我说："你去叫詹镇长和书记，今天我们一起吃。"四人叫上菜，要了饭，边吃边聊。

我扒了口饭，笑着说："今天下雨，明天街上可能鸡会很多，闽侯人，明天你是不是去买 100 头鸡回来，我们把舌头割出来吃百鸡宴。"

"行，没问题，曹总，我去做。"闽侯人没有听出我的弦外之音。

"老曹，亏你想得出来，有这么吃鸡的？"詹镇长和书记也没有听出来，反而跟着打哈哈。

我径自吃完碗中的饭，放下筷子。"告诉各位，我可不是说笑。百鸡宴吃完以后我要跟你们打官司，要把你宏路镇的股份吃进来，我要你赔！"我指着闽侯人，对镇长和书记说："饭吃完后，你们两个领导到现场去看一下，工地什么进度啊，他根本就没有动。"

"什么进度？"镇长和书记一脸茫然。

敢情他们都忘记了自己担保的事儿了。

"按照合同，我们的工程进度现在只差 20 天就该完成了，可是"，我放下脸来，"你们等等到现场去看看，闽侯人做了什么。我今天先把话放在这儿，当初可是你们同意担保，你们要赔的。"

镇长书记你看看我，我看看你，饭也不想吃了。"都吃饱了，现在走吧。"

车子开到工地，果然，土方确实没怎么动。镇长书记跳脚了，指着闽侯人大骂。闽侯人开口了。他这一开口，倒让我们没想到，"操他妈的，答应老婆要跟别人睡觉，就要把枕头搬清楚——这次亏个够。"

怎么回事？

原来，闽侯人雇人退土方的价格是每立方 2.6 元，每挖一立方他就要损失 1.8 元。那他又为什么同意按每立方 0.8 元承包呢？闽侯人说："福清的规矩是先把合同拿到，然后通过送礼什么的做关系再来修改合同。"没想到碰到了我这么个软硬不吃的人，他只好这么拖着。

镇长和书记无语。

按合同赔偿，宏路镇的股份没了是一回事，若县上知道了，两个人的乌纱帽怕也就此掉了。两个镇领导决定倾全力支持闽侯人，把此前延误的工期赶回来。第二天，整个宏路镇的拖拉机全部开到工地退土方。加班加点，通宵达旦。看着工地每一天都在变化，我很高兴：这就对了。

那段日子，闽侯人可不高兴。逢人就说曹德旺这人跟狗一样。有人告诉我，我笑一笑：我的确属狗的。

所有的土方工程完工以后，闽侯人来结账，压根没想多同我说什么，我把他叫到办公室。"闽侯人，我挺欣赏你的。"他以为我在讽刺他呢，很不高兴。"来，先喝一杯茶。"我给他倒了一杯茶，递给他。"这次的合同，我原本是打算3元同你签的，我了解过市场的行情，没想到你自己报了个1元，最后还同意了翁县长的8毛钱，搞到我不知怎么回事儿。"

"唉，曹总，不说啦。"闽侯人一脸沮丧。

"后面还有什么猫腻吗？"

"哪儿敢？！全是按实际面积来的。"

"你前面做的事，我理解，你也是不得已。这样吧，这次你的教训也够深刻了，我相信也记得很牢了。土方呢，我按每立方2.8元付给你，不过"，我严肃地说："再出什么纰漏的话我就跟你不客气。你要记住，我是老板你是打工的，不会让你亏本。那种你哭我笑，把自己的幸福建立在他人的痛苦之上的行为，不是我的风格。"

"真的，曹总？"闽侯人一下子从座位上跳了起来。他简直不相信自己的耳朵。"您按每立方2.8元付我？"

我点点头。"不过，以后你要注意，如果再碰到一个像我一样软硬不吃的人，你就没有这样的机会了。"

"谢谢您，曹总。谢谢！谢谢！"千恩万谢地，闽侯人就差没下跪了。

从那以后，闽侯人就跟定了我。

自福耀的第一个工厂开始，福耀集团的所有厂房有 90% 都是闽侯人盖的，不仅福清的，辽宁的，重庆的，上海的，湖北的，广州的，几乎所有的厂房都是他盖的，就连我现在住的这个房子也是他帮我盖的。早期跟着我，后来他去成立房地产公司，成了影响一方的地产商，现在的财产也几十亿了吧。

闽侯人的事，也给了我一个教训。从那以后，我总是叮嘱下属，签订合同时，甲乙双方是平等的，双方要相互尊重，你不要骗我，企图从中牟取暴利，我也不欺负你，充分尊重你的劳动，一定要弄清对方的成本。

这条不成文的规矩，一直延续到现在。福耀的供应商不论大小，都乐于和福耀做生意的原因，其中就有一条：和福耀做生意，虽然赚得不多，但总是有赚，而且付款及时。

三问石竹

1987年春，在得知县委同意由我负责兴建一个合资汽车玻璃厂，同时决定厂址选定位于石竹山下的宏路棋山村后，我决定再上一次石竹山。

有了前两次抽签灵验的感受，这一次的大事，自然不能含糊。

上山后，我问仙公："将工厂迁至宏路好不好。"烧香求得一签。签语说："一生勤奋好学，练就十八般武艺，今日潮来忙解缆，东西南北任君行。"

什么意思呢？有了上一次小道士解签不对的经验，我拿到签就直接去找老和尚。

"这个签没有直接告诉您好还是不好，但非常明确地告诉您时运到了。"老和尚说，"您尽可以随心所欲，想做就做。您看"，老和尚翻开签书，招招手让我过去。"今天签的意思在这里：您从小苦练，到现在，已经拥有了十八般的武艺，您大展身手的时候到了。从现在起，不论您去哪儿做什么，您都能去都能做。"

合上签书，"您的运气到了，今天从我这里出去后，您再也不要到这里来求问想做什么事了。"老和尚强调说:"不要问我。"

我相信了九仙公的劝导,从那以后,不再上山去问投资办厂的事儿。但遇上朋友有不解的事儿,我还是会经常带朋友上山,同时也奉上一炷香,以表敬意。

原则面前无等级

土方工程之后，就是盖厂房了。

董事长翁国梁来了。

"老曹，基建的事，你考虑一下，就交给我外甥，让他做吧。"

"那怎么行？"我笑着说，"我会跟您打架的。"

"不会，不会，我们打什么架？"

"怎么不会？您是县长又是董事长，您外甥在这里包工程我怎么管得住啊。"

"没有问题，你会管得住我外甥的。如果你发现哪里做得不好，你可以甩他几巴掌。"

看他那般坚持，我知道一点儿工程都不给，肯定过不去。所以，"这样吧，翁县长，写字楼很重要，就让您外甥做。工厂，就让闽侯人做，他这人实在，做的活也不错，前面做土方又亏了钱，基建就多少给他做点。您看如何？"

"我看可以。围墙也让我外甥一起做了。"翁国梁说。

"可以，不过，工程预付款必须按工程进度付60%，剩下的40%，必须等验收后再结算。"我说。

"没问题。就这样。"翁大县长挥挥手。他根本没有把这个约定放在心上。他一大县长，又是公司董事长，谁敢不给他的工程款？

后来发生的事，应验了我的推理：承包工厂主工程的闽侯人，有了退土方的经验，他干得很卖力。加班加点，实实在在的，提前完成了工厂的主工程。县长的外甥正相反，恰如我想的那样，自以为可以通天，所以不把人放在眼里，谁说的都不听，自己爱怎么做就怎么做，而且延误了工期。下面的人向我汇报，我到工地检查，当着面说得很好听，但人一走开，就又乱来了，继续我行我素。为什么？他认为有他舅舅在，他包吃定我！

工程终于做完了，他走进了办公室。大大咧咧地一屁股坐在我的对面。

"曹总，工程我做完了，你把款打给我。"

"你说工程完了，要不要验收？"

"验什么收啊，楼在那里，墙在那里，你不会去看？！"我没有不耐烦呢，他倒先不耐烦了。

"你知道你舅舅当公司的董事长，但是你不知道这里的董事会是把审批权交给我而不是交给你舅舅。你要拿钱就必须要得到我的同意。不信去问你舅舅！"我从座位上站起来。"走，我们现在就下楼。我们一起到楼下去看看你盖的东西，包括这座楼，你自己看，随你自己挑，你挑哪一段我们就验哪一段，拆下去按照图纸验收，全部合格就付款。修复由我付款。如果不合格，对不起，整个给我翻开重建。否则，你一分钱也拿不到！"

"哼！我就不拆。看我拿不拿得到钱！"翁国梁的外甥甩手就走。

他当然不敢拆。他知道，墙的水泥标号什么的都有问题。

第二天，翁国梁冲进了我的办公室。

一进门，就指着我的鼻子一顿骂。末了，还不解气。"你信不信我撤你的职。"

"我信。权在您手上，您要开掉我这个总经理，随便开。但要开董事会讲清楚，讲完了我就辞职不干。"我接着说："这是合资公司，不是您政府，这请您记清楚。"

翁国梁怔住了，他没有想到我会这么回答他。脸涨得通红，气得话再也说不出来，打开门走了。他外甥的工程款，最终被我扣了30%。这个项目，他没有赚到钱，也从此不敢做福耀的项目。

我就这样，和翁县长结下了梁子。

这还只是开了个头。

当一切有了眉目，员工的招聘就开始了。

和高山招工时一样，还没有开始呢，早早地就有人打招呼，有人写字条。县委、县政府、县人大、县政协，县里各科局写的信件超过了百件。如果用这种方式招工，不等于复制一个高山玻璃厂？都是这种关系那种关系进来的员工，将来企业怎么管？

一番深思熟虑，我决定，这一次招工，一个关系户都不招。

打定了主意，我决定先去寻求县委书记的支持。

现在进县委大院，已经不同于1986年的时候，我已经可以直接拨县委书记办公室的电话，约好见面的时间了。

在约定的时间，见到元春书记，我说明了原委，也报告了自己的想法。元春书记说："就按你的想法办，拿去考，按照成绩，该招谁就招谁。"

"那书记您一张条子都不要写。"我盯着书记。

"你不相信我？"书记一眼看穿了我的小九九。"我会带好这个头，并说服大家。"

"要是碰到压力怎么办？"

"我县委书记在这儿呢，有事我会出面处理。你怕什么压力！"

这正是我要的回话。有了书记的这把尚方宝剑，我还怕什么？

第二天，福耀招工考试的通告就贴了出来。为了让更多的年轻人看到，宏路和福清的南门都张贴了。

通告的内容很简单，说明考试的时间和地点。和其他考试不一样的是，我们这次的招工考试，只考语文一门。

为了不走漏试题，我特意赶到福州，将福州第一中学的语文教师请到温泉大饭店，出好题，在福州印好，再封存。一应手续同正规的考试，也正儿八经地印了准考证。

9月，福耀招工考试那一天，来了300多名考生。我亲自给他们发考卷，亲自在那儿监考。发试卷前，我对坐在福清侨兴轻工学校教室里的300多名考生说："我刚刚听到你们中有的人说考不考一个样，自己也没有什么关系，考得再好也没有用。我告诉你们，你们今天一定要认真地考，考试的目的就是要给你们公正！请相信我的承诺。"

我的话，有的人听进去了，认真地做着考题；有的人则一副考不考反正都有我的模样，没做几道题，甚至不做，只写了个名字就交卷走人。我不吭声。时间一到，收好考卷，封好姓名，装袋。我立即坐车将这300多份试卷送到了福州，再将考卷交给福州一中的语文老师评分。评好分，考试成绩一出来，我便把办公室主任叫到了办公室。

"现在手上一共收到了多少介绍的条子？"

"大概100多张吧。"

"你在名单上将有条子写的名字都给我标注出来，然后送进来给我。"

过了一会儿，办公室主任敲门进来，将标注好的名单递给了我。我一看，差不多一半以上的人是没有条子的，"这样，你把这些条子上没有名字的考生按成绩从高到低排下来，打一份名单给我，并通知前 100 名参加面试。其余的考生待候补，有条子的暂时不考虑招。""不论成绩好坏？有条子的都不要吗？"办公室主任问。

"是，不论成绩好坏。凡写了条子来的，统统不招。"我反复强调。

"可是曹总，我真替你捏一把汗。"办公室主任一脸担心，"董事长，翁县长那天把 1—10 号的准考证拿去了，他还特意叫我跟曹总您讲 1—10 号是他的。"办公室主任像是怕我不懂这意思，接着说："意思是不论考好考坏这 10 个人都要进。"

"没有关系，不要替我担心，这 10 个，也一样，不能收，不论考好考坏。"

办公室主任正要出门，我忽然想起了什么，又把他叫住："你通知这些人面试。记住，教师的子女优先。"

面试的通知一出去，翁国梁坐不住了。他气呼呼地跑到公司。

"老曹，你这不是存心跟我过不去是什么？"

"天地良心，翁县长，我没有一点儿要与您作对的意思。"我试图平息他的怒气，"翁县长，我知道我们这架总有一天要吵。您想啊，今天招工您为他写信，明天他迟到您也会为他写信，后天他早退您还要为他写信，大后天他偷玻璃估计您也得写信，您写不完的信，我也总不可能一一都能满足您，否则这工厂也办不下去了。对吧？所以我想，既然这架迟早要吵，不如趁现在有写信的全部不要，提前把这个架吵了，也除了祸根。"

我记得父亲曾经说过："如与对手交战，有本事你就要把马上的将军杀了，不要拿那些没用的开刀。要知道，杀一个将军，可以镇住下面的几千号人。"这也是古语常说的"擒贼先擒王"的意思吧。

有一次公司在福州开董事会，翁国梁又借机发泄，对我的建议横加否决。我的火气又冒了上来："你没出一分钱在这里当董事长，却不负责任地胡说八道。"这下，他气冲冲地离开会场，直接回到县里，向陈元春汇报，"曹德旺为什么讲这些话？"陈元春问他，他回答不出来。于是元春书记就叫县长邱玉清问我，县长打我的电话问："老曹，我县里头非常支持你，派一个副县长给你当董事长为的就是支持你，你为什么说他'没有出一分钱在这里胡说八道？'"

"谁说的？"

"翁县长回来说的。"

"是这事，我专门回去跟县里汇报。"于是，我直接到元春书记办公室，将前一天开董事会碰到了什么问题，就这件事我讲了这句话。元春书记听了捋着下巴，思忖半晌："这样，县里把翁国梁调回来，你来当董事长。"

"不要，我不要当董事长。"

"为什么？"

"书记，我认为我们引进外资首先要引进人心，这董事长，我建议让王宝光当。"

"不行。董事长你必须当。"没几天，县里就作出决议，以政府官员不宜兼任企业领导一职为由，免去了翁国梁董事长一职。决议上同时说明，董事长的所有事务向曹德旺移交。

书记以为这样我就无法不当董事长了。

但是，我当上董事长后，马上宣布一个礼拜之后再开会，选举产生新任董事长。会上，我建议将王宝光作为董事长的候选人。王宝光果然当选为新任董事长，我仍然当我的总经理。

我认为一个企业与一个人一样，要活着都需要有一颗头。企业这个人是法人，直接面向社会各界，做头的条件，一是必须具备较高的综合素质，二是还要有广泛的人脉关系。如果在条件不成熟的情况下贸然去当头，相信等着你的恐怕就不光是福祉了。

自尊自信

1987 年 7 月，中外合资福建耀华玻璃工业有限公司，在宏路镇动工兴建。

按照采购合同，芬兰泰姆格拉斯公司要为福耀提供培训，同年 11 月，我接到芬兰泰姆格拉斯公司电报邀请函，邀请福建耀华玻璃工业有限公司派出技术人员到芬兰接受技术培训。

去之前，省外办专门组织我们上了一堂外事纪律课。

我们都知道，那时能出国一趟，尤其是公费出国是每个中国人求之不得的好机会。为什么呢？走出国门开了眼界不说，不花一分钱地出个国，还能给家里带回一个电器，是很让周遭邻居们钦羡不已的事。这种事，搁在外国人那儿，或者现代人可能很难理解，但在当时，却是一个不争的现实：国家每天补助 90 美元左右的生活费，这 90 美元，若每天省吃俭用，半个月下来，回国的时候，就可以给家里带回一个大件家用电器，比如冰箱、彩电或者三用机、洗衣机什么的。所以，很多出国考察学习的中国团队，不论什么名义，不论哪个省份，出国时一定自带二三毛一包的方便面，一定要住带厨房的酒店，至少也得能自己烧开水冲泡面的，一定希望当地的华人或者接待方能多请吃几顿饭……开始，国外人不知道怎么回事，后来这样的团队接待得多了，也就有了看法。国家的外事纪律主要防止出国人员借机叛逃和乱说话，对于这类的行为，却没有明令禁止。

知道我们要去芬兰，马上有人把他们出国的经验告诉我们，嘱咐我们自己一定要带方便面、米，住的酒店一定要交代是带厨房的，等等。从省外办的课堂走出来，我立即召集所有出国培训的人员开会。

"外事纪律大家都知道了，我这里就不重复了。我们要感谢政府给我们出国学习的机会，我们一定要把真的技术学到手。"我看着面前的人，他们都是福耀的精英，每一个人都已经分配好了各自的学习任务。"这次出国学习，政府有批给我们每人每天 90 美元，有人建议我们自带方便面省点花，省下来的钱可以带电器回来。"（有人笑了）我知道，这当然是一个让人心动的提议。"我问过，不买东西的话，这 90 美元，足够我们在那儿的开销。因此，我建议我们这次出国费用，集中管理，吃完用完，若有剩下，全部上交。"我严肃地说，"我们不带方便面出国，我们也不要外国人请吃饭，我们不要为了什么劳什子电器在国外把自己搞得太狼狈！洋人不知道我们每一个人的名字，但知道我们是中国人，我们在国外，代表的就是中国。一个人要有人格，一个国家同样需要有国格！没有人格，没有国格，带多少东西回国都没有用！"

说着，我不容分说地，"我决定，这一次出国，除了茶叶一类的饮品，快速面什么的一包也不准带。钱，统一保管。"

抵达赫尔辛基时已是晚上 8 时许，接机的是香港人林镇华。林镇华是香港的代理商。接上我们后，他习惯地问我们是不是先安排酒店，然后请我们吃宵夜，我一看时间，接过他的话，"林先生，酒店的手续等等再办，我们都饿了，现在先去吃饭。"

"那好。"林镇华接受了我的建议，带我们到一家餐厅。吃罢饭，林先生正想去买单，我说话了："林先生，这顿饭我们自己买单，您的那一份，算是我们请您的。"林先生大概没有想到来自中国的一个考察团会请他，满脸惊诧。

第二天早上 7 时许，我们就都起床吃早餐。早餐就在入住的酒店里，是免费的，鸡蛋、火腿、面包、三明治、咖啡、红茶、牛奶等等，还很丰盛。那时中国的酒店还都没有免费早餐的惯例，所以，吃免费的早餐，于我们，还是很新鲜的。同去的潘宜阳是福耀的模具师傅，他很爱吃鸡蛋，一次能吃十几个。在家里可能不会这么吃，但免费的似乎不吃白不吃。我偷偷地观察着，害怕他会因为吃十几个鸡蛋而被人见笑，结果没有。我这才知道，在这样的地方，有"只要你吃得下，随便吃，但不许带出餐厅"的规矩。

早餐免费。中餐在泰姆格拉斯公司的工厂里吃工作餐，所以也是免费的。我们要自己安排餐费开支的，实际上就只有晚餐一顿。下了班，离开工厂，回到酒店前，我们会在酒店附近的烤肉店和面包铺里购买好我们当晚要吃的菜，有时再买些啤酒或者泡些茶，晚餐就解决了。别以为我们是随意打发，芬兰的烤猪脊肉可是有名的好吃，有烟熏的味道，也有炭火烤出的扑鼻香，肉质鲜嫩可口，用餐刀切一块放入嘴里咀嚼，再饮一口啤酒，那滋味儿，到现在想起来还让我满口生津。

在赫尔辛基的时间不长，不过二十多天的时间，我们牢记着肩上的学习任务，总希望能尽可能多地从泰姆格拉斯学走我们想要的知识。每天晚上吃烤肉的时间，就成了我们大家交流当天学习心得，讨论第二天学习计划的好时间。我没有具体的岗位培训任务，因此，我给自己每天的任务，就是在车间里转悠，尽可能多地了解烘弯夹层车间的流程管理、质量检测等一系列知识，车间里的各种表格，各种管理工具，有不懂的就问，看见有字的纸条就悄悄地留起来。

日子一天一天过去，我们过得很充实。很快我们在赫尔辛基已经过了三周。那个周末，林镇华先生说："今晚，泰姆因集团总裁请大家喝鸡尾酒。请大家回到酒店后换上正装，一会儿，销售总裁夫妇会开车来接大家去，总裁会在酒廊里等。"

"为什么总裁请我们？"

"我也问过他为什么"，林镇华说，"总裁讲，他在你们身上看到了中国未来做玻璃的人。"

"是我们向总裁汇报了你们在这里培训的情况，不同于其他的培训人员，你们总是很认真地学习，而且最怪的，是你们没有大箱小箱带着快速面，吃饭也都是自己解决，不像其他团队，周末总想要人请吃饭带着出去外面玩。"

那天，我们在夜总会喝了很多的酒。我们中间，除了来自大上海的李维维会跳交谊舞，其他人都不会跳，所以就围坐在一张桌子旁，喝酒聊天看老外跳舞。总裁夫人很漂亮，夜总会里很多人请她跳舞，一曲舞罢，男士总要送她回到座位旁，临别还要俯身下来亲吻她的额头或者手背，再退回自己的座位。

周敬泉、林雄他们看得稀奇，就问："老板，总裁就在这儿，他的老婆被人搂着跳舞还要被亲，他怎么受得了？要是我们中国这样跳的话就要打架了。"

"哈哈，这是富国的跳舞形式吧，富国的跳舞就是随便跳。我们中国现在是穷国，所以穷跳，自然不一样。"其实我那时也不知道，那其实是西方人的礼节，一种尊重，和富国穷国一毛钱的关系也没有。

周一，泰姆格拉斯销售部经理带我在工厂的各部门走了一圈，最后到了实验室。他指着实验室内的一台设备说："这台 HTBS，不用模具就可以做边窗玻璃。"

"多少钱？"我心念一动，几乎是下意识地问道。

"190 万（美元）。"

"买不起。"我摇摇头，"太贵了。"

"没关系的，我也只是先让你看看，让你知道我们实验室里还有这样的设备。"

"要是你愿意 100 万（美元）卖给我，我会考虑买一台。"这是我第一次和外国人砍价，完全是试探性的。我很中意，却无法在刚刚买了他们的烘弯夹层炉后紧接着再花近 200 万（美元）来买另一台设备。

"太低了。"他耸耸肩，摊开双手，眼神有些特别，似乎我没有钱是他的责任。

回到福州后，我脑袋里怎么也放不下远在芬兰赫尔辛基实验室里的那台 HTBS 设备，总是浮现出"HTBS 每 40 秒钟流出一片边窗玻璃，转而变成几百元钱"的画面。上董事会讨论，有人提出："高山厂生产的就是钢化玻璃，福耀要上钢化线，那高山厂怎么办？"

"这个问题提得好。"我说，"我也考虑过，我的意见是关掉高山厂，我也能集中精力管理福耀。"

"高山厂又不是您一个人的，怎么可能您说关就关？"有人说。

"高山厂我有 50% 的股权，因此我有 50% 的决定权。另一半是镇政府的，他们没有经营能力，他们参股主要是想分红。所谓分红就是钱。我若同意将我的 50% 股权拥有的资产赠送给高山厂，作为关闭高山厂的条件，当然福耀也应该拿出至少 50 万元人民币补偿给高山厂。再说高山镇政府也是福耀的股东，对福耀有利的事，应不会反对。"我补充道："用这种方式关停高山厂，应该不会有很大的困难。"

因为我自愿放弃高山厂 50% 股权的资产，高山厂也就没有反对的声音。高山镇与董事会也接受了我的建议。

然而，董事会虽然同意我的意见，但对要不要上钢化线还是有点儿小肚鸡肠：只要不要股东们再拿钱出来，你能怎么处理就怎么处理。怎么处理？

正当我为要上这个项目筹款感到为难的时候，福州一个金融界朋友告诉我，只要有好项目，现在这个时候，资金不应是个问题。他专门给我上了一课，关于国际融资种类及必备条件，让我大开眼界。最终解决这个项目资金的办法：我们选择了融资租赁手段，由省华福提供资金，县里的侨乡投资公司担保。

至此，我已说服高山厂的股东关停高山厂，筹到了项目资金。选在第一个夹层玻璃项目顺利投产后的 1988 年 6 月向芬兰正式发出 HTPS 报价邀请。外方很重视，派了三个人过来，几轮艰难谈判，最终我以 108 万美元买下了该公司试验室这台设备，成为全球这种设备的第一个买家。

正如我所预期的那样，这台设备在 1989 年 4 月投产后收回全部投资只用了 6 个月。更关键的是，赚到的还不仅是金钱，更有价值的是自信，以及股东与银行的信任。

摔奖杯事件

1988年6月24日。中国福建，福清，宏路，东张水库，正午11时50分，1988年中国福建国际龙舟邀请赛拉开帷幕。

这是福清第一次担任国际体育赛事东道主。对于东张水库而言，一下子挤了这么多的人，大概是除了1958年建设时期，这也是唯一的一次了。

"呼！"随着号令枪的鸣射，4艘龙舟快速地向库区深处划去，"加油，加油！"锣鼓声、口号声、加油声，瞬间响彻云霄，环绕的群山，似乎也在不停地呼应着这一切。

4个多小时后，经过紧张的角逐，比赛结果出来了，美国、福建闽侯队分获冠军、亚军。进入颁奖仪式时，一个让在场所有的人都意料不到的事儿发生了——当省领导颁发冠、亚军，一个侨商颁发季军，回到座位上坐定后，主持人宣布曹德旺颁发纪念奖。我从座位上站起来，此时雨下得很大，但没人理会，我稳步从主席台走向颁奖台，从礼仪小姐的手中接过纪念奖杯，在澳大利亚队队长笑盈盈地伸出手准备接奖杯的瞬间，我一扬手，将奖杯扔进了水库之中！

全场哗然!

"王浩你是高级骗子。"我高声骂道。

"我没有错啊。"王浩一脸无辜的模样,这让我更加愤怒。"你没有错个屁!"

刹那间,主席台上的所有人笑容僵在了脸上。

怎么回事?

大家还没反应过来时,澳大利亚队队长一个鱼跃,跃入水中,将奖杯在水中高高举起。全场响起了热烈的掌声。

我还在颁奖台上与王浩对骂,福建电视台的一名资深记者,也是我的好友快步上前,一把拉住了我:"曹总,怎么回事?"他劝道,"不要生气,雨下得很大,我送您回去吧!"

我压抑了许久的火正没处发呢,"TMD,……"我正骂得不过瘾呢,他一见不对,怕我在现场开骂造成更不好的影响,拉着我就往转播车的方向拽。"走走,外面雨下得这么大,到我们车上,我送您回去。"

"曹总,你赶快跑,今天这里是一级保卫,你再吵下去会被抓的。"这位记者说着,拽着我上了转播车,不由分说,让司机开车,直接将我送回工厂。

我为什么摔奖杯?

这事还得从头道来。

1987年年末的一天,省体委一位领导到公司来拜访,说要请我吃饭。

这是他第三次要请我吃饭了。中国有一句古话讲"无事不登三宝殿",一般而言,若平日里没有什么往来的人突然间和你套近乎且一再地要请吃饭,那他就一定是有什么事希望你能帮忙。

可是,我怎么能老吃他请的饭呢?

福建省体委主任,是我们福清县出去的为数不多的厅级干部之一，又是老前辈。我是性急之人，有什么事也从不藏着掖着。见他总说吃饭，却又不说是为什么事情，索性就将纸挑开了。

"老前辈，有什么事您就说吧，您每次叫我，我腿都会抖哩。"我笑着说，"您可是大官，请我吃饭不合情理。您说，什么事，只要我能办的，一定给你办理了。"

"曹总，您知道我是福清人吗？"他问。

"知道啊。"我点点头。

"我是东张三星人，东张水库南面的岸边。我今年60岁了，马上要退休，我想在退休前替福清做一点事情。"

"您的精神非常值得我们晚辈学习。您想做什么事情呢？"

"我想把东张水库介绍给世界。"他说，"东张水库太美了，可以做成国际的三艇训练基地。"

这的确是一件好事情。

东张水库位于石竹山下，建于1958年，水库总面积15平方公里，也是一个风景秀丽的人工平湖。

"福州历史上就喜龙舟赛。民间对此运动很积极，近年国际上也很流行，我想，通过在这里举办一个国际级龙舟赛，将东张水库通过这种方式向世界推介，让全世界认识我们福清，去争取将水库变成三艇训练基地。"

"我又不是体育界的，我能做什么？"我说。

"您可以赞助啊。您做一个国际赛事的赞助商，搞一个福耀杯国际龙舟邀请赛，您发冠军杯。这样福耀也在国际上出名了。"

"但我没有那么多的钱啊。"

"5万元人民币就够了。"

"5万元怎么够？"我很疑惑，这么大一个国际赛事，5万就能办？

"够的。省体委也会出钱，省政府市政府县里都会出点钱。您呢，就赞助那些个奖杯，5万块，足够举办颁奖仪式什么的了。"

"哦。"我恍然大悟，还能这样做事。"不瞒您老，我公司的投资总共才600多万，财不大气也不粗，不过，如果5万能解决这么大的事情，再困难我也拿出5万元支持您，以表达对家乡的感情。"

我伸出手，"饭就不要吃了，您合同拿出来，我跟您签。"

根据合同，福耀捐给福建省体委主办的国际龙舟邀请赛5万块，赛事命名为福建省"福耀杯"国际龙舟邀请赛，并负责颁发冠军杯。签好合同，王浩就走了。5万元，也按合同规定的时间打到了省体委的户头。

为此，我还专门到县委找元春书记，详细报告此事，并请元春书记在比赛时出面去颁奖。我说，"我一农民企业家，老土的，去颁奖好像不太能体现福清，毕竟，这是一场国际性的赛事。"

"这有什么关系，他跟你签了合同，就是你去颁奖。"元春书记也没在意。

过了两个月，省体委办公室项主任打电话找我，"曹总，您可以到我办公室来一趟吗？"

"项主任，什么事？"

"您来了就知道了。"

我放下工作匆匆忙忙去了福州，问项主任到底是什么事这么急。

他说："龙舟赛的事。省领导说国际赛事，用企业的名字冠名不妥，应该改成'中国福建国际龙舟邀请赛'，王主任让我来征求您的意见。"

"省领导说的都是对的"，不对怎么当官呢。"好吧，好吧，我没有意见。"

项主任欲言又止。"那好那好，我这就去向领导汇报。"

没两天，我又接到项主任的电话，希望我能到省体委一趟。

"又什么事儿？"

"还是国际赛事的事儿。"

在省体委办公室，项主任热情地泡了杯茶，端给我。

"实不相瞒，曹总"，他说，"如果改成'中国福建国际龙舟邀请赛'，作为一个国际赛事，排名就变成了第一、二、三、四名。原来定的'福耀杯'就只能做纪念杯用了。"

"我不明白。"我啜了口茶。

项主任犹豫着，像是在做着激烈的心理斗争。"曹总，事情是这样的。"他咬咬唇，"主任前段去印尼找了一个老板，他以融侨基金会的名义给了60万港币的赞助，这笔赞助比您的大太多了，因此需要调整。"

"哦，你们还可以这样做。"放下手中的杯子，我一字一句地说，"我今天告诉你，除非你不办这个赛事，要办，不要说我出了5万，就是只出5分钱和你签了合同，这赛事的冠军杯我就买定了，我绝不退让。"说完，站起来也不告别，径直出门上车回到宏路。

也许是项主任自觉自己的工作没有做到家，他一直打电话，希望能再和我谈谈。我虽然生气，但也不想和政府扯皮，所以让公司当时的公关部经理去跟他谈。

"不论你同他怎么谈，我的条件是要我让出冠军杯，体委必须把钱退回，加上利息，同时要在报纸上道歉。"虽然明知何丽未必能做到，但我还是这么交代何丽。

此君原是温泉大饭店公关部的经理，服务业出来的人，哪里有和政府谈判的胆？拖了一阵子，一直没有与省体委达成退款和登报道歉的协议。

转眼就到了比赛的日子。

那一天，我原不打算到赛场去。

一是那天有很多客人到福清来观看比赛，我要准备一桌子的酒菜接待客人；二是钱即使退不回，就算吃了个哑巴亏，同流氓也无话可争。我的打算是，叫公司传达室派个门卫去赛场，观看比赛，若有颁奖也不管是颁什么奖就让他去颁。

6月24日上午9时，一辆吉普车开进公司，车上下来一个人，拿着A4纸大小的一张大红请柬，"曹总，无论如何您一定要跟我去。我特意来请您去坐主席台和颁奖。"

"颁什么奖？"

"冠军杯啊。"

"那好，走吧。我想你不会那么好死，这下可好，我想放弃与你吵，你却自找上门硬拉我去的，我倒想看看你准备怎么办。"我说着，就坐上车跟着他们去了。

一进赛场，走到主席台前，我就知道我又被骗了。

我是怎么知道的呢？

看看主席台的座位顺序就知道了。

按照座位的排列顺序，我肯定不是冠军杯的颁奖人——人大主任坐第一位，副省长坐第二位，外商坐第三位，我坐在第四位，怎么会是轮到我颁冠军杯？我也不吭声，坐下来，一边和副省长聊天，一边耐心地看完所有的比赛，耐心地看完他们颁完冠军、亚军和季军杯，耐心地等到他们叫我上台颁纪念杯奖。

我的火，再也压不住，如火山一样，喷发出来。

这也就有了前头说的摔奖杯的一幕，被电视台朋友劝回。回到家里，睡了一会儿，气还是不顺。穿好衣，正想出门走走，一些朋友来了。

朋友中有一位是福州市的副市长，"哎，曹总，为什么生气？"一见我愠怒未消的样子，她关切地问道。

我一五一十地将事情的经过同他们说了一遍。

"这样看来，是体委做得不对。"明敏频频点头。

"他们在哪里？"

"在县政府圆形会议室里吃饭啊。"

"我去去就回。"我不理会他们的劝阻，叫上驾驶员直奔县政府。

从宏路的工厂到县政府，不过 15 分钟的路程。下车后，我直奔圆形会议室，开门一看，厅内觥筹交错，酒酣耳热，领导果然都在。

我径直朝主桌走过去。

"主任"，走到人大主任的身边，我对他说，"您必须叫体委把钱还给我，他是骗子，他骗我。"领导原本笑眯眯的脸立马乌云密布，他放下手中的酒杯："洪永世在哪里？"洪永世是福州市的市长。他这边一问，听见的人立刻捅着洪永世："主任叫你，快过去。"

我在主任身边，和他说话，他不理我，却叫洪永世，我当然知道是我惹他不高兴了，他要让洪市长来处理我。洪市长赶过来，很紧张地："老曹你跑哪里去了，喝酒怎么喝成这样了。好了好了，你先走。赶快走，赶快走！我明天会给你处理。"

他明里是同我说话，暗里硬拽着我，将我一直往门口推。一出门，他厉声说："你不要命了，快给我回去。"

第二天，因为省领导提出要处理此事，洪永世市长就约了市委书记袁启彤一同到省委。到了省委，汇报了昨日发生的事情经过以及领导要求说要处理的意见，所以特向省委汇报并请示该如何处理。

怎么处理呢？

省委书记、省长都坐在座位上，沉吟着。书记笑着没有表态，省长呢，拿起杯子喝了口茶，说："我看，登报批评他！"

袁启彤不愧是当领导的，有经验，一看两个领导的架式不同，就开口了："是不是这样，我们市里先叫曹德旺做一个检讨，再组织一个调查小组，调查一下事情的经过，再批评教育他。曹德旺这个同志，我是了解的，他个性很强，不然也不会做出耀华那样的企业来。"

"好吧，你拿回去处理。"袁启彤这一表态，书记、省长均点头同意。

从省委回来的路上，袁启彤就电话通知福清的市委书记陈元春，立刻赶到福州。见面后，袁启彤大致传达了省委的处理意见，说："你回去，跟曹德旺讲一下，能干也要收敛一点，锋芒不要那么毕露，到处得罪人家干什么？！叫他好好反省反省，就摔奖杯的事，写个检讨上来。这是省里定的。"

回到福清，陈元春把我叫到他的办公室。

"你这次篓子捅大了，好在袁书记保你。省委现在要你写检讨。"陈元春开门见山。

"谁说的？"我很好奇。

"袁书记说是省长说的，要你写检查。"

我忍不住笑出声来，"陈书记，我升官了，真开心。省长叫我做检讨，最起码，我是厅级干部对不对？"

元春书记也笑了，"快回去写你的检讨去。要深刻，要注意事态的严肃性。"

回到宏路，我就坐在办公室里一笔一划地写"我的检讨"。

我的检讨要如何写？首先当然是将事情的来龙去脉原原本本从头到尾一字不落地写下来，从省体委主任第一次在哪里请我吃饭，第二次在哪里请我吃饭，又请我做什么，第三次合同怎么签的，达成了什么协议，等等。最后写道：我的错，错在两个方面，一是发奖杯那一天我错不该去，二是错误地认为自己身为福耀的总经理，应该以维护公司的利益为天职。所以一念之差，在那样重大的国际赛事场合，把奖杯扔到水库里，造成了恶劣的国际影响。……

写完，自己先念一遍，有些小得意：什么恶劣的国际影响，但要表现检讨的深刻，只能自己往自己头上狠扣帽子喽。

我的检讨交上去后，袁启彤一字一句认真地看了一遍。怎么干这种糊涂事。袁启彤把秘书叫进办公室，"你去复印，副市长以上人手一份。再复印几份，送给省委书记、省长、副省长、人大主任等省领导。"

因为是在国际赛事上，又有众多媒体在场，这件事情后来传得很玄乎，人人都传曹德旺在国际龙舟赛上摔奖杯，会被抓。

看了我的检讨，省领导不再发怒了，摔奖杯的事，也渐渐地随着夏天的过去，鲜有人提。没多久，我听说，省体委主任退休了。

当然，他到了退休的年纪了。

后来，有中央电视台的记者说，如果我摔奖杯的那画面福建电视台有编成新闻播出，会获得当年中国的优秀新闻奖。是不是真的，我不知道。此一时彼一时也。我只知道，比赛的当天，福建电视台播新闻时，有一个主席台的特写镜头，我在上面。

这个故事一时成为省城福州与我家乡福清茶余饭后的热点新闻，轰动一时，什么版本都有，一会儿传出曹被北京抓走了，一会儿又怎么样了。更有那些自以为懂行的人认为大闹国际赛事，重则可判10—15年，轻则3、5年免不了；还有人说我太自不量力，不想想一个农民企业家，如果不是出了5万元钱，凭什么资格可以在这个会上主席台就座呢，还不知足。和其他故事一样，热了一阵自然就冷下来，在过几个月后我又出现在省报的新闻里，而且是表扬性质的，此时社会又掀起一波传闻，多数议论的是曹德旺有很强的政治背景，中央有强势领导保他，我听了还是一笑了之。但我很感激，很幸运，我确实遇到了一位好书记。

爱兵如子

福耀是 1987 年 5 月 29 日注册的。第一期工程投产是 1988 年 5 月。在这期间我们忙于建厂，申办各种手续，招工、出国培训，虽然只有625 万注册资金，我还是挤出了 80 万元建职工宿舍与食堂。到 1989 年春节，福耀已经拥有一支一百多号员工的队伍，并拥有自己的宿舍与食堂。春节前的 10 天，我亲自参加并主持了福耀史上第一次尾牙宴。

按传统，尾牙宴是老板对员工一年所做的贡献表示感激和谢意的表示。福耀的尾牙宴在传统的意义上，还增加了新的内容——借助这个机会，提供员工之间的交流与沟通，让员工展现自己业余的兴趣爱好和专长。第一次的尾牙，员工大多不敢上台表演，虽然他们都很有天赋。为了消除员工自我展示时的腼腆，我带头上去唱歌。在台上，我告诉他们，我们的舞台是不卖钱的，大家有能力，都应该上来表演，我们大家会给予掌声。"掌声代表什么？"我说："当你走上舞台，下面响起热烈的掌声，表示欢迎，欢迎你到我们的舞台来，为我们表演；当你唱砸了，也会响起掌声，这掌声，代表谅解，相信你将来会唱得更好；当你唱得非常成功时，掌声向你表示祝贺；当你唱得不好也不坏时，掌声向你表示感谢，因为你的存在，让我们在刚才的几分钟里得到欢乐。"

那时福耀的职工食堂还很落后，加上公司又没很多钱，虽然桌面上没有现在那么多的山珍海味，显得有些寒酸，但场面气氛却十分热烈，主要是用啤酒、饮料互敬。

从那时开始，福耀的食堂后来改成员工餐厅。食堂也罢，餐厅也好，几经更迭，从一个食堂变成了两个、三个、四个……十几个，无论福清、长春、北京、安亭、增城、重庆、武汉、双辽、通辽，只要有福耀工厂的地方，就有福耀的员工餐厅，也一定在每年新春的某一天，全厂的职工，从总经理至生产一线的所有员工，聚集在员工餐厅热热闹闹地欢度新年。让所有的员工在承接春节所凝结的优秀传统文化的同时，享受到福耀大家庭的欢乐和温馨。所谓家和万事兴，福耀这个大家庭的兴旺与发达，当然离不开中国文化的传承与发展。

每年的那一天，丰盛的年菜摆满一桌又一桌，全厂上下，围坐桌旁，一边欣赏着员工自导自演的各类节目，一边享受满桌佳肴盛馔，共同回顾过去一年大家努力付出的艰辛与成就，共同展望新一年的梦想与希望。

尾牙的传统从那时起一直延续下来，成为福耀企业文化一个重要的组成。"她，代表着团聚、喜庆、祥和，也代表着凝聚力、创造力、向心力。她，是一种精神，是一个希望，更是一股动力。"福耀的员工，曾经这么评价过福耀的年夜饭。

这是福耀建厂之初就形成的"以仁义为本"的管理文化。

老子说："域中有四大（道天地人），人居其一"，我们每天的工作都是在与人打交道。各级政府领导都是人，我们的员工是人，我们的供应商、我们的客户是人，与我们打交道的社会各界也是人。面对这来自方方面面的人，我们做的每一件事，都必须充分考虑人的重要性，要换位思考。就拿员工来说，人家把孩子送到福耀，就是信任我们，我们就应当把这些孩子当作自己的孩子来培养。我认为，企业是人做的，在所有的企业要素中，人是最关键的，坚持人本主义文化理念是企业成败兴衰的关键之所在。因而福耀始终坚持"以人为本"的管理思想，把每一个员工都当作福耀的孩子，为他们提供良好的成长环境。

企业有自己的宿舍与食堂，可以让员工有家的感觉，有安全感，因为当时的社会环境还是比较复杂的。但有了食堂宿舍，也给我带来些烦恼。这里有几个小故事。

1989 年的一天早晨，因为有事，我没吃早饭就赶到公司上班。走进食堂，我径直穿过餐厅朝食堂的窗口走去。那时已过了员工就餐的时间，餐厅里已无员工就餐，但餐桌上东一块西一块随手丢弃的包子皮、馒头蒂让我一阵揪心地痛：这是多大的浪费啊！我的员工就是这样地不把粮食放在眼里么？农民出身的我，看着那些馒头的边角，心疼不已。

"怎么回事，为什么餐桌上会扔那么多的包子皮馒头蒂？"我问炊事员，"是馒头不新鲜吗？"

"不是，曹总。因为人多，怕早上来不及供应，所以，食堂的馒头都是头一天的晚上就蒸好的。那些包子皮馒头蒂大概是年轻人耍酷，觉得手拿的地方比较脏，就直接把那一部分的馒头扔掉。"炊事员对我说，"刚开始并不多，后来越来越多，可能是有样学样吧，一个年轻人这么做了，其他的年轻人也都跟着这么做。"

眼前的所见所闻，让我很惊讶：在这之前，我们吃的粮食全部是凭粮票供应，一个成年人，每月只能分到 28 斤粮食。此时我们国家，也还有很多地方是要凭粮票购粮的。员工以这种方式用餐，表面上看，是不珍惜粮食，是对粮食的浪费。但这些小小的浪费，却从深层次反映出福耀员工队伍的素质，有待提高。回到办公室，我亲自写了一封《致全体员工的公开信》，《公开信》的大致内容是提醒员工，要注意提高自身修养，要学会尊重劳动，提升行为素质。我写道：公司成立两年来，已经实现基本建设投资 3500 万元人民币，产值 5000 万元，博得社会各界的高度评价，饮誉祖国大江南北。为此，我向为公司作出贡献的全体员工表示崇高的敬意和衷心的感谢。但是，"逆水行舟，不进则退"，我希望全体员工眼下要抓好三件事：第一，要戒骄戒躁，树立整体观念和集体荣誉感，正确对待成绩和个人的贡献，这是福耀公司保持长盛不衰的首要条件。第二，要尊重劳动，注意修养，提高素质。公司食堂餐桌上被扔掉的馒头和被掏了心的包子皮，说明公司里存在浪费粮食、践踏他人劳动的行为，且在公司没有得到有效制止，这是福耀人的耻辱。我希望员工们不要忘记，在中国这块 960 万平方公里的土地上，还有许多同胞吃不饱。第三，遵纪守法，共同奋斗，创建先进企业文化。最后，我希望全体员工严格遵守各项规章制度，以高度的责任感和荣誉感，去建设兴旺发达、具有世界先进水平的福耀公司。

《公开信》里，我还写了我小学时读到的一首诗，"锄禾日当午，汗滴禾下土。谁知盘中餐，粒粒皆辛苦。"《公开信》的结尾，是要求大家对此行为进行深刻反省。上午下班前，我让行政经理将《公开信》张贴在食堂门口。行政经理走后，我觉得仅仅靠这样的通告还不能解决问题，当下决定下午召开全体职工大会。

"今天，我在食堂看到餐桌的台面上丢了很多的包子皮馒头蒂，我相信，在座的各位，都有丢过。你们能告诉我，你们为什么扔吗？"我问。

台下鸦雀无声。

午饭的时候，员工们在食堂门口看到了《公开信》，都心生自责。我看着这些如自己孩子般的年轻人，他们都是朝气蓬勃的青年，应该让他们尽快从虚荣中解脱出来，这样才能真正地成长。"你们都是读书人，在座的每一位学历都比我高，但是，我没有想到，你们读了那么多书，怎么反而不明事理？"我严肃地说，"古人说穷炫耀，就是说没有钱的人才爱炫耀，为什么？缺乏素质，虚荣心使然。不珍惜粮食，乱扔馒头蒂包子皮行为十分不雅，这不能证明你家富有，恰恰相反，从这里可能暴露出你家的贫穷与你内心的自卑。你们认真想一想，你们的这种行为不仅仅是浪费，更严重的是自身修养与素质严重低下的表现，这是对他人劳动极不尊重的行为。试想从农民种麦子到变成馒头上桌，有多少人为此付出过劳动，你怎么可以把它一扔了事！"

我很生气。最后我宣布一条决定："为了让你们更深刻地记住这个道理，从明天开始，我决定早餐停供3天馒头。"

从此，福耀食堂的餐桌上再也没有被丢弃的包子皮馒头蒂，甚至连米粒都难看到。

当然，一线的工人干的都是体力活，早餐不吃馒头只吃稀饭肯定不行。孩子们的思想要教育，食堂的服务也要做好。因此，我通知行政经理与食堂商量馒头不要提前一天做，而是让师傅辛苦一点，凌晨起来做保证它们新鲜。

还是那一年，有一天，工会主席姚照熙走进我的办公室。

"曹总，你应该出来制止新任财务经理左敏的一些不良行为。"站在我的办公桌前，他严肃地说。

"发生什么事了？"我将视线从正在看的文件上移开，抬起头看着他。

"太丢人了！太不像话了！"姚照熙激动地说，"他的女朋友也在我们公司工作，两个人还没正式结婚，却经常偷偷同居。比如礼拜天本地的工人都回家了，男职工宿舍有空，他的女朋友就与他睡到一块了。有时候为了与女朋友同居，他还会把与他女朋友同舍的其他女工赶到其他宿舍去睡。"

"这件事有那么严重吗？"我反问。

"很严重，传出去，会严重破坏公司形象，您知道吗？"

"哦。那好吧，我找左敏谈谈。"

因为姚的身份不同，他是工会主席，兼这里的党支部书记，所以我一直都很尊重他。

姚照熙走后，我通知秘书将左敏找来。

"既然你们两个人相爱，一起来公司工作，为什么不把婚事办了，免得一些人多嘴多舌？"我直接问道。

"曹总，不是我不想结婚。我的家庭经济很困难，户口又在沈阳原单位。因为辞职离开原单位，现在原单位不肯开结婚证明。……"左敏说。总之有许多困难存在。

我点点头，左敏的困难的确也是现实。但工会主席的担忧也不无道理。我想了想，对左敏说："你还是想办法弄到证明将结婚证领了，至于你们结婚所需的费用，我来想办法。"

公司里 80% 是年轻人，像左敏这样的绝不是个案，应该有代表性，有共性。职工的困难，就是我的困难。要想办法，突破解决。

送走左敏，我把姚照熙主席找来，与他探讨针对我们公司工人未婚的多，加上现在社会普遍收入不高，但红、白喜事的举办铺张浪费很厉害，家长与职工都难以承受。如果没有一个有效办法出台，久而久之工人承受不了，会选择离职，这对公司是一个损害。那一天，我们统一了两件事：第一件事，是出台一个刚性规定。1. 限制员工家里红、白喜事在公司发请帖，违反者按发帖数量每张罚 500 元；2. 禁止职工接受邀请去参加这些喜庆宴席，违者罚款 1000 元。这个规定一方面是给那些喜欢虚荣的年轻人一个台阶下，并减轻他们的经济负担；另一方面则是在公司内倡导节俭之风，抵制铺张浪费的现象。第二件事，每年年中，由工会出面，在员工中实行婚礼登记制，凡当年欲举办婚庆典礼的员工，可借公司年终尾牙宴会时一起举办集体婚礼，做到严肃、喜庆、隆重。

1990 年春节，公司如期举办尾牙宴，并为 6 对年轻人举行了集体婚礼，左敏与其妻李淑红也在其中。我为他们证婚。这是福耀史上第一次在尾牙宴上举办集体婚礼。我给他们每一对新人布置了新房，送了套沙发。虽然朴素，但婚礼办得很热闹。在那场尾牙宴会上，我告诉员工这个文化将在福耀长期存在。

相隔 16 年之后，2006 年，福耀福清公司的尾牙上，同样举办了 6 对新人的集体婚礼。6 对新人都得到了我送的钻戒。当盛装的新人们从后台手牵手深情款款地走上舞台时，全场员工一片喝彩。我很高兴为他们证婚。我希望每一年都能有这样的证婚机会，今后还有更多的福耀新人，在福耀开花结果。

如今，随着公司不断的壮大与发展，尾牙宴也逐渐变成了今天的新春晚会，有如艳丽的牡丹盛开在遍布全球的福耀企业，成为每年春节福耀企业文化中一道靓丽的风景线。

曾有人问我如何当好一个总经理，我说首先要将自己放在老板的位置上，虽然只是总经理，不是老板，但要记住这是你展示才华的舞台，所以要珍惜。其二，要爱兵如子，要像父亲对待儿女一样对待员工，从德、智、体发展全方位去关心他们，因为他们才是企业真正的财富。当然，遵纪守法，诚实守约，这是必不可少的。

请客的艺术

福耀的前身是高山异型玻璃厂，做过水表玻璃，因此，福耀搬迁至宏路生产汽车玻璃后，偶尔还会接一些利用边角玻璃生产出来的玻璃产品，比如景观地灯用的玻璃。

曹宗辉就和香港的一位郭姓经销商签订了这样的合同。一片玻璃售价 5 毛钱。

用边角玻璃的废料，还能再加工生产出产品产生利润，当然是很好的一件事。

1989 年我去香港。到香港时正是中午，郭总请我吃午餐，席上都是鱼翅、燕窝。饭后送我回酒店休息，到了晚上他又要请我吃饭。吃饭就吃饭，我也就应承了。结果席间又都是这些名菜。我们边吃边聊。知道我没有去过夜总会，饭后，他又带我去了尖沙咀的夜总会。到了那地方，我们坐上马车，马车嘀嘀嗒嗒将我们送进大门，一下车，脚就踩在了地毯上。地毯长长的从大门一直延伸到楼前，两边一溜儿站满了盛装的小姐。客人从地毯走过，边走边挑选，选中了就带走。我一看，这阵势，傻了：这样的排场要花多少钱啊！得赶紧打住。

"坏了!"我对郭总说:"这个地方不能来,来了我就要回不去了。我是大陆过来的,这里可能还有很多中国的情报人员。我们不玩了,还是赶紧回去。"

郭总一听,也傻了。急急找来妈咪,跟妈咪说明情况。

妈咪原是笑脸相迎的,听完郭总的话沉着一个脸。我在一旁看了,急忙拿出中国公安出入境管理处发的深蓝本:"真是不好意思,我从大陆过来,拿着中国的护照,我们出境有规定,到您的夜总会会有麻烦。万万原谅。"说完,我塞给她几百块钱,她收下,很不乐意地接受了。

我们立即转身灰溜溜地跑出来,找到一间咖啡屋。点完咖啡,惊魂未定。

"你是做什么生意的?跟我们公司做什么业务?"我问。

"曹总,我们主要是卖小玻璃。你们公司用边角料加工成产品卖给我们,现在存在的问题是质量不稳定,也不能准时送货,这对我们有影响。"郭总絮絮叨叨,我仔细认真地听,心里暗想:你花这么大的本钱请我只是为了告诉我这个吗?会不会还想要做什么生意?

"曹总,你们能不能准时供货,保证质量?"郭总用恳求的眼光看着我。

"你刚才说是用边角料做的产品?"

"是的,你们公司用边角料加工,卖给我5毛钱一片,在你们公司是无本生意。"

我听了,笑了起来,问他,"您赚不赚钱?"他说:"当然赚钱,这叫百利。"

此时,我内心深处还在琢磨,他为什么会花这么多时间和金钱接待我。在了解了他的真实意图后,我意识到我们公司在这个产品报价上出了问题。

"边角料是切玻璃剩下的，很小的就不能用了。如果没有适合于这个规格玻璃的边角料，工厂就不可能按时供货；又因为是边角料做的，所以规格也就有可能出现一些偏差，而工厂，又不可能把好的玻璃专门拿来做你的产品。"我喝了一口咖啡。接着对他说："你卖这个观景地灯玻璃，赚钱的话，就不要要求用边角料来做。你就该跟他们签正式的合同，明确规定产品的标准和交货的时间，如工厂不能按合同交货，就要工厂赔偿。"

"恩，有道理。"郭总不停地点头。

"要有好的产品，好的供货时间，你不能贪这个便宜。"我继续与他说。

"那么如果不用边角料做，每片要多少钱？"

我说："玻璃深加工，关键两道工序，一是磨边，因为您规格小，每片都要磨边，您算一下边周长，就知道；第二道工序是钢化，这个工艺如大玻璃差不了多少。"基于材料在成本中比例不大，我帮他计算一下，认为如保证按高标准要求交货，计入风险金，单价要提到每片 1 元。他说，只要保质、保量、按时交货，他可以接受。

回到酒店，我立刻挂通了曹宗辉的电话。

"如果香港的郭总要找你签合同，每片玻璃你同他开价 1 块 2。他如果反对说你老板才要 1 块，你再按 1 块和他签合同。"

郭总没有想到，他那么好吃好喝地招待我，我反而变相地提了他的价！这件事也让我反省：企业的接待工作一定要适度，不可以过于铺张，否则易引起相反的效果，让客人怀疑个中另有蹊跷。像郭总，如果他不是那样奢侈地请我，我就不会注意到他的暴利——草坪上的地灯都卖得很贵，郭总从福耀以 5 角进的玻璃，卖出去价格至少也在三四元。所以我果断地以不用边角料生产的名义，提高了售价。我们翻了番，当然也是暴利。而郭总，即使依然卖三四元，他依然有两元左右的差价，肯定也会接受。

果然，他接受了。而且，稳定的产品质量和稳定的货源，又为他带来了更多的市场客户。

因为我用这个案例教育公司的销售人员。后来，郭总也听到了这事。据说，他从椅子上跳起来，大叫："以后，把我拿去枪毙，我也不会请曹总吃饭了！"

四问石竹

第四次抽签大概在 1989 至 1990 年之间。

那段时间，市面上热销《弘一大法师李叔同》一书。这本书写的是近代弘一大法师李叔同的传奇人生，他出家当和尚的过程。李叔同的一生 63 年，在俗 39 年，在佛 24 年。其生其死都充满诗意和神秘色彩，仿佛一切都是事先已设计好了的，又仿佛是演完了一场人生大戏，在人们还没有品出韵味的时候，便匆匆卸妆收场，留下遗憾万千。观其一生，半为艺术，半为佛。其一生光明磊落，潇洒飘逸，道德文章，高山仰止。

看完李叔同的传记，回头看看自己，虽然生意做得不错，但每天都必须坚持工作 16 小时，每月出满勤，得到的亦不过是三餐果腹。与世间流传"山寺日高僧未起，算来名利不如闲"的生活比较，僧家的生活更让我觉得惬意无比。

因此，我萌生了效法李叔同，走出家之路的想法。

此事惊动了社会与家庭，各方面来劝阻，给我带来了不小压力。迷茫之中，我又想起了石竹山抽签。老和尚看着签，告诉我："曹总，您今生有佛报，却无佛缘。"

"就是说，您虽与佛有很深的缘分，但没有出家的缘分。"

看着我有些失落的表情，老和尚安抚我说："曹总，您要注意身体，安心工作，注意劳逸结合。既然您能到这里问，说明您还相信仙公，他以前告诉过您，您的晚景会有很好的福报。静下心，好好地去把企业办好，别动这个念了。"

我下了山，采纳了老和尚的意见，从此绝口不提出家的事，安心工作。

这次也是我上石竹山抽的最后一个签。

为了国徽的庄严

1991年福耀股票成功发行，募集了2千多万元。

这是第一次见到这么多钱。那感觉真好，好像自己真像一个富豪了，但却不知应投资什么？

有人建议参股IT业，有人建议做房地产，有人建议多元化经营。讨论的结果，是听从县政府的建议，涉足房地产，开发福耀工业村。

由福耀玻璃工业股份有限公司、福清侨乡建设投资有限公司、福清宏路地产建材厂、福清市信用合作社、三益发展有限公司和澳门华隆发展有限公司等公司共同组建福耀开发工业村有限公司。县政府在宏路镇提供了一块500亩的地，意在以福耀工业村的建设为起点，形成连片开发，拉动福清的西大门项目建设，做一个福清的形象工程。

做项目前，请来了台湾的规划专家，进行论证。当时的设计是，以两公里半径的人口为基数，规划一个大型的超市商场。因此，福耀工业村开发总体规划，是工业厂房、住宅、商场以及加油站等项目。工业厂房安排了与黄照满合资的高分子项目，同时盖了四座标准厂房，还有一座加油站，最关键的一栋建筑物就是现在的福耀集团员工宿舍大楼。原规划这座楼共 9 层，地下一层，地面裙楼二层、三层是作为平面空间上面设计有 13 座多层建筑，规划是住宅。整座楼建筑面积总计 15 万平方米。因为考虑这是其中最重要建筑体，当时也是没有经验，只想着应该找一家知名度高、有实力的建筑公司承建。就这样，这个工程，选择了总部在三明的福建省第一建筑公司。

没想到，承包方省一建将任务下达给了第四分公司。

按照合同规定，整个项目必须由省一建直属施工队承包。在他们拿到首笔预付款进场后，做的第一件事，就是将地下室施工外包给了他们长期的合作户。只要有一点基建常识的人都会认为，这不正常，因为做基建核心利润是在基础工程，他们却拿去外包。我们派人告知对方总部，声明对方违约，同时提醒他们目前发生的现象不正常，但我们没有得到省一建的明确回复。

接着发生的事是，施工方施工过程违章作业。如按规范已拌好的混凝土必须近距离浇灌，但施工方就在地面将水泥倒入距离 5.5 米高的地下。原定 18 个月完成整体工程，施工方做了近两年，才完成至地面二层裙楼工程。此时，我们发现，已浇注好的地下室不仅到处呈蜂窝状，柱梁歪歪斜斜，而且漏水十分严重，施工期地下室整层蓄满了水。

但我们对他们的野蛮施工却一点办法都没有。1993 年 11 月，我们提出协商，要求对方退出这个项目，并达成协议，按对方已做工程量验收结算。

省一建同意退出这个项目。他们的夏总也亲自到场签字。但我方施工人员认为地下室严重漏水，不符合验收条件，要求对方修复，双方为此事发生争执。夏总到我办公室商量此事，我将我方施工人员意见转告他。

"这是绝不可能发生的事。"夏总说。

因为此时地下室水是满的。省一建讲"这是因为时间长了，经常下雨流下去的水"。我方施工人员说"水是从墙边漏进来的"。要解决到底谁说得对的问题，"很简单"，我说，"是否漏水，承担漏水责任，那么检查是否漏水是十分容易的事。拿几台水泵下去一抽，抽干了地下室水，不就解决问题了吗？"

夏总惊呼："曹总，你真是天人，想到了这样一个好办法。"他最后发誓，"曹总，我的工地要是漏水我就绕着工业村爬三圈。"

6台水泵被调到工业村工地，管子伸到地下室，抽水抽了几天，水只下去了10几公分。再多调了10台水泵，又抽，这次地下室的水明显下沉，下去了50几公分，现场的人都看到墙体处水如泉水般哗哗地冒出来！

找到了漏水源，四建的人就跑了。

春节过后，我收到一建夏总的道歉信，承认漏水并承诺派工程队来修好。

看完信，我收了起来。也没有多说什么。

地下室漏水主要是由于施工单位违章作业及偷工减料造成的。由于浇筑混凝土时没有达到标准的密实程度，产生了疏松、狗洞、蜂窝等现象，形成了渗漏水的通道，使变形缝（伸缩缝）墙体、底板和顶板及穿墙管部位产生大量漏水，很难修。要修，得先在墙外将填土重新挖开，洗净墙再做防水。如果是地面冒水，就更难修了。

春节过后，工程队进场干了一两天就停了。

"尾款不过几百万，而修地下室，则要花七八百万，对于四建来说，当然是一个不划算的买卖。"工地向我汇报了这个情况。"他们要告福耀。他们一建有一个姓钟的工头，同学在省法院当庭长，放话说不要修了，只要200来万就保证打赢官司。所以，他们会选择后者的。"

我不相信。我不相信在共产党的天下，还有这么黑暗的事。

但没过一周时间，我就收到福建省高级法院经济庭的传票。

省一建告福耀拖欠几百万的工程款。

接到传票，我决定应诉。问律师，律师说不要什么材料。可是法庭辩护不是要答辩状的么？直觉不对，担心遇到突发状况，我决定自己去找资料，包括合同，所有的工程质量记录，还有省一建夏总的道歉信等等，准备了大量的资料和证据。在法庭上，律师话不多，反倒是我一直在陈述。我将收集的资料和证据都拿出来，"证据都在这。不存在欠款，存在的是工程质量问题。应该先质证合同，是否有质量违约，再谈欠款。"法庭上我这样主张。

但法官说："我不问这个。我只问你有没欠工程款几百万。"

"整个合同 3100 万，是包括地面上的工程，可是现在只完成了地下室和地上的两层，他已经拿了 3300 万了。"我在法庭上据理力争，"上面的六层楼都还没盖，您说有无欠款？而且地下室严重漏水。"

"我不问质量，只问你是不是欠他的工程款。"

"您为什么不问您欠他什么钱？"

"曹德旺你比律师还律师啊。"庭长孙逸民说。

"没错，我听说你拿了人家 200 万就包他们赢，我就不相信，共产党能允许这样的行为。"我愤怒了："打到联合国我也打下去。"

愤怒归愤怒。

法庭不理睬愤怒。

庭长宣布休庭。过了两天，接到判决书：福耀必须支付尚未支付的工程款。

我提起上诉，到最高院。这次判得更快，判决书不到一个月就下来，维持原判。

我就找省人大，省人大说不能干预司法，让我去找法制办。法制办的人详细听我叙述完整个经过后，给我提供了另一条思路：你也去告他！于是我去北京请了一个大律师咨询。

北京地平线律师事务所的律师告诉我：既然法庭说不管工程质量的问题，只管你工程款的问题，那么你就去告他们工程质量的问题。你要去请中国最权威的质量认证机构来鉴定，确认是不是质量问题。同时，你到福州中院提请诉讼保全。

于是，我请来了国家技术监督总局认证的国家最权威机构为我们的工程质量做鉴定，他们出具了工程质量问题鉴定书后，我们就用这个作为保函，到福州中院起诉。只要他们赔我们了，我们再用他们的赔款来付他们的尾款，就这样做成保全诉讼。经历了近两年的时间，福州中院判下来，判我赢。

福州中院判决省一建必须返工，延误的工期应该赔偿。

省一建不服，自恃有孙逸民撑腰。他们又告到省高院。这下，省高院不敢乱来了。

"争的不是钱。是为了人格的尊严，共和国国徽的庄严。这个项目总共也就投了几千万，虽然有损失，但是合资企业，对福耀损失不大，但对社会负面影响极大。"

这个案件最终以最高院出面调解结案。

官司从1994年一直拖到2000年才结束。结果双方各负一半责任，后来还是给了省一建几百万。地下室的漏水，最后是福耀自己另找工程队修好，工业村才投入了使用。

为了共和国国徽的庄严，为了一个真理，我损失了3000多万7年的利息，直接与间接损失累计近亿元人民币。

又见风波

1989 年下半年，中央下发了一个文件:《关于加强党的建设的通知》，对企业党建工作中的一些重大问题，提出了原则性和政策性的规定。文件下达后没多久，县委组织部、统战部、外经贸委，联合到福耀进行调研，探讨合资企业里建立党委的问题。

他们希望能在福耀先建立党委做个试点，因为在福清的合资企业里，我是县里的政协常委，而且福耀是最讲政治，做得最好的。

在这个调研会议上，我向来调研的人介绍了福耀公司情况，我们公司是实行党、工、青、妇合署管理，由工会出面，有意识地聘请了省机械研究院一个支部书记，行政上任办公室主任，并推荐给工会参选工会主席，获得成功后，统领党、青、妇工作。"根据目前公司的经验以及其他地区企业反馈的情况看，我认为我们的政府应去履行原来的承诺，即:外商独资或合资企业最高权力机构是股东会、董事会。"我介绍完福耀党组织与工会的情况后，我在发言中说:"现在有些企业经常发生下班时搜工人身的行为，这是一个十分严重的侵权问题。我们的政府就该先想办法有效地制止企业的这种侵权行为。现在提出违反我们过去承诺的要求，我认为会得不偿失。如果是形式上的需要，我认为这样的形式还是暂免，应去推我们的主流改革开放，切实有效地保证党与政府的管理地位。"

"为什么不能设立专职的党委？"联合调研小组的人问。

"成立党委，总经理是听党委书记的还是听董事长的？领导企业的是董事会还是党委？为了不出现这样的矛盾，不专设党委。"我接着说，"如果一定要合资企业里专设党委，那企业为了避免发生这样的事，招工时就可能不招党员。因为没有党员就不要成立党委了。如真发生了这样的事，我们就被动了。"

我建议：合资企业可视情况决定在大国有与外商合资的企业设点，而像我们这样的小企业或外商独资企业，则要尊重他们的意见。没设党委的企业党员的组织生活全归到开发区管理。

我的这一意见被福清县委采纳了。

几天后，在一次省委书记主持的党建会议上，市里 W 部长发言了："我们福清有个叫曹德旺的，他公开讲如果要在合资企业成立党委，我招工不招党员。"

他的话一落地，会场一片哗然。坐在主席台上的书记抬抬手："曹德旺是自己人，如果有什么话讲错了，可以批评教育。"

"这话是您亲耳听到的吗？"坐在市委组织部领导一边的一位地市书记悄声问。

"下面汇报上来的。"市委组织部领导说。

"讲这话，会死人的。不是亲耳听到的，千万不能乱讲。"这位书记跟上一句。

1989 年，已经有如砖头一样的大哥大了。因此，厦门会上发生的一切，在不到一小时的时间里，我就知道了。

市委组织部 W 部长，虽也是福清人，我认识他，但没有交往，也没有得罪过他。所以，我并没有理睬。

可是，过了七八天，福州的传言越来越多，风声也越来越紧，见面时，人人都说曹德旺这次完蛋了。反党啊，是政治事件，这可不是开玩笑的事儿。

后来有人告诉我，"福清市采纳了您的建议，肯定是经过福州市委书记同意的，因此，他知道这是怎么一回事。不过，省里您还是要想法去解释一下。"我觉得有道理，决定亲自去向福建省省委书记汇报并解释此事。因为 W 部长是向他报告的。

在省委大院，书记的办公室，我见到了他。向他汇报了事情的经过，"一个市委组织部门的领导，怎么能在全省的党建会上断章取义栽赃于我？我请求书记派人向福清市委核实。"我说。

"你先回去，我叫人下去调查一下。"书记说。

后来，派了当时的省委常委秘书长下来调查。调查结束后，秘书长特意拐到福耀，"老曹，这事查清楚了，确实如你说的那样。这事我回去会和书记汇报。此事到此为止，你安心将企业管好，福清市委对你的评价是很高的。你好好工作吧！放心。"秘书长劝慰我道。

关于非公企业的党建，有人总结说，在非公企业开展党建工作，不能孤立地谈党建，必须坚持以党建带工建、团建、妇建的思路，同规划、同推进，形成相互支持、相互促进的新局面。一是阵地建设上坚持"一室多用"，把党员活动室、职工之家、青年之家、妇女活动室四块阵地整合为一块阵地，统一悬挂"党群活动室"牌子，由党群组织共同建设、共同管理、共同使用。二是在职位设置上坚持"一人多职"，可由党支部书记兼任工会主席，党支部宣传委员兼任妇代会主任，从而充分整合人才资源，构建起党支部牵头抓总、工青妇密切配合的协作运行模式。三是在活动组织上坚持"一同参与"，在党群活动的策划和安排上，由党、工、团、妇共同牵头，相互支持、相互促进，为企业科学发展、和谐发展贡献力量。

福耀开始就是这样做的。福耀的党员，从那时到现在，已经从 10 人左右发展到 500 多人，党支部，也升格成了党委，下辖 15 个支部，集团的副总裁任党委书记，兼集团工会主席。

福耀的党组织，紧贴企业发展的实际需求开展党的工作。福耀的党员，已经像春雨润物一般融入企业的肌体之中，成为企业竞争力的重要组成部分。2011 年，福耀党员参与并获得实用新型专利 5 项、发明专利 1 项。在集团创新奖评选中，党员参与并获奖的有一等奖 6 项、二等奖 3 项、三等奖 9 项。汽车玻璃党支部共提出 575 项合理化建议，其中被采纳 457 项，创新改进项目完成 82 个，累计项目收益 2789 万元；巴士玻璃党支部共提出 398 项合理化建议，其中被采纳 229 项，创新改进项目 68 个，为福耀的健康发展起到了积极作用。

2011 年福耀党委被评为福建省先进基层党组织。

而我和 W 部长，倒也算是不打不相识，后来成为了朋友。

守雌

大概也在 1995 年，我接到上海锦江饭店总经理助理袁辽俊的电话。

"曹总，您在福州吗？我有几天的假期，想到福州玩几天。"

"我在，欢迎您来。"

袁辽俊是一个文质彬彬的人，他曾经说过想近距离接触，跟我学习。

我安排人带着他到福州周边游玩。省高院开庭时，他也去了，坐在庭上，旁听。最后一天，到福耀工厂。我陪着他参观了夹层车间和烘弯车间，回到办公室，我煮水泡茶。

"曹总，我看您很喜欢读书。"袁辽俊站在我的书架前，边看书架上的书，边问："《曾国藩》这个书看过了吗？"

"没有。"我抬头看看他，"茶泡好了，过来喝茶。"

"我回上海后，给你邮一套过来。"他坐下，喝着茶。"好茶。"

"好啊。谢谢您啰。"我说。

他回去后，果真就寄了书来。

那段时间，很忙，每天也只能看几页，花了两个月的时间，我才看完全书。

那段时间，有两本书很畅销。一本是《胡雪岩》，一本就是《曾国藩》。有人说：当官要学曾国藩，经商要学胡雪岩。

我不是官场中人，袁辽俊却要我看《曾国藩》，自有他别一番的用意。

什么意图呢？想不明白。

于是又将《曾国藩》从头到尾看了一遍。

还是看不出所以然来。

我就不服气了，再看一遍。

这一回，看明白了。

曾国藩在湖南江西官场处处不得志，很大程度上与他强硬、锋芒的性格有关。心情低落到极致的曾国藩借为过世父亲守孝的机会，逃避眼前这个烂摊子，回湖南老家好好休养调整一番。在这一年半里，他对自己出兵以来种种言行进行深刻的反思。他不断地回忆这些年带兵打仗的往事，每一次回忆，内心都增加一分痛苦。一年多里，他便一直在痛苦中度过。比起六年前初回荷叶塘时，曾国藩已判若两人。头发、胡须都开始花白，精力锐减，气势不足，使他成天忧心忡忡。尤其令他不能接受的是，两眼昏花到看方寸大小的字都要戴老花眼镜的地步。他哀叹，尚不满五十岁，怎么会如此衰老颓废！后来，干脆称病卧床不起，不吃不喝。这可将曾国荃急死，到处求医，问卦，均无效。是时村里来了一个颠和尚自称能治百病。曾国荃将他邀至家中，却见此人又颠又丑，但实在没办法，家兄病入膏肓，只要能治好，还管这些做什么，所以就求他给曾国藩看病。和尚不但同意，而且说包治好此病，曾国荃就将其带到曾国藩床前。颠和尚为其号脉诊病，片刻颠和尚来到厅堂，要曾国荃备好纸、笔、墨要为其开药方，并要曾国荃跪于厅堂香案前紧闭双目，一个时辰后起来，将药方送到曾国藩手中，你哥哥不用服药即可病愈。曾国荃按照他的嘱咐办了。当曾国藩看到药方上写的却是 4 句话，12 个字"敬胜怠，义胜欲；知其雄，守其雌"时，他一惊，立即坐起问其弟"人呢？"弟即去找，尽觅村巷不见其踪，再回到房中，却见曾国藩能下床走动，惊叹"真神"。

从这里，我看到袁总的用意，他是在告诉我学会吃亏、守雌。我拿起电话打给他，表示感谢，并要他请名家帮我将这 12 字书写成对联给我。

此联在我办公室挂了八年。

敬胜怠，义胜欲；知其雄，守其雌。

失信的报应

1991年股票成功发行后，除了建工业村，福耀还涉足装修公司、加油站、配件公司、高分子公司，还有香港的贸易公司，等等。

先说高分子公司。

福耀有一位副董事长，叫黄照满，来自美国，我一般都叫他黄博士。他是做塑料的，高分子专家。在董事会上，他提出在福耀厂区内搞高分子项目，跟他个人合资。他占49%，福耀占51%。这个项目在董事会上获得了通过。

高分子项目的建设，差不多与建工业村同时。

山东过来的祝总过去当项目的总经理。

设备是向美国科纳公司订的，黄照满推荐的公司。有一天，他带着科纳到福州，希望与福耀高分子公司签订设备采购合同。

傍晚的时候，我带着祝总从福清宏路出发，到他们入住的福州外贸中心酒店，与他们会面。

"曹总，我跟科纳很熟悉，是多年的好朋友，是我当时在台湾时的老供应商。这次给我们的设备价格很便宜，他们只要了350

万美金，如果你们单独买的话要六七千万美金。"黄博士得意地说着。

一旁的祝总却听得眼睛都瞪大了，"老板，您能不能出来一下？"祝总把我拉出去说，"老板，那光头前天传真的价格是 315 万，他怎么多出 35 万呢。"

这事我知道。在他们来之前，我就收到美国科纳的传真，设备的报价就是 315 万美金。"黄照满是股东，他有一半的投资，多出的钱，他也要出一半，我们暂时别出声。"我悄声对祝总说，"不要急，我们回房间去接着谈。"

回到房间，我对黄照满说："价格方面没有问题。我们不懂技术，你是专家，那么技术合同就麻烦你来起草吧，明天我们同他签商务合同。"

"好的。"黄照满点点头。

接着我就请他们吃晚饭。席中黄先生继续在吹他为这次能买到这么便宜设备的功劳以及高分子工厂的未来前景。

第二天上午 7 点，我们接着昨天的话题谈。

但第二天上午见面时，黄照满没有拿出技术合同稿。

"曹总，我没有起草。我和他们很熟悉，我认为不用做这个合同的。"他说。

"你们熟悉，我不熟悉，而且中国外贸规定必须有技术合同。"我说。

"我担保，OK？"

"你担保？OK。不过"，我双眼盯着黄照满，这家伙看来还真想吃这个腥。我的脑子迅速思考，瞬间想到了一个让黄照满吃不了兜着走的办法，"你担保，用你持有的福耀股份担保？我们不接受空头担保。"

"可以。"黄照满说，此时他压根儿不在乎用什么担保，只要能签合同就可以。

"那好，我要与你签一份担保合同。"办好担保合同后，我说：
"可以直接签商务合同。一切付款由你做主，你说付款我就付。"我干
脆利落地说，"绝对相信你。"

当时，一旁的科纳似乎听不懂我们之间的交锋。但其实，他完全
听懂了。

合同签好后，付了10%定金，也开了信用证，但半年过去了，
厂房已经盖好，设备却不见踪影。问黄照满，黄照满连连跳脚，说：
"完蛋了，科纳破产了。"

"科纳破产？那你怎么办？这个设备交易讲清楚是你负完全责任
的。"我说。

于是我们直接联络科纳。

科纳说："黄照满欺诈你们，我有足够的相关证据，现在就过去，
把资料送给你们。"

我将科纳的回复传真给黄照满。收到传真，黄照满很紧张，打来
电话。"曹总，您不要接待他们，他们是骗子。"

"这可不行，卖方来买方不接待，可能不利于解决这个问题吧！"

"一定见面，我也参加。"黄照满说。

"可以。就安排在香港会面。"

为这次会面，我请了3个翻译。

那天的见面充满了火药味。

科纳一开口即说黄照满欺诈股东，"曹先生，我们报价315万美
元，他和我们谈价到300万美金，但是却骗你们是350万美金。"科
纳说，"在我们美国，联邦法规定，这是要坐5到10年牢的。"

黄照满坐不住了，他紧张得跳起来。我拍拍黄照满，"不要紧
张，坐下，我来处理。"然后转向科纳，"科纳先生，我先前就收到

您 315 万美金的报价传真，给 350 万是我们董事会做的决定。"我对科纳说："我们中国做生意需要打点，多出的 50 万美元，是给黄博士做公关用的。所以账从他这儿走，这是我们自己内部的事。您以这个为理由不把货交给我，是你们美国人不地道，您必须履行交货的职责！"

"哈哈哈哈……"科纳仰天大笑，"曹先生，您是我见过最聪明的中国人，我没有问题，福耀的设备，还差一些零件，如果有 30 万美金的话，就可以发货给您了。"他推过来一个文件密码箱，接着说："资料都在这个箱子里，我送给您。我相信有一天您会与黄照满打官司，用这箱子里资料，在美国告他，您包赢。"

我收下了他的资料，并表示感谢，还告诉他，我相信我不会和黄博士打官司。

事情算是圆满解决。

送走科纳，黄照满请我在富丽华酒店吃饭。正是正午时分，为解渴，我要了两瓶啤酒。

"曹总，真是日久见人心啊，我对不住您。"黄照满絮絮叨叨地解释："科纳是流氓，我被骗了，您开的信用证他拿去贴现，之后说破产了，如果有 15 万美元付工人工资，就可以发货。我汇了 15 万美金过去后，他又说，若再汇 10 万美金，就可以令公司再转起来，结果我汇过去了他还是没有转起来，我一共汇去了 25 万美金。这回，他又开口说不够，要 50 万。我本来只多拿了 35 万，我哪里有那么多的钱给他？"黄照满喝了口酒，急巴巴地，就怕我不信他的解释。"您今天真的是给了我面子，现在我还剩下 5 万美金，我再加上 5 万，给您 10 万美金，这就给您个人！"

"你别弄脏了我的名。"我自顾自地吃着，"我曹德旺这三个字不是 10 万美金可以买的，我现在口渴肚子饿，先吃了再说。"

"呵呵，那我就先敬曹总一杯。"黄照满涎着脸，凑过来，手上捏着酒杯。

我伸手挡开了他的酒杯，拿起餐桌上的白方巾擦了擦嘴和手。"我吃饱了。黄博士，你说，此事我们之间要公了还是私了？现在我们来讨论一下。"

"我不是说了，我把那 10 万美金给您。我还贴了 5 万美金。"

我不理睬他，"公了，就是在董事会上把你的事公布了，由董事会决定怎么处理。私了呢，就是你把福耀持有的高分子 51% 的股份买回去。"我说，"你的人格不配与福耀合资。"

从现在开始，高分子公司是你黄照满个人的，你爱怎么玩都是你个人的事。

他看到我一脸正色没有商量余地，权衡利害关系后，就同意回购福耀持有高分子的 51% 股权。实际上，当初他投资福耀公司只出资16.8 万美元，占 10%。福耀股票上市后，他的 10% 后来升值了 20 多倍，最后他将这个股权卖给了香港华丰，得款 350 万美元，用于回购与福耀合资的高分子项目。

我没想到，黄照满后来还真是玩出了些花样来。

后来，他用设备抵押，从福清县某银行贷了两千多万元后，就像电影里常有的镜头一样，在一个月黑风高的晚上，突然消失了，一同消失的，还有那些高分子设备。留给银行的，只有高分子空空的厂房，银行也只能吃哑巴亏。银行只好将厂房拍卖，但拍卖了几次均无人举牌。最后，福耀花了 600 万人民币买了那厂房，还是几年后的事。

我相信福清某银行在这个项目上亏了近几千万元，为什么会发生这样的事？因为银行认为我太强势了，给我贷款连一盒月饼都没有，他们给他帮忙，实际上就是要拆我的台，结果却惹出一大堆的麻烦。

报应，这就是报应。从黄照满开始，到后来参与进去的银行，均因贪渎造成巨大损失。

2016 年 3 月 11 日，由曹德旺发起成立的河仁慈善基金会向北京大学捐赠 5000 万元人民币，用于数学科学院大楼建设。图为北京大学党委书记朱善璐（左）授予曹德旺北京大学名誉校董称号。

2011 年 4 月 5 日，曹德旺向厦门大学校长朱崇实（右）递交 2 亿元捐赠牌，支持厦门大学商学院建设。2016 年，曹德旺再次捐赠 1 亿元，用于资助翔安校区建设。

2007 年 1 月 16 日，西北农林科技大学"曹德旺助学金"项目正式启动。未来 10 年，将每年资助 300 名贫困学生，总额达 1500 万元。图为签约仪式现场，曹德旺与西北农林科技大学党委书记孙武学（右）合影。

2010 年 5 月，由曹德旺发起成立的河仁慈善基金会向南京大学捐赠 2000 万元人民币，在南京大学仙林校区建设"河仁社会慈善学院"办公、科研及实验用房。该项目于 2011 年 6 月 7 日开工建设，2012 年 9 月 22 日举行了落成典礼。河仁慈善基金会理事长曹德淦（左四）、曹德旺（右六）以及参加首届中国公益事业发展论坛的领导嘉宾出席了落成典礼并剪彩。

2006年夏天，福建北部地区受到连续强台风和暴雨灾害，位于南平市的渭田小学受灾严重，基础设施大面积损毁。曹德旺得知后，捐款247万元，用于校园修缮。图为修建一新的渭田中心小学。

2012年6月14日，曹德旺捐资4亿元人民币，兴建福州海峡图书馆。该馆占地1.65万平方米，藏书能力可达500万册，阅览座位3000个，成为福州大型城市文化平台。

CHAPTER 4
第四章
天道酬勤

突破世俗

创办企业，从战略上要解决的问题第一是产品定位，其次是资本、技术、人才。企业需要延揽各类专业人才，如受过高等教育的会计师、各工种工程师。初创的福耀亦面临着这个问题。同时，因为原高山玻璃厂只是乡镇企业，建厂时间又短，我抽了几个最好的过来，但还是与要求有一定的差距。一是技术不能满足进口设备消化要求，二是管理上也不能满足岗位设计。记得我当时花了九牛二虎之力去闽江大学游说，几次，才招了3个财务专业的女孩，但在我出差的时候，工厂发生了一件哭笑不得的事。来自高山厂的老员工与这几个女孩打起来了。理由是，这几个大学生架子大，不听指挥。高山人根本没有意识到自己连大学都还没上过。前面曾经提到我们派了几个人去芬兰培训，但那些是勉强应付的团队，仅有的几个工程师也都是从外省借来的。

为什么合资企业私营企业招聘工程师这么难？

我到处打听，有朋友告诉我，正规受过教育能满足您企业引进设备的人才，都在大国营企业里。他们现在虽然效益不好，经济困难，但他旱涝保收，每月可以保证领到几十元工资，在当时，这份工资，不高也不低，可以满足他一家人的生活最低需求。虽然你愿意以每月几百元的薪水聘请他们，但他们还会顾虑你的企业能不能长久做下去。如果企业短命，三五年就倒闭了，那他的晚年怎么办？其次，在大型国营企业里，虽然收入不高，但名声好听，面子好看。实际上，更深层次的问题还是中国的读书人大抵受了中国儒家文化"万般皆下品，唯有读书高"、"不为五斗米折腰"的影响。在我创业的初期，读书人的清高，可谓真实地领教了一回。

不得已，我断了从国企里挖人才的梦想，转而尝试着向几所工科大学求援，希望他们能动员一批刚刚毕业的大学生到公司来。可他们又提出一个新的问题：合资公司能否接收大学生的档案？电话垂询福建省人事局，得到的答复：国家目前没有这个政策。因此，非国营企业不能接收大学毕业生的档案。

难道，非国营企业不需要人才？难道，非国营企业不需要发展，永远只做街道大妈糊纸盒的工作？我走访了很多民营与合资、独资企业，发现这是一个普遍存在的问题，严重地影响着经济发展。我认为，我要去努力探索解决。这个关不破，所谓改革开放是一句空话。

国家的这一人事档案政策就应该改革！

那是鲁迅说的，"地上本没有路，走的人多了，便有了路。"邓小平提出改革开放至今已十年了，人事制度再不改革，必将影响市场经济的持续发展。"这条路要走下去，一定要打掉这条拦路虎！"我暗下决心，必尽全身之力量，来冲破人事的这道篱笆。

那段时间，我一趟一趟跑福建省人事局，三番五次拜访时任人事局局长、处长，谈改革，谈需求，谈人事档案的规定不仅是影响了刚起步的我，同时影响了如雨后春笋般涌现出来的许多合资、独资企业。我的话终于打动了局长。局长向时任省长汇报，作为试点，福建省人事局率先成立全国第一个人才交流市场，也就是现在的中国海峡人才市场。当时的功能是接收大学毕业后去合资企业就业的大学毕业生档案，解决这类大学生档案落户问题。经过后来的发展，现在的中国海峡人才市场已经成为国家人事部和福建省人民政府共同组建的国家级人才市场，是福建省人才资信认证中心等一批专业从事人才教育培训等业务的人才服务机构。其人才服务中心（福建省毕业生就业指导中心）服务的内容也越来越丰富，越来越完善：承担人事代理协议的管理、代理人员服务和政策咨询工作；代办在中国海峡人才市场进行人事代理的毕业生的就业接收、落户等手续，保管代理人员的集体户口本；办理代理人员转正定级、确认干部身份；办理档案工资调整，计算连续工龄；办理代理人员中、初级专业技术职务任职资格确认；办理各系列初、中、高级职称的评审；开展人事外包业务；承担代理单位、代理人员的联系与服务及市场需求调研工作；承办毕业生就业指导、就业培训、就业见习和就业推荐等工作；承担经省政府人事行政部门授权的其他人事代理事项。

许东处长被任命首任总经理，我接受邀请成为顾问。为方便他们为更多的大学生服务，我决定捐给新成立的人才交流中心一辆吉普车。

1989 年，人事档案，这个横亘在中国合资企业与独资企业聘用大学生的拦路虎被我悄悄搬掉。而且迅速发展，两年内几乎在全国普遍发展起来。当然，这是全国各省市效仿福建人事局此举的结果。

当时省人事局为了突破这个难关，在向省长报告时，告诉了他们福耀碰到的难题：福耀购买的进口设备即将到位，却没有工程师安装与维护，省长就提议省机械工程研究院以承包服务的方式，向福耀派出 15 名工程师，为福耀提供技术支援。当时议定的具体条件是，福耀要承担支付这些工程师的工资，当然是高过他们原来所在单位的工资，同时每年给研究院 20 多万人民币。研究院来人中有当过厂长的刘友仁，担任支部书记的姚照熙，还有一个专家型干部何海翔，他们是福耀公司第一批功臣。

在此事得到圆满解决后，又出现另一个问题。那时，不管是机关事业单位，还是工商企业，农村乡、镇、村均设有党委或党支部。那么，合资企业呢？

严格地讲，在此前，所有工商企业都是国营，或地方国营，最起码的也算大集体，这些企业本身就是等于政府性质，因此这不存在矛盾。现在，实行改革与开放，允许私人或外商与国营合办企业，在制度上如何解决这个矛盾，也引起了很大争论。

投资的目的是为了资本利益的最大化。为此，外商合资或独资的企业，是必须坚持董事会领导下的总经理负责制的，现在提倡改革就是要克服计划经济中责任不到位的问题，如何解决这个矛盾，又成了一个新问题。慎重考虑的结果，形成的文件是：我决定率先成立工会，党、政、工、青、妇的工作，由工会主席代行党组织书记的职能。由于有 1986 年挨整的经验，我认为企业的合规、合法是头等大事。因此福耀在注册后不到一年就成立工会，成为全省第一家合资企业工会，并推荐研究院来的党支部书记姚照熙参选工会主席并当选。福耀的初级行政管理机构就这样形成。创立初期的困难，也顺利得到了解决。

试水公开发行股票

　　从芬兰购进的 HTBS 钢化炉，在不到半年的时间里，就收回了购买设备的成本，一年就赚了两千多万元，成了人人眼中的"印钞机"！这个项目提供资金的项目管理人林仰波，因为贷款的缘故，经常到工厂考察生产情况，也时常查看工厂的生产进度和报表。一来二去，往来多了，双方投缘，我们就成了好朋友。

　　有一次，我陪仰波爬石竹山。"仰波，您觉得我这个总经理合格吗？"我问。问他这个问题的目的，其实是想解开自己心中潜藏很久的一个结。

　　"很好了。我觉得您做得很出色。"林仰波很认真地说。

　　"真的吗？在我看来，总经理是一个很神圣的职业，不是一般的人能干的。我一个采购员出身的人，还胜任？"

　　"当然。您做得很好！"

　　"请问，在外国的总经理都是什么出身的，都有受过怎样的教育呢？"

　　"这个……"他想了想，"在国外我认识的总经理中，最多的就是销售员出身，接着是会计师、工程师、律师，受的教育多是 MBA、BBA 的，也就是工商管理专业毕业的。"

"这个 MBA 专业的书，有中文版的吗？"

"台湾有。"林仰波想了一会儿后说。

"下次进来时能帮我弄一套吗？"

他说完全可以。

仰波按照 MBA 的教纲，将国际金融、国际贸易、管理会计、财务成本、微观经济学、宏观经济学、管理学、市场营销学、财务管理学、人力资源管理学、金融学、统计学、国际贸易理论与实务、质量管理等等十几门课程的教科书，悉数带给了我。所以，我的工商管理知识，也是自学的。

那次的聊天之后不久，林仰波又到了公司，看完报表，他很高兴，在我办公室里喝茶聊天，邀请我去新加坡考察。

1990 年六七月份的时候，我去新加坡。走出樟宜国际机场海关，我看到仰波正站在外面等着我的到来。接上我后，他开车把我送到酒店入住，晚上要请我。第二天又到酒店接上我，带我在新加坡四处转悠，跟我讲新加坡的历史，新加坡城市的发展，以及对李光耀的评价等等。第三天带我去他们的银行，银行的装潢富丽堂皇，百把号人。走进他的办公室，我才知道，他竟是银行的行长。在此以前，我一直以为他只是银行的一个普通职员。我懵了，觉得很不好意思，"让您这么大的老板亲自开车陪我这么些天，真不好意思啊。"我说。

"呵呵，话不能这么说。我去中国不都是您在陪我吗？"

于是相视哈哈一笑。

正是在他的办公室，仰波说起了上市的话题。

"曹总，您有没有想过将公司上市？如果想，我可以帮这个忙。"仰波说。

"好好的公司，为什么要上市啊？这样股权不是就被稀释了么？我这么赚钱的公司为什么要上市呢。"那是我第一次听到上市公司这个词，我一点儿也不知上市是怎么一回事。

仰波哈哈大笑。

他耐心地向我解释为什么要将公司拿去上市。

他说，企业发展主要靠品牌技术、管理和资本等三大要素。国际上常用解决资本手段分两大类：即资本类、流动资金类。现在中国虽然没有分，但也明确规定流动资金不得用于做固定资产投资。那么企业创办的时候，像您企业一样，固定资产所用资金必须靠资本金解决，或者用租赁办法。实际这也是资本融资的一种工具。在资本项下，融资有多种，但常见二种：一种是通过私募形式，像您企业现在这样，募集时要定合资合同，这样很不方便，再加上股东之间长期合作也会有意见分歧，那就影响了您的扩张。如果您是公募的公司，就是上市公司，那么这个问题就不存在。因为股票是在证交所交易，每天有人买卖，您可以上午决定买入，下午可以决定卖出，自由度很大，而且不受您买多买少限制，参与投资的人就多了。那么您想扩张只要把可行性报告做好，报证交所批准后，就可公开募集资本了，因此利于企业扩张。但上市公司条件要求也比较高，必须是成熟的公司，一定的规模，良好经营业绩记录，如新加坡就规定规模在2500万坡币以上企业，连续三年盈利，无不良记录等。上市公司还有几个好处：一、可以提高知名度，因为您的股票挂在交易所每天交易，要买的人会去研究。二、如果企业要安抚管理层，可以设期权用以激励。三、只要具备扩张条件，资本永远不成问题。但也有风险，会遇到竞争对手恶意收购或抛售，从而扰乱您的业务；要接受所在地法律的监管。

"是一个好点子。"我点点头，其实听得云里雾里的，根本没有搞清是怎么回事，但是我相信仰波，所以我说："今天也不早了，我先回去消化一下你的意见。这事从长计议，回头再聊。"

告别仰波，乘飞机离开新加坡，途经香港，参加福辉公司香港上市的仪式，时任省政府秘书陈元魁也在香港，陈秘书长认识仰波，我就和他讲仰波也建议我公司上市的事。"上市不是你企业说了算的。仰波讲归讲，你到国外上市就存在国家的第二债务的问题。"陈秘书长像想起了什么似的，"对了，你要真的想上市，目前，省政府也正在找一家企业做国内证券市场上市试验，我正好找不到这样的试点。你若真的想上市，我就推荐你做试验，怎么样？"

"可以啊。我的企业本来就是改革开放的试验品，省政府需要试验的，就拿去试吧。"

陈秘书长点点头。"到时候我找你。"

1991 年春节过后，福建省体制改革委员会和人民银行来了一个工作组，专程前来讨论福耀上市的事宜。

在福耀之前，福建省还没有公司做过，大家都不懂怎么操作，只能摸着石头过河。讨论的结果是，把福耀 1990 年时的净资产 6127.5 万元，按一股 1.5 元算分成 4085 万股，面值一块，一股卖 1.5 元，实际上等于没有溢价。同时确定了 1991 年 6 月 22 日由闽发证券发行。第一批也就发行了 1600 万股，发了 2400 万元。卖得太便宜了，当时很多人想买，问我能不能买，我呢，当时也不知道这是不能说的，就告诉他们可以买，买了当年就可以分红。兴业银行买了 200 万，县里、市里、省里的一些部门领导、媒体人也都买了，单单各级机关的干部，就购买了几百万股。有一位福州大学的教授，听说福耀发行股票，召集全家人一起开了个严肃的家庭会，整整讨论一个晚上，讨论的主题只有一个：买不买？到了第二天，家人统一思想，将家中所有资金 2 万多元，买了 1 万多股福耀股票。

所以，1600万股的股票，很快就卖完了。

过了两三个月，一个流言开始在社会上传播：福耀股票不能上市，曹德旺圈了钱想跑到国外去。记得戈培尔曾经说过"谎言重复一千遍就是真理"，有关我要卷款逃跑的这个传言，刚开始没人信，可是越传越广，越传越多，听的人就害怕了。那些持有福耀的股票，尤其是各级政府里的官员们，纷纷给我电话，"曹总，你的福耀什么时候能上市啊？"他们问的都是这个问题，"我也不知道什么时候能上市啊。"我的回答也都一样，随后他们的要求也都一样，"曹总，你能不能帮我个忙，家里需要用钱，请帮我找一个买家，把我的股票买走。"虽然家里为什么要用钱的理由各不相同，最后也总是不由分说，总之你一定要帮我解决的口气："谢谢你啊，曹总。"说完就收了线。这些人，今天你一个电话，明天他一个电话，而且越催越急，就好像股票没有卖掉，家里就死了人似的。可是，我又能上哪儿去找这么多的买家呢？虽然没有公开交易，但其实当时私下里的交易价，福耀的股票每股已经由1.5元涨到2.5元。我把妹妹曹华找来，请她帮忙帮我向社会筹钱，将要求我帮忙找买家的官员手中的福耀股票，按当时的市场价格每股2.5元买回来，从1分息借到2分息，不知不觉地收了400万股左右。欠了一屁股的债，心里承受着巨大的压力又不能说，每天还得跟没事人儿似的，出现在公众和员工的面前，还得处理一桩接一桩的事情。心里的那份难受，可想而知。

1992年的一天，我和时任兴业银行行长喝酒。喝着喝着就喝哭了。

"曹总，您怎么哭了，有什么事？"行长关切地问。

"行长，我跟您讲，……"我用纸巾擦去了泪，将事情的经过说了一遍。

"您别急，我来想想办法。"他想了想，"您把您的法人股抵押给兴业，兴业贷款给您，这样利息就没有那么重了，您的压力也就小了很多。"

"谢谢行长！"我非常感激，举起手中的酒，"这一杯，我敬您。"说完，一仰脖，我喝下了杯中的酒。

减轻了高利贷的压力，我松了口气。

事有轻重缓急。现在，是时候放下手头上的其他事情，去做争取上市的工作了。

我对自己说。

那是 1992 年的事了。

被逼成富豪

　　这样也不是办法，长期处于高负债的情况压力太大。我得想办法让股票上市，一则为自己解套，二则也要为当初购买股票的股东们着想。

　　找谁呢？搜肠刮肚地思来想去，猛然想起公司的股东中汽华联公司。毕竟是天子脚下的人，兴许他们能帮得上忙。果然，中汽几个老总研究后，同意帮忙。接到电话，我就急匆匆飞到了北京。中汽为我接风洗尘，宴会的气氛特别隆重，几乎是把中汽总公司处级以上的干部都请到了，二三十人。饭后，中汽的领导说带我去找刘老，请他出面。刘老？

　　"刘老是谁？"我问。

　　"你认识的。"领导诡谲地笑笑。

　　"我不认识啊"，我丈二摸不着头脑。

　　"你认识。"领导大大咧咧地，"到你那儿开过几次董事会。"

　　"谁？"我还是想不起是谁，或者是根本没有将这个刘老与刘虎生挂上钩。

"就是刘局长啊。"

"天！是他啊。"我的脊梁骨冒出了冷汗。脑袋里快速地翻找与他在一起时说的话，做的事——幸好！幸好总是极其尊敬他老人家。当时的尊重，仅仅是因为他是老人，一个客客气气，签字都还在颤抖的老人。他是福耀早期的一位董事。

中汽的领导径直将我带到了刘老在万寿路的家。他的家里，除了必有的国家提供的家具外，几无其他的陈设。如此显赫的身世，却如此清贫地生活，我不禁由衷地钦佩。

我们进去时，刘老已经在院子里等着我们了。

"走，我和你们一起过去。"他拿着大衣，穿上。

"要不要开车过去？"我问。

"不要了，就在后面。走过去。"刘老说。

果真是前后院，找到了当时的主管官员。

我们一进院门，该官员的太太迎了上来。见到该官员后，说明原委。

"您管这个闲事干吗呀？"看得出他俩关系不错。"怎么不管？！我是这家公司董事。我的公司不能上市，你们的倒都可以上市了？！"接着向该官员解释："这是一家做进口配件国产化的玻璃厂，很成功。也是国家汽车发展战略培养企业。我们公司想将这个公司扶持起来，所以参了股。去年进行改制，发行了股票，到现在不能流通，会影响到公司的发展。"

最后，双方达成意见，让我第二天到体改委递申请报告。

该官员告诉我，"您明天 10 点，到体改委找我，我叫经办给您受理。"

第二天我到国家体改委，把材料送过去，该官员把经办找来，告诉他："刘老是这家公司的董事，他叫你受理。"

"好。"

经办把我带到他办公室，认真地看完我报送的材料后，让我补上一些材料。"这件事情您这么跑不能解决，您要让你们省的陈明义省长来一趟。"

我立刻飞回福州，请见副省长陈明义。陈明义于是立刻安排了时间，到了北京，见了经办人。不久，体改委批文拿回来了。1993 年 5 月下旬，我们开始整理规划上市。

1993 年 6 月 10 日 600660 上市首日，开盘价 44.44 元，最高到 44.60 元，收盘 40.05 元，创下福建首批上市公司股票的天价。

前面说了，福耀 1990 年时的净资产 6127.5 万元，按一股 1.5 元算分成 4085 万股。这不，真是不算不知道，一算吓一跳，各位股东高兴坏了。怎么能不高兴呢，不过才三年的时间，当初投入的 625 万元整整翻了近 10 倍，谁不高兴？！

在福耀玻璃工业有限公司董事会第十二次会议上，董事们高度评价了我在上一届任期内所做的卓越贡献，一致同意继续委任我为公司本届总经理。也就是在这次会议上，他们发现从 1987 年公司初创起至今我的工资每月只领 400 元，作为我对各股东投资所作出的卓越贡献的奖励，董事们决定将发行时的 4085 万股的零头，也即 85 万股福耀股票作为公司给予我的奖金。在当时闽发证券的建议下，这 85 万股在发行时就直接划拨到了我的个人名下。而我个人原持有的 17.5% 的福耀股票，则划入了儿子曹晖的香港三益有限公司名下。加上我被迫收购的 400 万股，至 1993 年上市前，我持有的福耀玻璃工业股份有限公司流通股已近 500 万股。

上市当天，看着盘面上的开盘价，我高兴得跳起来：我的那些债务终于可以还清了。回到宾馆我才算清楚，我不仅还清了所有债务，竟然有近 2 亿元的进账！我的天啊，这么多的钱，我要用多少麻袋来装？我在上海打电话给我妹曹华，要她尽最快速度将我手头上的股票卖掉，唯恐失去一个发财的机会。

回到福州。福州有个地产商来找我商量，希望我能帮忙，买下他们计划开发的一些楼盘的预售房。

"可以转账吗？"我问。

"当然可以。那么多的钱不转账怎么办？"

这下，我又解决了从股票退出的资金怎么拿回家的问题。

就这样，我将股票卖出还清债务，将大部分钱买了上述的物业，还余下几千万。过了一个月，移民香港的单程证也拿到了。

这里，还有一个小插曲。

中国人都讲数字的吉利，福耀的股票为什么却开出 44.44 元？

股票上市前，我们福建的几个券商都去了，兴业、闽发，我们在锦江饭店办了十几桌，将在上海的所有券商都请到了。但是，上海方面筹办的人独独忘记了刚刚注册成立的某地上证公司在上海的办事处，于是，虽然那天晚上大家说好了按照 38.88 开盘，由兴业证券开盘。可是，没想到，第二天上午 9:30 开盘的时候，某地上证抢开盘，44.44 元。他是想用"死死死死"诅咒我们，可是，却又将福耀的股票价格往上拉了近 6 元 / 股。

这真是运气来了，想挡都挡不住。

后来我到香港，因等回乡证需住在那边近两个月，闲来无事，就跑去算命。算命先生看了我的生辰八字后，说："您现在开始有钱了，您的吉利数字是 4，记住逢 4 大发。"算命先生的话突然点醒了我，股票开盘价突然冒出的 44.44，一连四个 4 啊，真是人算不如天算。

看来，做人应该厚道，有时因为妒忌与恨，想出怪招损人，不但不能如愿，甚至还可能帮助了对方。

44.44，就是一个实例。

又过了一年，地产商又找来。他告诉我，他碰到新的麻烦：没有车位房子不好卖。"曹总，您能不能将您买的车位卖回一部分给我？他请求道。"

"可以呀。"我说，"我从没认真考虑是否要投资房产。买了这些房产后也不知该怎么卖掉。如果您想要回去，就将买卖合同改为贷款合同，利息按银行贷款标准计，您可以将卖给我的房产全部拿回去，只要按期把款还给我即可。"

地产商十分高兴，他按我的提议收回了此前卖给我的全部房产，我赚了几千万利息，后来因为我收息，需缴所得税。按当时国家规定由付款单位代扣，他没有扣，自己替我承担了这部分的所得税。借他的一句话，他说完全值得。

困惑

　　相较于解决黄照满高分子公司和同省一建打官司的事儿，解决工业村给福耀发展带来的危机，才真正考验一个企业家的智慧。

　　1993年6月，中共中央、国务院印发《关于当前经济情况和加强宏观调控的意见》。根据这个《意见》，农村信用联社提出退股，要不要同意？当然要，因为信用社实质就是农业银行在控制。那是国家政策的规定，肯定要支持。因此，农村信用联社的股份就由福耀集团接收，农村信用联社当初投入的股金，全部由投资转换成了贷款。

　　信用联社很高兴，同一时期他们在其他企业的投资，都无法收回。

　　而我每天思考最多的，还是福耀的改革问题。

　　那时，只做维修市场的耀华玻璃，虽然已占有很大的市场份额，但92、93、94年，每年也只赚两三千万。那个时候，中国的汽车工业刚刚起步，配件市场的蛋糕原就不大，但配件的门坎低，所以很多小厂也纷纷开张，抢夺市场。面对这样的竞争，福耀配件市场发展的空间已经很有限。另辟路径？汽车玻璃公司、工业村公司、装修公司、加油站、高分子公司、配件公司、香港贸易公司……看起来，福耀似乎发展得很好，自上市后，迅速地发展出新的公司，但是，为什么忙忙碌碌却赚不到更多的利润？

我曾经发过誓，我虽然没有上过多少学，不是一个读书人，没有本事当国家的栋梁之材，但也不能当国家的蛀虫。

如果上市公司在我的手上倒了，那我就真成了蛀虫，要背千古的骂名。我开始反思：公司的经营方向有没有出现迷失？

如果有，我们应该从哪儿下手？

在积极思考的同时，我也向周边的朋友讨教。

通过朋友关系，我借去香港的机会，专程拜见香港交易所的梁总监。我拿出随带的福耀报表，向她请教，请她就福耀目前的经营情况及未来的发展方向给个分析意见。

没想到，她才翻看了几页，就把报表扔回给我。"你这个是垃圾股。"她直率地说，"要是投资者喜欢玻璃就会投资玻璃，要是喜欢房地产的话会投资房地产，可是你小小的公司什么都做，谁敢买你们的股票？！"

说实在的，被她那一顿抢白，就算是闯荡江湖高手的我，脸上也直挂不住。但是，我既是来讨教的，不就是要听人家真实的意见吗？所以，我迅速地调整好自己。"您说得很对，梁总。我也觉得有问题，想进行治理，可是，一时又不知该从哪里下手。您是这方面的专家，是否可以指点一二？"我谦恭地说。

"一个公司要专业化，才可以写出好的招股书。"梁总说，"您应该看自己擅长做什么，其他的就重组掉。"

"重组？"

"就是卖掉嘛。"

真是一句话惊醒梦中人。

"问题是福耀大量的资金已经都压在了工业村项目上，这个项目又在打官司。加上 1994 年海南危机发生，房地产项目无人问津，您说怎么卖？"

1993 年 6 月 10 日，福耀股票获准在上海挂牌交易，我在为自己被逼拥有 500 万股票从而成为亿万富翁而高兴的同时，涌现出更多的莫名与惆怅。

此时房地产开始跌下来，而福耀股票却刚挂牌。

一是银根收紧，建设资金出现困难；二是连片开发的工业村，建了三年时间，盖了一座主楼，由于质量存在纠纷问题，已半停顿在那里，成了烂尾楼；三是原来参股的农村信用联社，因为政策因素，希望将原有投入的股金撤回。同时，原来汽车玻璃业务也因准入门槛低，全国一下子冒出几十家企业，效益急转直下，收入还不够付利息。

这是福耀发展过程中面临的第一个危机。

这个危机，如果不解决，如果不能够转换，就没有今天的福耀了。因为玻璃赚的利润还不够支付工业村的贷款利息，同时，日益激烈的汽车玻璃维修市场的竞争还可能使这利润随时面临缩减的危险，这样，资金链随时有断裂的可能。这时候，福耀面临着两个问题亟须解决：一个是工业村的项目被证明不行了，这个包袱怎么甩？另一个是甩完了包袱之后福耀要做什么？两件事情都非常棘手，我们不能坐以待毙。

我要考虑的问题有下面几个：一是解决工业村的问题，是不是只有甩掉包袱一条路可走，是不是还有更好的办法可以选择？二是工业村的项目，曾经做了很详细很完美的可行性研究，为什么会不成功？三是福耀未来发展方向在哪里？

可能这也是天意。在股票获准在上交所交易后，我也被获准移民香港。1993 年 7 月 23 日持单程证入香港，因为需在港办回乡证等，所以在香港住了两个月，这等于强制休息两个月，所以就有足够的时间思考未来。

怎么决策未来？怎么规划未来？我认为，应针对自我客观条件与宏观全面考虑。自信的同时，还要学会他信与信他。

因此，必须为自己定位。

那么，福耀将来的发展是混业经营，还是专业经营？

房地产、IT、玻璃、贸易、装饰，我有很多公司，只差赚不到钱。

怎么办？

这时的我，清醒地认识到了自己的不足。我感到力不从心。

是应该静下心来，认真反省一下的时候了。我对自己说，如果实在没有办法，就辞去职务退休。

当然这是下策，只能在万不得已的情况下用。

因此，一场全面反省，旨在提高与完善自我的工程悄悄开始了：首先，我采用调查、访问，请教他人的办法；其次，回顾以往他人的意见与实践。……

益友赠书

在此之前，因生意上的关系，我认识了台湾商人张天常。此君为人谦和厚道，对我一直都很尊重。相信在我们交往的这段时间里，他也看到了福耀面临的困境。也许是性格使然，作为朋友，他没有像港交所的梁总监，直言不讳，而是以送伴手礼的名义，送给我一本台湾出版的《聚焦法规》（《FOCUS》）。

《聚焦法规》是全球最知名的营销大师之一艾尔·赖兹（Al Ries）1996年出版的一本经营管理书。艾尔·赖兹在书中阐述了这样一个道理，即为什么公司需要一个较窄的定位，以使自己能够在消费者心目中抢占一定的市场。该书被 Red Herring 杂志称为"管理大炮"（management canon）。

匆匆吃罢午餐，回到办公室，我信手拿起了《聚焦法规》。

在看这本书以前，我并不知道艾尔·赖兹是谁。但是，当我翻开此书，注意力立刻被书中的文字吸引了。

太阳光以每小时数以兆亿度的热量射向地球，在靠近太阳几万公里的地方，为什么就都融化掉。而对这样大的光能，人类却可以在海滩上架一把阳伞，就把它挡住了。地球上的人可以躺在海滩上，喝着冰镇可乐，美美地晒个太阳浴，为什么那么高热量的太阳光不会把躺在沙滩上的人烤焦？因为太阳与地球的距离有 149597892 千米，非常遥远，太阳辐射面太大太散，那么大的威力伤害不到我们。但是，如果有一个小孩子用一面镜子放在沙滩上收集阳光，将阳光收集变成一束光，再将这个光束射向地板或者是石头，光束所到之处不论什么都被融化掉。这，就是聚焦的力量。

说得很有道理呀！我无法放下手中的书，继续往下读着。

当你开车到纽约市郊远离纽约的时候，当你进入一个边远只有几十户人家居住的小山村时，你会发现这里仅有一个便利商店，商店里货品一应俱全，包括牙膏、牙刷、肥皂、毛巾、香烟、打火机、各类食品糖果巧克力、各类厨具、各类卫生用品，甚至日常生产工具等等，为什么？因为这里只住着几十户人，店老板为求生存，必须什么都卖。如果你再回到纽约，回到现代文明的大都市，漫步在纽约曼哈顿大街，你能看到的商店几乎都是世界大公司品牌专卖店。这，就是现代化。

为什么经济落后的地方适合杂货店生存，经济发达的地方适合专卖店，这里的道理在哪里？

赖兹接着以王安电脑等诸多美国公司为案例进行了剖析，得出的结论是：现代企业必须走专业化的道路，必须专业化的经营，才能做强，才能做大。

放下书，我独自思忖：人的时间、精力、经验、资金都是有限的，如何把有限的时间、资金、精力和经验发挥出最大的效率，就得像小朋友手中的镜子，将发散的太阳聚集成威力无比的光束一样，集中精力、集中资金、集中时间，如拳头一般，专打一点。这就是专业化。因此，企业经营跟聚焦是一样的道理，多元化是经济落后的一种产物，而专业化是现代化的一个特征。

当时，有很多朋友劝我做网站。那时时兴 IT，股票触网即暴涨。也有人劝我：你做维修玻璃市场，如果在中国开几百家维修店，就占领了维修市场，福耀将如虎添翼。

我却不这么认为。因为我已经清醒，决定选择制造汽车玻璃作为我的主业，并为之奋斗终生。

借智历史

　　差不多也在这段时间，台湾有个叫叶立华的商人，想做福耀玻璃北美出口代理商。为了展示他在美国良好的营销渠道和人脉基础，他表示，可以带我去美国考察。

　　那时，我已经拿着香港的临时身份证，去美国的签证很好办。于是，约好时间，我们就到了底特律。

　　到底特律当晚，他带我去见一个叫四叔的人。

　　四叔是一位退役的国民党军队上校，虽然年纪大了，但双眼依然炯炯有神。

　　那晚，在我们等待就餐的时间里，我简要地向四叔介绍了福耀的情况。

　　在我介绍的期间，四叔几乎没有说话，偶尔会问几个问题，但说着说着，细心的我，发现四叔的脸色变得凝重起来。

　　"立华，你出来一下。"四叔用闽南语对叶立华说。

　　叶立华从沙发上站起身，随着四叔走出房间。从房间的落地窗望去，只见叶立华激动地和四叔说着什么，四叔则很严肃。

　　我哪里说错了？

我不知道。

也不便问。

在他们从外面重新进入房间后不久，侍者过来把我们领到餐厅的座位上。

席间，埋头吃着各自面前的盘中菜，偶尔说说底特律的气候风景，关于公司的事务，就不再提及。

饭后，叶立华把我送到酒店，说："曹总，我临时有急事，明天就要赶回台湾。但是您的机票是后天的，不能陪您，真的不好意思。"

虽然心里有所准备，但听了他的话，还是显得意外。大概是我的意外都写在了脸上，叶立华补充说："我已经找了一个人来陪您，是我们台湾驻北美办事处的秘书，一个漂亮的小姐。她很熟悉底特律，可以带您到四处游玩。同时，她会负责送您到机场。"

"啊，这样。谢谢您，太客气了。那先祝您一路平安！"

我还能说什么呢。

于是握手道别。

原以为美国之行能够开拓福耀的美国市场，没想到却被人放了鸽子，心情当然不太好。

第二天上午，秘书 H 小姐到酒店带我到底特律城游玩，H 大概也看出了我的不高兴。"曹总，不好意思啊，下午 3 点我要去学校接女儿，您一个人吃饭可以吗？会不会叫菜？如果可以，我就先送您回酒店，晚上也不过来了。要是您不行"，H 说："等我接到女儿后过来陪您一起吃。"

"这个呀"，我想起前一天酒店餐厅吃的自助餐，吃什么自己取，吃完签个字就可以了。怎么会不可以呢，所以我说："谢谢您！还是免了，吃饭的事，我自己可以解决。"

"那好。"说完，放下我，她就回去了。

昨天是吃自助餐，那么我吃完签个字回房间就好了，这个我自然会的。结果呢，那天我从中午开始饿，直到第二天早餐酒店有自助餐时才有了吃的。也许你们会问，怎么会连续饿两餐呢？

事情是这样的，酒店里的餐饮，每天不一样，今天自助明天点餐。那天中午，午餐就改为点菜，不是自助。对"英格利老鼠"（English），我一字不识，怎么点呢？为了不出洋相，我就没吃。

肚子饿了就拼命地喝水，晚上想早些睡，以为睡着了就不会饿了，但还是饿醒了。半夜里，到哪儿找吃的？只能继续喝水，就这么折腾了一夜。

吃罢早餐，H 秘书来了。

"曹总，昨晚过得还好吗？"

"还可以。"

"底特律没有什么地方可以玩，只有福特博物馆，您去过没有？"

"没有。"

"那我带您去福特博物馆，很值得一看的。您的机票是下午 4 点的，您先退了房将行李放到我的车上"，H 秘书说，"看完博物馆吃完中饭我们就直接去机场。"

我随着 H 秘书在福特博物馆自展区走着看着，美国生产的第一架飞机、第一辆福特汽车、美国的铁路建设、蒸汽机的发明……她很热心地为我解说。

但我却心不在焉的，似看非看，似听非听。

"福特博物馆展出的其实就是美国的一部工业史，因为是福特公司赞助的，所以命名福特博物馆。"从福特博物馆去机场的路上，H 秘书告诉我。

亨利·福特博物馆有 100 多万件陈列品，2600 万份文件，涉及交通工具、发电机械、日用工具、科学技术甚至家居摆设等多个方面。汽车博物馆陈列了从一个多世纪前汽车诞生之初的开放式手摇曲柄车到现代汽车的各种代表车型，浓缩了现代汽车文明的发展历程。从坐在车里享受看电影乐趣的汽车电影院，到专为司机们设计的麦当劳餐厅"汽车穿梭窗口"；从遍布美国的汽车旅馆，到专门为房车设置的露营地，汽车是现代美国文化中不可或缺的一部分。汽车是美国人生活中的伙伴，也是美国梦的载体。

办完登机手续，我在候机室内走来走去，琢磨着福耀要做什么。

这次来美国，花了几千美元，却一无所获地回去，冤死了。

想到那些美元赚得不易，还有损失的这些天的时间，我直肉痛。

坐在候机椅上，我一点一点回想美国这几天的事儿。"福特博物馆其实是美国的工业史馆"，忽然想起 H 秘书的这句话，我猛拍自己的脑门儿：有了，美国是经济最发达的国家，我可以把美国当成一个标杆，丈量一下我们跟美国之间的差距。如果我们差美国 100 年，我们只要看 100 年前的美国在做什么，100 年前的美国什么行业最发达最兴盛，而现在仍然还发展不错的，那就是身处现在中国的企业可以做的。

这么想着，我不由地又猛拍了自己的脑袋，后悔刚才在博物馆的时候没有好好看。

那里展出的不正是美国的工业历史？！要拿历史跟现实进行比对，还有什么比福特博物馆更好的坐标？

此时我已在回国途中，"我要再来美国。"我对自己说。

一个月后，我第二次踏上美国。

这一次我专为参观福特博物馆而来。

为了能够更精准地了解博物馆的内容，我特意带上福耀香港的梁小姐任翻译。

我在福特博物馆里发现了什么？

1876 年，美国就有道琼斯指数了；1882 年，就有华尔街日报专门报道指数了；1900 年，美国联邦农业人口占总人口的 60%；1916

年，美国的汽车企业工厂有 546 家，这个就是现在的中国。1905 年到 1935 年，美国经济萧条，在不成熟的发展过程中出现的经济危机，这期间大的层面的经济危机发生了 6 次。

经过比较，我发现中美经济差距 100 年。

100 年前美国人在做什么，我们就可以做什么。

100 年前的美国在做什么呢？

卡耐基钢铁。PPG 玻璃。佳殿玻璃。

我的美国同行 PPG 创立于 1881 年，比 1987 年成立的福耀早了 106 年。无论是佳殿还是卡耐基，无论是钢铁还是玻璃，现在在美国都发展得很好。

为什么？

他们都是传统工业，是基本建设所必须。

在国家产业转型期，传统产业总是排头兵。

福耀该做什么，已然明晰。

玻璃。

1994 年的中国，还有很多的窗户是用纸糊的。

还有董事长，不一定是大股东来当的，应由有号召力的人来当。这一点，福耀已经做到了。

还有独立董事，是一个顾问性质的岗位。所谓独董，人格首先是独立的，必须是在社会上有影响力的人来当。独立董事应保护小股东的利益，为小股东们讲话，更是公司的智库人物。

一个新的产品，一旦被市场认可，它的发展速度就会像流星一样地快。刚发明的飞机很简陋就像蜻蜓一样，可是现在的波音，一架可以坐几百人。

还有汽车。

福特博物馆，给了我很多的启示。

深化改革，突破治理

经过一年多的反省与调研，特别是香港交易所梁总监的提示，台湾张天常的暗示，以及对美国福特博物馆的两次考察，一个清晰的蓝图在我脑中初步形成：一、必须对福耀进行一场以提高段位为目的全面重组与改造。二、明确汽车玻璃为专营主业。三、清理掉遍布于全国的几百家销售部。四、改组公司董事会，引进董事制度以完善公司治理机制。

如何将蓝图变成现实？这一执行过程，再次考验了我。

因为几乎所有资金全投在工业村项目与玻璃厂上，公司负债率已高达 68% 左右，根本再无力举债。虽是上市公司，但再融资很难，当务之急必须找一个买家将工业村项目买下。经过努力，证明找买家的想法是失败的。

此时，正是 1994 年，中国整个经济形势很严峻，整个资本市场处于休眠状态。

我找了很多香港方面的朋友帮忙，但都无果。怎么办？我突然想到通过个人借款解决。

我认为，在上市公司中，处于决策主导地位的是大股东。小股东是处于被动状态。能否动员大股东出来承担责任，作出牺牲拯救公司，只有这一条路可走。

想到此，我决定将这个方案向福清县委汇报。

这时，福清县委书记已由练知轩先生担任。在他的办公室，我将福耀所面临的困境、危害性、可供选择的解决方案，一一比较。同时，我提出当时创办福耀时候，县委出于支持与帮助，指派县属侨乡投资公司、宏路镇建材厂、高山镇企业办参股，现在包括我个人的持股，总计占非流通股超过 50%。"所投资金早已通过分红 300% 收回了，现在持有福耀股票，一是不能流通，二是如果企业破产就一文不值。"我告诉练书记，"我已与香港华丰谈好了借款条件，但需要有香港注册公司持有的福耀股票进行抵押，同时贷款资金要用于重组福耀。"

"那你打算怎么做呢？"练书记问。

"具体方案是，将福清县属各企业持有的股票卖给我香港的公司，连同我私人公司持有的占福耀 50% 的股票，拿到香港去抵押贷款。用贷款来的钱，再将工业村整个项目买下来。"我解释道，"我认为，目前宏观危机只是暂时的，以这种方式处理福耀的非流通股，各家企业均会在这项目上受益 1500 万元左右。当时投资是每家投 60 万元人民币，分红都拿回去。不过这次的投资分红，要等两年后才能拿到钱，因为这钱要先用于救活福耀，再用福耀的盈利将工业村购回，解决职工生活所需。"

随后，福清县委召开紧急会议。我很感谢县侨乡投资公司的总经理林厚潭先生，为了我的建议能够通过，他做了大量的工作。

最后，这个建议被福清县委采纳。

按规定，我们走外经贸委审批的程序完成了这次股权重组，为实现福耀的重组梦，走出了第一步。

接着我们必须将工业村的资产卖出。

碰到的问题是，一、没有售楼许可证；二、福清大股东包括我有四家。

怎么办？

后来，我想了一个办法，由我在香港注册一家公司，由这家公司出面收购工业村资产，按账面净值，大概 1 亿多吧，资金用的就是华丰贷款，这些大股东卖股票的钱算是借给我个人，大概每家 1 千多万元左右，只有县侨乡投资公司单独拿一座 2.6 万㎡标准厂房，按 1400 万计。

至此为止，工业村的包袱甩掉了，其代价是大股东作出了牺牲。

福耀用这个项目收回的钱，投资建了万达汽车玻璃厂。

甩掉工业村包袱后，我关掉了装修公司，接着转让了加油站。

剩下的，就是遍布全国的几百个经销部。这些所谓的分公司，该怎么处理？

如果全部取消，福耀现在赖以生存的产品还需通过他的渠道走。从调研结果看，有存在的必要性，但需要在公司和他们之间砌一道防火墙。也就是说，要达到既保留其为公司服务的目的，又要避免他们出问题时株连公司。

对了！改产品直销为代理销售。

这一改，第一步必须解决代理商资格的问题。代理商必须有属于他自己拥有的商店或公司。

为此，我设计了一个方案：将遍布全国的几百家经销店卖给现在负责经营的人。

方案设计好后，我将遍布全国几百家经销部负责人召回公司开会。会上，当我提出这方案时，大家都说是好事，但都愁没钱，买不起。"谁说买不起？在座的各位都买得起。"我说，"首先，我们所售标的物按现在账面60%计价；第二，款项分3年付清；第三，代理协议价，按集团定价70%结算。前置条件是，各店不能用福耀分公司名义对外，但可以挂福耀授权代理销售的牌子。"

最后，只用了3个小时的时间，卖掉所有公司的90%。余下几家比较复杂的，经过两天也处理掉了，这为福耀的规范化管理，迈出第二步。

在前期调研中，我发现西方管理理念先进之外，在公司结构治理方面亦可借鉴，特别是董事会制度，均是由专业人士或知名人士担纲。这一点，福耀自开始成立第三年就是这样了，说明是正确的。但董事会组成，清一色是股东。客观上，这些股东多是政府官员，或是不从事玻璃业务的人，所以在董事会上，我的意见几乎每次都是100%通过，对我来说这是好事，对公司来说就不一定了。

前面几年走的弯路就是一个活例子。

因此，我下决心在公司治理上做大文章。

国外公司设独立董事，要求是社会精英，因为只有社会精英才拥有独立人格与思考能力，同时还要有专业，但这在中国又没有先例，引进推动这事还得考虑符合中国法律。

我研究了公司法。公司法规定，公司最高权力机构是股东大会，表决是凭股票的票数表决。其次是董事会，没有明确议事表决方式。

针对这一情况，我设计了一个方案来改组董事会：第一，新董事会以11名董事组成，其中持股5%以上股东占一个董事席位，共5名，外聘独立董事3名，内聘公司高管3名，任管理董事，主要代表职工权益。董事会实施席位制，议事实行票决制。董事不分界别一人一票，平等权利。第二，任何重大决策需上股东会表决的必须由董事会提报，未获董事会批准不得报请股东会表决。

1995 年我们在上市公司中率先建立了这个制度，并写入章程报有关部门批准。这一制度，一直沿用到现在。

后来，国家证监部门也强调设独立董事，我认为需要增加如何保证独立董事行权的相关制度。

执行力的价值

福耀这次由危机引发的重组，有如凤凰涅槃一般。

这是一次战略的改变。福耀将产品的市场定位从原来的国内维修市场，拓展为出口维修市场与汽车厂家的 OEM。

如果说 1985 年涉足汽车玻璃凭借的是一股激情、豪情，发展到 1995 年，时隔十年之后，我已经初步学会了将科学管理方法运用于决策之中，已经会熟练地运用管理统计学原理管理企业，并掌握了一定的全面质量管理理论与程序的基础。

还有我志在必得的决心：这是福耀未来唯一的希望。

我的决策，从建厂房开始抓起。

厂房采用了当时国际上常见的钢结构形式，优点是跨度大，高度也可依据项目而随意调整———一座厂房可以由几百平方米扩展至十几万平方米。这样的厂房，可以满足我们生产工艺设计的要求，可以把成本控制与质量管理融合在工艺设计流程中，为投产后的现代化生产管理创造条件。

盖万达厂房的 1995 年，中国大陆还没有钢结构的厂房，因此也无人生产这种厂房所需的材料。我将目光移向国际，我在美国考察时发现了这种厂房，因此就决定到美国采购，内布拉斯加州的托尼就此成为万达厂房的供应商。厂房内安装的夹层玻璃生产设备，全部从芬兰莱米诺公司引进——这家公司因不适应中国商业市场的潜规则，其生产设备被中国企业禁用。但我在仔细比较后，认为他们的设计较之其他同类产品更具稳定性，最后还是决定引进该公司的生产设备。

投产后，我很满意：工厂很漂亮，质量也很稳定。

但成本改善效果却不理想。

为什么？

经过调研，我发现主要是管理层的惯性思维——管理层对成本和质量的管理，还停留在过去国内维修市场供应商的时代：即质量要求不高，成本无所控制。只要能卖出去，每片可以卖到几百上千元，几十元甚至上百元的成本，又算得了什么？因此，管理层都还没有从原来国内维修市场高利润的状态中清醒过来，还以为自己是世界一流的管理者，甚至沉醉于一点小小的进步——每 m^2 夹层玻璃单耗从 $3m^2$ 降到 $2.8m^2$（当时世界上的单耗数字是 $2.85m^2$）时，人人击掌相庆，认为自己了不起地创造了新的纪录。

但我并不满足。

根据我前些年自学管理会计技术用于分析控制成本，我认为只有做到产品高质量的保证，才能有效地控制成本。是时候将我之所学管理会计与管理统计学运用于公司，让公司管理层都掌握了。

我决定自己下车间调研，自己采集工厂的各项生产指标，制订出一个目标。

同时，为了改变公司的行政管理人员不喜着正装的习惯，即便是夏天，下工厂我也穿西装打着领带。

在我看来，这也是企业管理的一部分，是企业形象的一个重要展示。

为了找到准确的数据，生产线上的每一道工序，我都蹲上十天左右，仔细观察并算出他们的成品率，了解每个工位的需求和每个人的职责。

根据 3 个月深入采集记录的数据汇总计算，每 $1m^2$ 的夹层玻璃单耗应为 $2.26m^2$，比原来管理层们认识的世界最好的生产水平少了 $0.6m^2$，也就是 26.5%。

为了保证产品质量与成本控制，我亲自起草了夹层玻璃各生产工序作业指导书。如果每一道工序都按作业指导书生产，福耀生产的每 $1m^2$ 的夹层玻璃单耗就应为 $2.26m^2$。

在写作业指导书的同时，我又重新设计了一张产品质量统计表，并出台新的规定：1. 工人入岗必须接受应知应会培训。2. 推出目标管理制度。工厂各生产岗位，必须配置统计表。通过统计、分析、评估、纠正四个步骤，保证目标成本的实现。

我将当时夹层车间主任刘章华找来，告诉他我的计算结果和我的实施方案。

"不可能。"听我说完，刘章华叫起来，"绝对不可能！曹总，您相信我吗？相信的话，我就跟您讲，要是谁可以用 $2.86m^2$ 做出 $1m^2$ 的玻璃，我不姓刘，来砍我的头就好了。"

"$2.86m^2$？我算出来的是 $2.26m^2$。"

"那是理论上的数字，生产操作中根本不可能。"

"难道，你不想去破解为什么理论与实际会发生差距的原因吗？"我问。

但是，刘章华是福建省机电学校的毕业生，1988 年 8 月进厂，从当技术工人开始，他的工作一直踏踏实实。他说不可能，或者真是不可能。

这是春节前的事。

年后，我认识了老白，就是现在的集团副总裁白照华。

我们是在舞厅里相识的。那天晚上，是一个朋友请客，我们吃完饭，大家喝了点酒，吵吵着要换个场地再玩，于是就到了舞厅。在舞厅，我看他和别人不一样，很规矩，只要有小姐坐在旁边，他就走开，挪一个位子。

我就坐到他旁边和他聊天。

原来，白照华是空军大校（技术军衔，正团级），空军某汽车修理厂的厂长，正面临转业再择业的困扰。看他谈吐自如，口齿清晰，正是我四处寻觅的技术管理人才，心里就有了要挖他的念头。

"转业要去哪里啊？"我关心地问。

"还不知道会转到福州哪个部门。"

"我听说，现在有一个政策，军人转业，如果不要国家安排，会给一笔安置费？"

"是的，有这么回事。"

"你拿着这笔钱，到我们的公司来，我们聘请你做公司的副总。"

"可以呀。"老白也爽快："不过要等我转业手续办完后。"

老白果然守信。

9月，他转业后，直接到福耀找我报了到。

我任命他为公司副总，主管万达公司。

在他上班的第一天，我拿出自己写的生产作业指导书，以及设计的产品质量统计表，希望他能按照指导书所设计的目标进行管理。我拿出一份质量检验报表，"你把这个报表，分给每个岗位的每一个工人，让他们填写。"要求围绕实现目标作为主旨，使用统计、分析、评估、纠正等方法作为手段，保证产品质量与成本进入目标状态。

我指着表格。"在统计数据与目标有差异时，就要查明这片玻璃造成缺陷的原因：原片是什么原因不合格？如果是划伤，是旧伤还是新伤？是原片厂带来的，还是我们自己生产过程中造成的？如果是生产过程造成的，又是因为什么原因导致？如果是玻璃不合格：是磨边不合格还是油墨不合格？导致质量出现问题，是设备原因还是新工人的操作问题？是倒班的问题还是技术的问题？等等。"

在我说明作业指导书的时候，老白频频点头。

从第一天开始，他就蹲在车间里，看着，按照我建议的方法指导着每个工序的员工。两个月后，$1m^2$ 的夹层玻璃单耗只需要用 $2.3m^2$ 了。这让福耀的生产水平大大地向前迈进了一步，甚至超过了当时世界最好的生产水平！

我立刻找来各工厂的厂长、车间主任、班组长，教给他们通过统计、分析、事后分析等管理工具，使得福耀的生产水平逐步全面地提高。从 1995 年以前的 $3m^2$ 到 $2.86m^2$ 到 $2.3m^2$ 到 $2.16m^2$ 到现在，经过不到二十年的时间，福耀已经达到了 $1m^2$ 的夹层玻璃单耗只需要用 $2.1m^2$ 的水平。

福耀第一次的管理革命，就这样在白总手上得以成功地推行。

这次改革的成功，为后来福耀的发展，奠定了坚实的基础。

与法国圣戈班的合与分

1994 年，我接到省政府办公厅的电话，法国圣戈班公司国际开发部副总裁皮尔·戴高带着十几个人访问福建，希望我能参加省政府安排的接待工作。因为圣戈班是法国的玻璃企业，省里希望找到一个懂玻璃的人参加这次的国际经济交流活动。

我去了。

戴高的个子不高，像很多法国绅士一样，留着黑胡子。交流中，我发现他们对中国的汽车玻璃生产很感兴趣，十几个人轮番发问，问题涉及生产技术、财务、管理、销售等等。好在我是汽车玻璃十项全能，应对他们的问题，绰绰有余。后来我才知道，实际上他们来中国到福建的目的，原就有考察福耀一项，只是，让他们没有想到的是，居然在福建遇见这样一个懂行的人，十几个的发问都难不倒。他们回到法国后，建议集团跟福耀进行谈判。

这真是天赐良机。前面我已讲到福耀碰到危机实行全面重组，原始创办股东将股票集中在香港三益公司和香港鸿侨海外两家公司上，占福耀集团 42% 股权，名义上是卖给华丰国货，实际上是抵押贷款，时间已逾年余，正在急于找买主。适在此时，有人上门寻购真可谓恰逢其时。

我认真而热情地接待了来访者，告诉他福耀是上市公司，如果他要入股，要走定向增发的道路。中国处于改革初期，前面没有人做过，因此预计比较难。"不过，福耀有境外股东，持有约占集团42%的股票，由香港两家公司持有，转让他们的股份，这个手续比较简单。"我告诉他们，因为福耀上市前是一家中外合资企业，这种性质的企业归商务部管辖，商务部因是涉外机构，相对来说较开放，也好商量。如果现在圣戈班要的话，只要在香港律师楼就可办理交割，涉及中国政府审批的就是香港两个公司参加福耀董事成员的名单需要批。这个问题，预计难度不大。"因此，圣戈班入股应该是可行的。"我最后说。

圣戈班代表认为，他们是跨国大企业，合法合规才是第一选择。此事，他们会让公司的法律部门咨询香港方面律师，如果没问题，再来协商细项。

几个月后，再次接待圣戈班的谈判代表。我们开始具体谈判，很辛苦。但达成了以下几个条款：

1. 圣戈班以1500万美元（大概）受让香港两家公司持有的中国福耀玻璃42%股权，在香港交易（方式是常见的由香港公司派股票给新股东）。

2. 圣戈班以1530万美元（12775.5万元人民币）入股福耀下属合资子公司万达汽车玻璃，占万达公司51%股权，但前置条件是：

（1）圣戈班必须向福耀转让占其在上海独资创建的汽车玻璃包边厂49%的股权，（作价按账面净值）由福耀在交割时付款给圣戈班。

（2）曹德旺本人必须在福耀持有15%以上的股权。

为了达到这个条件，我最后又以工业村名义受让了中汽配件与省外贸的股票，以保证交易条件的满足。

在以上涉及交易案中需中国政府批准事项，在 1995 年年底均获得批准，最终收到圣戈班交易款是 1996 年春节。

至此，1994 年因工业村引发的福耀第一次危机，得以彻底圆满的解决，为后来发展奠定了基础。

1996 年春节过后，圣戈班参与的董事会正式成立，他们没有提出因为是大股东而出任董事长，反而强调福耀董事长由王宝光先生继续担任，而我被聘为福耀总经理与万达公司董事长、总经理。他们派一名财务人员出任万达财务总监。他们派马克先生来，他的工资是我的三分之二，坐车也参照福耀一般高管。从这些来看，他们对我是十分尊重的，在这里我也为中国赢回了一个从来没有的面子，即在与 500 强合资企业中由中方主政。但不久不愉快问题就陆续发生了。

我认为，事情的发生与我自己太善良有关，或者说是没有经验。

我在接到马克上任报到后，发现马克虽只有 40 多岁，但已秃顶，带着太太与两个孩子来上任。他的工资大概在 100 万左右吧，孩子学费、全家生活费均在这里开支，而我在 1994 年因同情一个朋友买了一货柜法国红酒，法国人喜欢喝，我就自作多情搬了几箱给他，并告诉他喝完了家里还有。我揣测，正是因为我的这一送礼的行为，让马克一方面笑纳，另一方面在内心就产生怀疑：你为什么会送这么多酒给我，是不是在收买我？因此就开始多处调查。

这时，万达的中方财务就加油添醋地胡说，其内容就是 1995 年前中国会计师审计与外国不同的内容。我告诉马克："您是代表大股东入住公司，担任财务总监，您主要的职责是负责公司财、政及管理政策的制订，另一方面审查监督公司高管有否在运营中贪腐和不称职。"我严肃地问："公司的健康发展要靠股东间的团结。您认为有问题的事可以向我质询，我也有责任向您解释。您人在现场不去弄清楚，又瞒着我向您老板报告，您想干什么？"

"我不缺钱，这份工作，原来就不想干，能留下来接这个任务完全是一种责任。"我最后对马克说。

很遗憾，我的这些话，马克都难入耳。

事情因此沿着更糟的方向发展。

天下事发展都不是孤立的。圣戈班还有一位官员叫德苏的，好像是管这个项目的，他每月都会来中国一次，每次最多不超过 24 小时。

每次来，到公司与我握手问候后，他就到工厂转一圈，生怕设备少了一台。然后与马克聊一阵，也不知谈什么，那情景，真像驻外使馆中负责保密工作的信使。不知是不是怕文件通过传真或电邮会泄密，你如与他谈公司的事务，他只是哼哼，绝不会给出任何意见。

自 1996 年 4 月正式入股福耀至 1999 年 4 月，整整 3 年，这两个大员从来没有解决过一件有争议的事。先是我们根据出让万达玻璃 51% 股权的合同要求兑现其将上海包边厂 49% 股权转给福耀，他们不说好也不说不好。只是拖着不办。万达开始进口一套 CAD 三坐标测量仪，缺一个软件，要求圣戈班考虑卖一套软件给万达，他们不同意，说："您可以将玻璃运往法国检测。"

3 年合作期间，我作为董事长兼总经理，向他们报告文件摞起来有 50 公分高，但没有一份获得批准。因为美国重组项目，实在太紧、太重要，我与宝光董事长商量，我们单方面决定重组。在美国问题得到重组后，我意识到现有产量不够，应立即上一个夹层玻璃厂，当报告递送圣戈班后，还是如石沉大海。

这时，我感到绝望：过去 3 年，我放下自尊，每个项目与事项请示报告，都用法文、英文、中文三种文本进行，但都无下文。香港朋友告诉我，法国人不喜欢英文，他们看不起英语系人，您要学会请法语翻译。这时我醒悟过来，他们不想要我，在用这种手段逼我下野。

明白到这一点，我十分愤怒。

于是，我正式向董事会提出辞呈，辞去万达一切职务，并决定自己独资投 2 亿，建 100 万套夹层玻璃厂，公司取名绿榕玻璃。

这个动作虽然很小，声音也不大，这次他们听进去了。

1999 年 4 月，圣戈班的大老板爱申华到福州来，在万达会议室召开了董事会。会上，我出示有我签字的近百份文件，件件都是请示汇报资料，没有一件得到解决。"我当了 3 年董事长，但我还不知法国方面谁是管这个公司的。"我愤怒地说。

实事求是地讲，爱申华很绅士，他说："您虽然是公司董事长，但不是大股东，在经营事务上，小股东应听大股东的，除非您将圣戈班股票回购，成为大股东，否则我们决定怎么做，就怎么做。"

会上，我提出如果圣戈班有兴趣的话，我可以同意将我的 16% 福耀股票再卖给他。

"曹总，实际上，我这次来也是想与您商量，能否将原股票回购，但是因为公司连续 3 年亏损，因此开不出口。"爱申华说。

"我分析这两家公司亏损是合理亏损。一、福耀公司是因调整审计模式及转型期，二、万达是属新建工厂前期亏损。存在的最大问题是股东间的互信不够。如果您同意保留原投资做大股东，授权我可以不经您同意决定经营事项"，我说，"我保证负责，用 3 年时间，以分红方式将您原来的投资逐步还给您公司，您还是永远的大股东。"

爱申华耸耸肩，说："基于圣戈班公司是上市公司，不可以这样做，所以只能退股卖股票。"

听了爱申华的话，我强迫自己冷静了约十分钟，"您如果想退股卖股票，如果计入 3 年亏损，可能要损失 30% 左右。"考虑了一下，我说："我提一个条件，我愿意将您原来入股福耀与万达的资本金 100% 退回给您，不需要您承担 3 年亏损责任，也不支付任何利息给您，前置条件是您必须保证 5 年之内，不以任何形式进入中国投资组建与福耀、万达同类工厂。"

"OK！OK！"爱申华很高兴站起来与我握手，表示同意以这样的条款成交。

"一切循原路退出。"我告诉爱申华，"万达原是福耀全资子公司，被您受让 51%，这个资产由福耀集团收回并将款还给您，香港三益和鸿侨海外两家公司是从香港华丰公司购买，现在由我个人购回。不过，我个人钱不够，能否允许我用 3 年时间分批付还您？第一次付款在合同签订生效后 3 个工作日付 500 万美元，余 1000 万分 3 年付。在这期间，这两家公司股票还是属于您的，3 年付清所有款项后您签字将这两家公司股票派还给我。"

爱申华说："完全可以理解，也可以接受。"

圣戈班进福耀这出剧至此谢幕。

在这 3 年中，我学习了不少东西。如西方管理，他们偏向于现金流，不喜欢固定资产。原来我对所谓 500 强、跨国集团崇拜得五体投地，认为那是神圣不可侵犯的，通过近距离接触，发现他们的高管也不过如此。比如马克先生，我们公司财务部随便拿一个都可以将他比下去，那个高官德苏先生，更是如此。

所以，更坚定我奋斗下去，走向国际的决心。

因此，我也将我的历程第一阶段截止到 1998 年止。

从 1976 年至 1998 年历时 22 年，我从一个农民成长成一个初级的企业经营者，是从不为向有为发展的阶段。在我还清法国圣戈班股票本金后，我始终还是不开心，因为与人合作不欢而散，在我认为是一种耻辱。因此时刻牵挂着这件事，直到 2008 年股票每股升到 38 元，我决定将这些股票捐给国家成立慈善基金会。

作出决定后，我亲自赴法国圣戈班去拜访了圣戈班集团总裁，征询是否有意再当回福耀的股东。但当他知道回购现在已经需要 8 亿美金时，明确表示，没有能力回购了。

"为什么您要把这些股票捐掉？"圣戈班集团总裁好奇地问。

"我一生都非常成功。在个人的声誉方面"，我诚恳地回答，"唯一的一个不成功的案例就是与你们合资。"

"我们分手了，谁来给我们之间的是非做裁决？因此，我认为与你们的合资是一个大失败，分手是我们企业家生涯的奇耻大辱。所以，我作出决定，将这批股票捐给中国政府，成立一个慈善基金会，一是向社会宣示我们过去争吵的是事，不是我个人图财。二是作为第一代成长起来的中国企业家，也要学会与社会共享成功。"

"曹先生，我们为您骄傲和自豪。"圣戈班总裁说，"为曾经有您这样的合作伙伴自豪。"

客观地评价圣戈班这个合作伙伴，我还是得说，圣戈班是大度的，非常绅士的公司。自合作以来，从来没有指手画脚，说你这个做得行，那个做得不行，都没有。圣戈班总裁爱申华，驻北京首席代表米歇尔，还有首席翻译李磊，跟我的私交也都非常好。我们之间，没有私人利益上的冲突，最根本的，还是在道上。道不同不相与谋。这分歧，来源于文化的差异和对公司的定位，圣戈班是国际性大公司，对其在全球各地的子公司都有市场分工，对福耀的定位就是服务中国市场，但我认为，中国市场还没有发育，福耀应通过进军国际市场而迅速成长。

与圣戈班的合合分分，让我明白董事长是否能一言九鼎的重要性。在市场经济体制中，如果董事长兼总经理提出的经营主张，不能被大股东认可，不能在董事会上股东会上通过，没有发言权，那企业发展，就无从谈起。

1999 年，解决了圣戈班问题后，我将绿榕玻璃并入福耀集团，也就是现在的五厂。工人夜以继日抢建，终于赶在 10 月完成。

圣戈班退出后，公司的经营机制得以理顺。当年，就扭亏，赚了 8000 多万。

2003 年，圣戈班通过收购韩国的公司重新进入中国。很明显，违反了当年与福耀签订的"2004 年前不以任何理由进入中国的市场，不涉足同类的公司"协议。很多人建议我，叫法院封了圣戈班再起诉它。我告诉他们，没有必要搞得这么僵，都是同行，没必要。

我的大度，让圣戈班很感动。

一字之差的成败

1993 年，我连续两次去美国。那时，福耀玻璃已经在香港市场占有了一席之地。

1994 年台湾叶立华还是把我的玻璃推销给了加拿大的 TCG 公司，每平方米卖价，大概在 25—30 美元之间。

TCG 公司是一家大型批发企业，在北美有几十个仓库，并拥有数以千家的零售店，我们知道 TCG 给二级经销店的批发价是 50—60 美元。

整整一倍的差价！

我不服气：工厂做得那么辛苦，还要付原材料费，运费才得到其中一半的钱，太不合理了！

1994 年下半年，我在美国的南卡罗莱纳州购地，建了一座 1.5 万平方米的仓库，设立福耀安全用汽车玻璃批发中心，即福耀美国 GGI 公司。加上购买设备的费用，总投资 250 万美元。

仓库于 1995 年建成，1996 年投入使用。

我的初衷是，通过在南卡建仓库，既能在美国打开福耀玻璃的市场，又能比单纯的生产赚取更多的利润。

1996 年，万达生产出来的玻璃卖给美国 GGI，由 GGI 在美国批发卖给零售商。可是，我没想到的是，一年下来，美国 GGI 亏损，而且连续两年亏损。GGI 的继续亏损，导致万达公司也开始亏损。

为什么人家能赚，福耀自己办，得到优惠的地皮和特殊的税收政策，却赚不了？

我飞往美国进行专题调研。

到美国后，我聘请了一位美国的市调专家，他告诉我他叫和尚。叫他和尚，是因为他的头剃得极光，如和尚一样。他是一个市调极有经验的人。经过调研，我们找到亏损的原因：玻璃从中国运到美国后，从码头到仓库，拆卸、分包、装运、卸载，每一个环节，都有人工费用、运输费用的发生。如果体量够大，网点够多，这些费用就会被分解。"您别看人家批发商加价 20 几元就眼热。人家能赚这个钱自有道理：有体量，有资本，做的是保险的生意，专门服务于这一行业，且在美国 50 个州设有 50 个仓库。"和尚的分析透彻而明晰，"可你福耀，只是一个独立经销商，同样的人工费、运费，摊起来，自然要亏损。"

我频频点头。他分析得很有道理。

"有解吗？"我问。

"有没有办法在一个包装箱里装三五个品种呢？"他反问我。

"问题不大。我可以想办法。"我回答。

"如果可以"，他说："我建议你关闭这里的仓库，根据客户的订单，直接推销给独立的经销商。"

"何意？"

"也就是说，改变销售运输方式。不要零零散散的卖几十片，而是让经销商直接买一个货柜。货柜按经销商所需要的品种，比如装 30

个品种，一片 37 美元。这样，你的玻璃从原来的一片 20 美元涨到 37 美元，价格贵了，量也上来了。"和尚解释："这叫改分销模式为直销模式。分销模式等于跨行业经营，而直销，则是公司直营。"

我拍手叫好。

1998 年第四季度我决定关闭 GGI。但这个决定，过董事会时，圣戈班不同意。

GGI 是隶属于福耀的，但万达的控股股东是圣戈班。董事会议之前，我做了很多的作业，将万达与 GGI 的贸易方式为什么要变更以及如何变更等相关内容都报告给了圣戈班，中文、法文、英文都递了，但是，不管我用哪一国的文字跟他们解释，他就是一个"拖"诀，总是说没弄清楚，不回答。因为大家没有办法达成一致的意见，作为董事长兼总经理的我，还是强行关闭了 GGI。

改分销为直销，这是多么经典的一个名词，六个字表达了一个大事的改变方式，而且是完全不同。

赢在尊重供应商

1997 年初夏的一天，我正在办公室里看文件，集团采购部经理林国宗敲门进来。

"老板，印尼 ASAHI 的日本总经理计划到公司来拜访您，问您会不会在公司。"

"他什么时候到？"

"对方说，如果曹总时间允许，他计划后天就到公司来拜访您。"

"他有说来干什么吗？"

"我认为他这次来的目的，可能是与我们商量尽量用他们的浮法玻璃。"林国宗告诉我："最近浮法玻璃市场非常疲软，几乎销不动。"

众所周知，1997 年春，亚洲发生因泰铢贬值崩盘，引发的东南亚金融危机，爆发于泰国，波及菲律宾、马来西亚、新加坡，最后受传染的国家是印度尼西亚，受到冲击也最为严重。很多印尼企业破产。汇市和股市一路狂泻，一蹶不振，几乎让这个国家处于瘫痪的边缘。当时中国正处于改革开放的初期，国家外汇管理到位，受益于此，虽然也受到东南亚金融危机的影响，整个市场也十分疲软，但与印尼比，好了许多。

当林国宗告诉我客人后天就来的时候，我告诉他："这个日本总经理我见过几次，但都没有接待过他。他后天来时，你去机场接他，安排在温泉大饭店，晚上送他到我家里，我在家里请他吃饭。"

"好。"林国宗领命就转身准备退出。

"国宗，记住，你亲自去机场接。"我喊住走到门口的林国宗，再叮嘱一句。

我的家，当时还在福州华林路上的华林御景内，就是小区一进门的那幢独幢的小楼。那天晚上，日本人送了一个小礼品给我，然后讲了印尼危机的事情，希望我们能帮助他。

"这是应该的。所有人，皆有困难的时候，企业也是这样。"我说。"所以，企业之间帮来帮去是应该的。"

我为印尼 ASAHI 的日本总经理斟上中国的茅台。向他敬酒，欢迎他的到来。中国人讲究先干为敬，一仰脖，我先喝干了杯中的酒。

"但我们公司也是小公司，用量也不大，每月也就三五千吨玻璃，如果这样可以帮得上忙的话，没有问题。"我对日本人说，"从这个月开始，我们每个月都向你们买一船的玻璃，大概 4000 吨左右，等于我们用量的 80%—90% 都向你买了。"

说着，我又为日本人斟满了杯中的酒。"至于价格，参考中国市场的现价。你看可否？"

我的话音刚落，日本人"扑通"一声就跪了下来，举着酒杯，恭恭敬敬地向我敬酒，"曹总，感谢您！"他低着头，极尽恭敬之能事。

"快起，快起。"我忙起身扶起日本人，"这只是我力所能及做的一点事。不必如此大礼。"

"我在印尼的仓库太小，亚洲金融危机，玻璃不好卖了，加上印尼的气候湿度大，玻璃不易存放。您要的这一艘船的货，正好救了我们。如果您不要，我只有把那些玻璃炸掉了。"

第二天，送走日本总经理后，林国宗再次回到我的办公室。

"老板，我有一事想不通。"

"什么事？""我觉得奇怪，印尼这一次受灾很严重，老板跟他买那么多的玻璃，为什么不同他商谈价格？"

"问得好。"我说，"我刚刚从印尼调研回来。印尼这次危机十分严重，他们那里发生的是货币崩盘，不是贬值，印尼盾市值几乎为零。他们现在印尼交易，都必须用美元。这样一来，他们几乎无法卖。他们现在所处的环境，比你们了解到的还要难。从福耀来看，我们现在的短板，是没有浮法玻璃生产工厂，所用的原片玻璃，主要靠外购。而目前中国，只有两家企业为我们供货。一个健康的印尼ASAHI是我们所希望的。"

说到这儿，我发现林国宗的眼睛眨巴着，未等他发问，直接告诉他是为什么。"你要记住，从产业链的理论上讲，上下游企业，是有买卖关系，但也是分工不同，绝对不是各自孤立地存在的。要想让福耀公司健康发展，不仅是需要我们自己产品客户端用户的繁荣，更需要我们产品供应商的发达。"

林国宗似懂非懂地听着。

"我们每月都要购入几千吨的原片玻璃，如果分开几家，大家都觉得量太小，集中向印尼ASAHI采购，就起到一定的作用。表面上看是我们用这个办法帮助他们，实际上，也是在保护我们自己。"我继续耐心地向林国宗解释，"既然我们定位是在帮助，那就完全可以省略讨价还价这个环节。我相信日本人也是一个聪明人，知道我的用意。不然，他也不会来拜访我。"

果然，风暴过后，1998年年底，亚洲经济开始回暖，浮法玻璃又开始供不应求，有时今天谈好的价格，隔夜就又上涨了，即使有合同也拿不到货。

那段时间，我们幸好有 ASAHI 每月一艘船的保证供货。

让我感到奇怪的是，我们要的 ASAHI 那一艘船的货，始终没有涨价。ASAHI 就好像与世隔绝，不知道玻璃在猛涨似的，不仅按时发货，而且绝口不提涨价的事儿。一直到一年以后，玻璃价格几乎都翻了一番了，我们才收到印尼 ASAHI 的通知，直说道歉，不好意思要涨价。我们马上就答应了：早就应该涨价了，真的很感谢！

爱上高尔夫球

　　第一次企业危机在大股东作出让步的基础上成功重组，圣戈班入主后原则保留了原来的管理体系，我继续原职务，集团总经理兼万达汽车玻璃董事长、总经理，我的工资也比法方派来的代表高，一切都顺理成章。讲句实话，我自己也未曾想到会有此待遇，但客观上存在在商言商，我是从创业老板的位上变为职业经理人，虽然还是董事，但完完整整是个小股东，不能与以前相提并论。鉴此，我深思自己应有足够思想准备，接受职位变换。为求适应，我想自己也应该去找一个业余爱好，万一有一天真的被废位，或许能帮助解脱压力。此前有人建议我学打网球或羽毛球，因为可以在晚上打，而且可以有女教练陪打。但我觉得还是不方便，因为需要约另一个就有许多麻烦事出现，如她有空我却没时间，或我有时间她人不一定有空，为此被搁置下。1995 年福州新东阳高尔夫球场开业，有一朋友邀我去体验一下。用一个成语"一见钟情"来形容这次打球，再贴切不过了。当时福州刚开始有球场，赶时髦的人就从国外请来了教练。我去打球前朋友介绍了一个洋教练来教我，他说打球前先要理清高尔夫球基本知识，然后再开始学打球。他对我们说："高尔夫球场设计全场以 18 个洞组成，标准设计 72 杆，分上下两个半场，上半场 9 洞 36 杆，下半场同样是 9 洞 36 杆。每半场 36 杆是由 2 个 3 杆洞，2 个 5 杆洞，5 个 4 杆洞组成。这就是标准。在国外考评球员成绩，不直接问您打多少杆，而是问您差点是正或是负。如果全场下来，我打 90 杆，这个表述方式是 +18 点，如果是打 70 杆，那就是 -2 点。"

高尔夫球可以分组打，每组可由 4 人组成，也可由一人或二人、三人组成，完全视个人情况而定。对此我很感兴趣，因为自由，可以一个人打。就这样，我爱上了这项运动。深入研究后，我更迷上了，这是一种考量智力的运动。

首先，它的成绩计算方式是以一场 18 洞目标 72 杆，作为标准来衡量的，这与企业管理中要求目标预算相近。在每个洞的标准设计上，如 3 杆洞，要求一杆要上果岭，推杆标准是 2 杆。在实际运动中每个人还要填一张记分卡，记录实际打球成绩，要分清球道杆与果岭杆实际数据，这与企业中常用的管理统计学原理相符。从这里我们体验到欧美国家的先进管理思想也嵌入娱乐文化中。

爱上高尔夫容易，却碰到时间安排问题。我喜欢一个人打，目标很明确，就是锻炼身体。一场下来要费时 2 个小时左右，但这需在不堵的情况下，因此我练成了打早球的习惯，不论春、夏、秋、冬，天一亮就现身球场。记得那是 2006—2008 年间，冬季有韩国团队来福州打球。他们开球也很早，一般是早上 7 点，那么我就必须在 7 点前打完前半场，再转到下半场，走在他们前面，才不被堵。可是冬天早晨天又迟亮，为了抢时间，我会在天未亮前开球，球道上用电筒找球，这成了福州球场一个笑话。

2008 年 5 月 16 日，"5·12"汶川大地震后，曹德旺在福耀集团发出倡议，号召全体员工"心系灾区，奉献爱心"，并率先个人捐款 500 万元。一周内，福耀集团捐款总额达 930 万元，并在第一时间送往灾区。

2010 年 4 月 14 日，青海省玉树藏族自治州玉树县发生 7.1 级地震，造成大量人员伤亡和房屋倒塌。在 4 月 20 日举行的抗震救灾募捐活动特别节目上，曹德旺之子曹晖代表家族捐款 1 亿元人民币。

2010年5月20日，曹德旺为旱情严重的云南、广西、贵州、重庆、四川五省（市、区）捐款2亿元，该项捐款惠及 10 万户受灾家庭。图为在昆明举行的捐赠仪式上，曹德旺向中国扶贫基金会会长段应碧（左）递交捐赠牌。

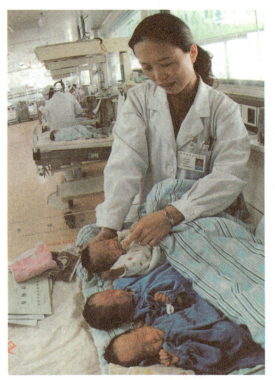

2006年2月，曹德旺看到报道：福建省闽侯县一户农民生下三胞胎，由于体弱需要在保温箱中才能生存，父母均是打工者，因为贫穷，最多只能养活一个。曹德旺联系到医院，支付了三个孩子在医院的所有费用，并在今后每月资助孩子的生活教育费用1500元，直至他们18岁。在2012年央视对话节目录制现场，曹德旺又见到了三胞胎，曾经瘦弱的她们现在已亭亭玉立。

何金龙是福建永泰一户农民，他为儿子买了头母牛，以期能干农活，作为生活的依靠。没想到两年内母牛生的两头小牛相继夭折，母牛也病死了，这个贫困的家庭便无钱再购买一头耕牛。2005年3月17日，曹德旺听说这件事后，不仅亲自精挑细选一头健壮的母牛，而且嘱咐何金龙要找出前几头牛的死因，避免重蹈覆辙。图为何金龙父子牵着牛走在回家的路上。

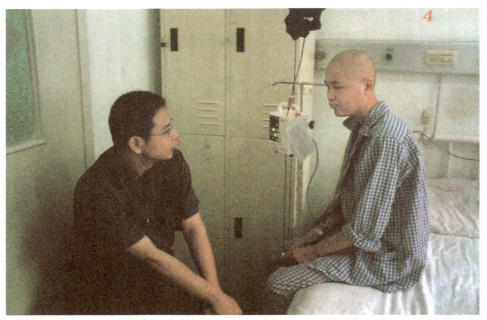

2007年6月20日，福耀北京公司钢化厂厂长（左）看望住院治疗的田军（右）。田军在福耀实习期间被查出患上白血病，巨额医药费一下把这个原本不富裕的家庭推向绝望边缘。曹德旺得知这个消息后，马上作出指示，要全力挽救田军的生命，并承担所有医疗费用。

CHAPTER 5
第五章
铁肩道义

遇上以冤报德

2000 年 12 月的一天，大概早上 6 点多，我正在吃早饭。

"哈罗，摩托……"摩托罗拉响了。

来电显示，集团副总裁白照华。

我推上送话器，"老白，什么事？"

"老板，工厂出了一件事。"

"什么事？"

"销售部有个员工叫白丁贵，昨晚出去吃饭喝了一些酒，回到宿舍肚子痛得不得了，公司赶紧送医院，诊断出来的结果是肝癌晚期。"白总说，"医生说不要治了，肯定治不好。"

白说，"白丁贵的家，远在龙岩的农村，我们已经打电话给他父亲了，请他父亲来带他回去。由人事科给他打几万块钱，给他回家治疗。您看这样处理可以吗？"

"肯定不行。他才 20 几岁，要不惜一切代价救治。年纪轻轻的，不能看着他躺在家里的床上等死。再说，天下事没有百分百的，医生也会有出现误诊的时候，除非是他的眼睛闭了我们没有办法了。你先去安排，我马上到工厂。"

电话那端，白总没有声音。我知道他是在等我的决定。

我说："你通知福清的医院负责转院，我通知郑春媚联系福建省肿瘤医院。"

春媚是公司驻福州的办事处主任，有关福州的联络事务我一般都是让她负责。我拨通电话，"老板，有什么吩咐？"

"你到省肿瘤医院去一趟，告诉他们有个病人，是我们福耀的员工，福清医院诊断是肝癌晚期，老板要求转到省肿瘤医院住院治疗，麻烦帮忙安排好一个床位，办好住院手续。现在需要多少钱，我马上打款到医院。"我又叮嘱说，"你告诉医院，老板交代只要能救活他，不管花多少钱。"

当天，公司汇款 10 万元到省肿瘤医院的账户，白丁贵住进了医院的病房。

当天上午，白丁贵的父亲带了两个人来到公司，秘书带他们进了我的办公室。

"很不幸，发生了这个事情。我们已经安排孩子住进了福建省肿瘤医院，现在已经在治疗。"我对白丁贵的父亲说，"白丁贵的病，花多少钱，企业都会承担，只要能救活，不惜代价。"

我的话音刚落，白丁贵的父亲扑通跪下。"曹总，太感谢您了，真没想到公司会这样处理。我的孩子真是有幸，遇到了您这样的贵人。"白丁贵的父亲说，"您的大恩大德，我们全家没齿难忘。"

"我来的时候，所有的人都跟我说，贵儿得了这病，老板是不会管的，因为您是私人企业……因此特意请了村里的干部一起来，请他们帮忙交涉。没想到……"白丁贵的父亲说着，哽咽起来。

我上前一步，扶起了白丁贵的父亲。

"没什么。我也是一个父亲。我非常理解您现在的心境，能做的我都会做。"我说，"护理他的事就有劳您亲自去做，花钱的事由我们负责。"

我将他们送出办公室，"那么你们赶紧去医院吧。"

送走了白丁贵的父亲，我继续埋头于工作中。那段时间，公司的业务发展很快，长春公司也在兴建中。白丁贵的事儿，期间也问过，得知一切治疗正常进行，我也没有再多过问。

一晃几个月过去了。

公司打入医院账户的钱已经 20 万元，但是，经过几个月的治疗，白丁贵的病情并没有好转。

中秋节的前几天，医生告诉家属，白丁贵剩下的时间不多了。白丁贵的父亲跟公司提出，想为白丁贵办理出院手续，请公司派车送他们回龙岩家乡，一来白丁贵的母亲可以看看孩子，二来，人就是死也要死在家里。

听到汇报，我深感惋惜。"实在太可惜了，那么年轻。"我叹了口气。"回去也好。不过公司派车不妥。建议肿瘤医院派救护车配医生、护士送他回去，发生的相关费用由公司支付。"我吩咐道。

这个方案白父接受了。

又过了一个多月。

有天上午，大概 9 时左右。办公室主任两次走进我的办公室，又都欲言又止。

"有事？"当她再一次走进我的办公室，我问。

"有事。不敢说，怕您生气，老板。"

"白丁贵的父亲带了一些人到公司来，已经来了几天，要我们给他一个说法，说他的孩子是死在我们公司的岗位上。"

"你去带他到我这儿来。"

"不可以，老板。怕他会到您这儿来闹事。"

"你怎么会怕事怕到这个程度？！"我拉下脸，"去，你去叫。"

不一会儿，她带着白父走了进来。

"曹总，白丁贵死了。"白父进门就说。

"他走了，我深表遗憾。"我将话锋一转："您带那么多人来做什么？来闹事吗？听说您要我们公司给您一个说法，您认为应该怎么说？您还记得几个月前您跪在这儿的事情吗？"

"没有。"他喃喃地说。

"没有？您知道我在您儿子的治疗上面花了多少钱吗？您当初被我的举动感动得跪了下去。现在是秋季，你是农民，不好好在家秋收却跑到公司来做什么？您要是来打架，叫这几个人来有用么，我们公司的保安就有几十个。您要想跟我商谈，一个人来就好了，叫这么多人来想表达什么意思？你们到公司来还要我们招待你们，你们这个行为和强盗无异。"我一口气不停地说着，"我告诉您：现在是 9 点，你们 10 点前必须从公司撤出去。10 点若还没离开，我就叫保安来把你们的行李都搬出去。您要是觉得我这样做您不满意，可以去找我们福清市政府、市法院和市劳动局，如果不知道到哪里找，我可以派车送你们去。"

"曹总，我没有闹事的意思。"白父低声说，"我们现在不谈白丁贵的事，想跟您商量可不可以让丁贵的弟弟顶替他哥哥在这里上班？"

"不可以。公司没有这样的先例。"我说，"您一个大学生在我这里培训，生了这个病，我花了这么多的钱给您治，您还要我赔。您自己摸摸良心想一想，您现在这个样子，要是我收了他，他再出个什么事怎么办？我还能收么？"

最后事情也只能这么办了。

人才出自认同

大约在 1998 年的时候，我曾经请教过当时台塑董事长王永庆：如何留住人才？如何培养人才？

王永庆告诉我，管理层不能外聘，要自己培养。他专门开办了一家台塑工业学校，只发中专文凭，认为做工厂有这所学校的毕业生就够了。

福耀虽然没有办学校，但是把工厂当作学校来办，为发展培养人才；同时，十分重视工作中的再培训：集团设有培训中心，负责对操作人员进行基本岗位技能培训，以及举办各类专业技能提高培训；与厦门大学管理学院合作成立福耀管理学院，利用厦门大学的师资培训管理人员，所有中层以上干部均接受过 MBA 课程教育；每年都拨专款支持培训工作，聘请世界知名的咨询公司作专题培训；在培训方面"请进来"的同时，也有"走出去"。福耀成立初期，就有一大批的技术人员和生产管理培训，进一步缩短了与世界顶级水平的差距。此后又分批派送技术及管理人员去意大利、美国培训，博采众长。

公司新进的员工，不管是大学生、研究生还是留学生，到了福耀就必须下到工厂车间锻炼。

在我看来，能不能吃苦，经不经得起折磨，是一个人能否真正成材所必须的基本素质。

福耀现在的副总裁陈居里，1990年毕业于北京航天大学管理信息专业。毕业时面临无数国内国际顶尖公司的邀约，但他想回福建工作，在回家乡途经福耀时，看到我当时写在人行天桥上的标语——"我们要成为汽车玻璃供应商的典范"，临时决定下车，走进工厂。他到了公司人事部门，自我介绍后，人事经理就带他来见我。那时的我，只要是大学生我都想要，一见到居里，大致了解他的学校、专业、家庭情况后，我就对他说："留下来干吧。"他同意了，我们的交谈前后不到5分钟。

他进工厂，就被安排到垂直炉上三班倒，每天得用一辆平板车把废弃玻璃从车间拉到玻璃堆去倒掉。一车玻璃有一二吨重，最多也就只安排两个人去推。居里长得文文弱弱的，但他一样完成了工厂规定的磨炼期。

因为文弱，也不太爱说话，居里就经常替人家背黑锅，别人做错的事都往他身上推，但是他从不辩解，都默默地承担下来，有好几次，我都生气地调换他的工作岗位，贬到车间去上班，但每一次他都坚强地站起来了。有一次，我问他受了那么多的气，为什么没有选择离开，他回答我："只要福耀还有一张我的办公桌，我就不会离开！"

"为什么？"我再问。

"因为您。"居里的回答也很干脆，"您是一个正直的人。有几个公司能像我们福耀这样，公司的利益和老板的利益完全一致？这么好的公司并不容易碰到，我有幸进来了，怎么会轻易地离开？"

"那你为什么不申辩？"我问。

他淡淡地说："申辩会让您觉得我在推卸责任，很难细究，所以索性就不申辩了。"

他告诉我，他曾看过一本关于成功人士的书《艾科卡自传》，艾科卡说："我用25年时间为福特工作就是为了这最后5年大干一番。"因此他认为，每个人的一生可能多半时间都在打杂，有机会了你才会做些重要的事情。但前面这十几二十年的杂事，你是一定要做的，不打杂人家怎么了解你呢？只有努力地去做些小事情，你才有可能了解这个公司，才会和这个公司有亲和力。"我记得我们毕业那天老师说过一句话：'一个人如果现在不打杂以后永远要打杂，一个人现在打杂，以后永远不打杂。'这句话对我影响很大。'打杂'可以理解为为学武功而为师傅扫地倒罐，也可以理解为初生牛犊为自己无知付出的代价，也可以理解为和企业建立亲和力的一个过程。只有经历这样的'打杂'，企业才可能最终认可你的才干，才愿意给付你所期望的待遇。找工作就好比卖东西，只有先展示性能、展现你的本事，才有可能得到一个好价钱。但本事是看不见摸不着的，人家怎么知道，所以你得做！"

他的英文底子比较好，后来就去处理香港进出口业务，一直干到福耀（香港）有限公司总经理。1999年12月，我任命陈居里为集团副总裁，主管海外维修市场销售系统工作，一直到现在。

福耀浮法公司的总经理黄中胜，是1998年厦门大学MBA毕业后进入福耀的。当时福耀刚刚和圣戈班签订了合资协议，我就安排他到合资公司万达做财务总监。圣戈班撤出万达后，福耀和万达的管理层合并，我安排他到任万达的采购经理。他说不会做，怕做不好。我告诉他不会做没有关系，可以边做边学。我提醒他注意采购部一个做备品备件的采购员郑爱锋，不合适的话可以让他离开，但黄中胜拍着胸脯说，他担保。

最后，郑爱锋还是出事了。1999 年万达盖五厂，供电系统需要用的一个零部件，是镇江一家公司供应的，熟悉机械电气的郑爱锋负责这单的采购，从这家公司拿了 4 万多元的回扣。我很生气，除了处理当事人，把黄中胜也找了来，狠狠地批评了他，并且捋掉了他的经理职务。

这以后，他被安排在很多的岗位工作过，反倾销办公室副主任、浮法销售部经理、浮法销售部副经理、浮法公司副总经理、浮法公司总经理，上上下下的，好几次，他也都没有吱声，不论在哪个岗位，都做得很好。我曾经在一次集团的干部会议上说，黄中胜不错，对那个事情有反思。

黄中胜听进去了。

后来他告诉我，郑爱锋事件的发生，主要责任还是在他，如果他当时够专业，他就不会被人蒙。"这件事给我留下了很深的烙印"，黄中胜说。从那以后，不论在哪个岗位上，他都对自己要求做到"专业"二字。"还有，大部分的工作，自己做。"

黄中胜解释说："在学校，MBA 学的是西方管理，讲的是领导要当好教导、教练，然后大家一起做，也就是要尽可能地让团队成员工作。但是，这件事，让我更深地体会到您说的领导不能做甩手掌柜，至少要做 60% 的工作，剩下的 40% 的工作也要指导部下去完成。要参与其中。"

他告诉我，他也是过了许多年才体会到，在工作中有用的知识，绝大部分都是在工作中学会的。在大学里面仅仅是学了一点基础知识，大学毕业只能说明是一个可塑之材，其实是公司在塑造我们。

后来，当我知道他被贬为浮法销售副经理一职时，一家南方有名的浮法玻璃企业想用 30 万的年薪和总经理助理一职吸引他，但他没有跳槽，那时他在福耀的薪资才 12 万元左右。他为什么没有被挖走呢？

我有点好奇，问他。

他的眼睛竟一下子湿润了。怎么回事儿？

"老板，您忘记了吗？"他问。

"什么事儿？"我还以为他受了什么委屈。

"2001 年的时候，我老婆生了个儿子，儿子名字还是老板您给起的。儿子生下来就脑瘫，在福州治疗，我一个外地人，对这里一点都不熟悉。当时公司在福州有买一些套房，我就向您说能不能借一个房子给我，这样小孩子在福州治病时，老婆可以住到那儿。老板您很热心，说：'你可以让你老婆孩子住到我家里。'"

想起来了，似乎是有这么一件事。

"老板您说这句话的时候，非常的真诚，我当时感动得热泪盈眶，我只是您的一个普通员工，您却一点都没有顾忌，一点都不担心我老婆住到您家，会给您和您的家人带来多少的麻烦事。"他继续说："这是我怎么也想不到的事。想一想，不要说是老板您，就是一个普通的朋友吧，也不会那么轻易开口让别人的老婆带着一个生病的小孩子，住到自己家里去的，但是老板您，做到了。现在想起来，那口气，那神态，我历历在目。"

哦，原来是这样，我的确不记得了。

"我记得，与你同时进入福耀的 MBA 有五六人，现在却只剩下了你一人，为什么只有你一人坚持下来？"

"还是因为您，老板。"黄中胜说："您的人格魅力。您是一个好股东，又是一个好董事长，您让我在福耀有了归属感。"

市场需要，促成扩张

美国经营政策的调整和中国汽车工业发展政策的出台，给万达和绿榕带来了迅速发展的生机。

2000 年的时候，福耀万达和绿榕两个工厂的业务都吃饱了。

福耀的目的，是为中国汽车工业提供一个高质量的配件工厂。未来，中国的汽车工业成几何级地跳跃发展，福耀呢，站在中华人民共和国的版图前，福耀的下一个工厂要建在哪儿？我想。

上海？长春？广州？北京？重庆？

米书记的到来，帮助我下了决心。

2000 年 9 月 6 日，长春市委书记到厦门参加"98 国际贸易洽谈会"，顺道到福耀考察。当时，福耀已经在给一汽供货，做配套。书记来参观时盛邀福耀到长春投资建厂。这一邀请，与福耀的发展正相吻合。我立即答应，到长春建厂。约定我到长春考察的时间，是书记结束"98 国际贸易洽谈会"回到长春之后。

包装和运输，占生产成本的 20% 左右。如果与汽车厂毗邻而居，福耀将大大节约生产成本，同时又能及时地为汽车厂提供高质量的玻璃。

国庆节后，10月4日，我到达长春。市长陪同看了几块地，我最终相中了经发区内的那块，就是现在长春福耀的所在地，占地近200亩，够大也够平坦，关键是边上还有200亩土地可供扩张用。

"市长，我对投产的时间要求很高，如果可以，希望能马上动工。"

"这是一块已经收储好的地，就在开发区的手上。"市长告诉我，"这里一到冬天，大概11月20日后，就成了冻土，无法施工。"

"到11月20日，不是还有一个月的时间么？如果工程队马上进场，在冻土期到来前，把杯口做好，不是就不影响工期了吗？"

做基础杯口，通常需要3—4个月的时间，一个半月，能做好？工程队说，可以。工人三班倒，昼夜不停，但电要保证。开发区主任当场表态："没有问题，全力支持。只要有事什么时候都可以叫我们。"

就这样，我4日到长春，6日确定地块，10日破土动工。我和公司的副总何世猛出席了奠基仪式。这个看地和开工的纪录够快的了吧？当时连手续都还没有办，土地款也没有打，就开工了。"先开工，一切手续，后补。"市长说。

福耀厂房的开工，创了中国的纪录。福耀厂房的基础工程，最终在工程人员和政府各方的大力支持下，在短短50天时间里顺利完成，创下了长春开发区建设"第一速度"的纪录。

这速度是怎么创出来的？严寒的冬天，一群南方人，没有宿舍，没有暖气，没有平坦宽阔的水泥路，没有出租车，没有工作餐，一块木板搭起一张饭桌，小商小贩送来的饭菜，三元一份，你一盒我一盒，老总、经理、员工挤挤挨挨长长条条桌前坐着，三扒两扒，快速吃完。什么时候设备到公司，卸货、安装就开始。

长春工厂，一期建设规模为年产60万套汽车玻璃和5万片大巴前挡玻璃。

也是从长春公司开始，福耀有了自己制造的国产化的汽车玻璃生产设备。长春的生产设备，40% 是国外引进的，60% 是自己制造的。

当时没有厂房，这 60% 的设备又是怎么制造出来的？

租的。

没有生产设备的地方，就租了拖拉机厂的一个车间。就是在这个车间里，福耀的工程技术人员，经过 7 个月的攻关，研制成功了国内第一台国产化 VPL 设备。这是福耀的工程技术人员自行设计、自行研制的。

从长春以后，福耀的每一个新工厂，都更多地采用了自己制造的设备。这也是为什么，福耀能够将一个一个贴近客户的生产线，快速地在全国复制的原因。

我们都知道，严寒的冬季，北方人基本是"藏"的。但那一个冬季，福耀的南方人，硬是顶着刺骨的寒风，在冻土上作业，从冬到春，他们的工作作风感动了当地政府："原来你们南方人是这样干活的！"建成后的长春公司，碧草如茵，树木苍翠。宽阔的柏油路，整洁的宿舍，有序的停车位。乒乓球室、篮球场、健身房、电影院，娱乐设施应有尽有。厂房高大明亮，车间宽敞整洁，设备擦得锃亮，各种标识清晰醒目，成为长春经开区的一个醒目地标。

长春一投产，就吃饱了。以陇海线为界，东北、华北两个片区的主机厂成为长春公司的最初客户，一汽大众、一汽轿车、一汽解放、沈阳华晨金杯、哈飞汽车、保定长城、郑州宇通、北京现代、天津一汽丰田等十几家客户的订单逐步收入囊中。2002 年 4 月，我在对长春公司进行工作视察后，根据市场需求及目前生产状况作出启动长春公司二期工程的决定。二期建成后，长春公司的产能翻了几番，形成年产 300 万辆轿车玻璃、5 万片大巴玻璃及 30 万片货车挡风玻璃规模。

随着长春公司的建成投产，福耀集团成为中国汽车安全玻璃龙头的脚步开始大步向前。

长春之后，就是上海、重庆、北京、湖北、广州、郑州。

但上海还是没有长春幸运。上海的地基是软的，打桩的时候花了我们很大的力气，近两年的时间才投产。

有一天，我正在办公室里忙着上海公司的建厂事宜，秘书进来了。"曹董，重庆万盛区的一个副区长和万安玻璃厂的厂长明天想来公司拜访您，可以吗？"秘书问。

"可以。"我说。重庆建厂在福耀的五年计划里，这时候，重庆玻璃厂的人来访，自然就该见见。

第二天早上 7 点多，我直接到他们入住的宏路酒店去，原想陪他们吃个早饭，结果，我到得太早了，他们还没有起床。因此，我回到公司，请他们早餐后到公司来。

8 点多，他们到了，带着时任重庆市委书记秘书的介绍信。那时，集团公司的总部还在万达的工厂里。

握手寒暄后，万安玻璃厂的厂长张崇林介绍同来的高个子是万盛区的副区长。

张崇林原来是学校的老师，改制后与几个股东一起承包了万安玻璃厂后转行当了厂长。他开宗明义，"曹董，我们万安是为长安汽车厂服务的，在西南片还是有一定的市场，但我觉得自己无法将万安厂做得更好，所以此次前来，邀请您去我们万安看看，希望福耀收购万安，入股也行。"

此时同来的副区长孙瑞彬更加客气地说："我们区姜平书记特意去市领导求得一信，派我专程来请您去考察。正如崇林讲的，不管是独资或合资，区里都会支持。"

我接过他递上的介绍信，认真看完后说："此事有意思，也很有兴趣。但这几天就去有困难，容宽后几天。"

他们很高兴。此事就告一个段落。半个月后，我乘飞机一个人去了重庆。

张崇林到江北机场接的机。从江北机场到万盛，当时还没有高速公路，去一趟，路上得花 5 个小时，加上路况不好，车开到一半轮胎坏了。

当天下午大概是 5 点钟左右我们到了万盛。区委书记姜平就在万盛樱花温泉度假村等我们，这个度假村位于万盛区与綦江的交界处，距万盛还有 20 多公里路。村内樱花成行，温泉久负盛名，常年水温保持在 31℃—50℃。放下行李，简单梳洗后，就开始吃饭。应该讲，万盛很重视我的到来，上至区委书记姜平以及五套班子领导、招商局长等很多人都到场，宴席间也不灌我的酒，上主食时还特意为我煮了一碗青菜汤面。看着清汤寡水的面，我问："这个要怎么吃啊？"

孙区长就说："曹总，我们担心您福建人吃不了辣又怕饿到您了，所以特意交代厨师上一碗清汤面。你呢，看桌子上的菜什么能吃，加到面里一起吃。"

"我走南闯北，什么菜都适应了，你们吃什么，我就吃什么，你们重庆的菜其实并不辣。"我说。

后来，我再去，就不再给我另开小灶了。孙区长还在重庆到处帮我找他认为最辣的菜，什么王胖子鱼头、歌乐山辣子鸡、陈麻婆豆腐等等都找出来了，但还是没有把我辣倒。

第二天我参观了万安玻璃厂。讲实话，这个厂的规模也就是我最早的高山玻璃厂一样大，如果单一买那工厂没有价值，还好万安厂旁边还有一块约 100 亩左右农地，下午我们就开始讨论是否选址万盛的问题。我的工作作风一贯决定很快，经过一个下午磋商，就决定以与万安合资方式将企业落户万盛，主要理由是：

1. 福耀如果决定在重庆建厂，不得不重点考虑长安汽车厂的关系，万安玻璃原设计就是为长安服务的，这个人情还是要给的。

2. 万盛区干部、人民都很厚道，特别是姜平书记、程真祥区长都非常难得，自古有未求财先求伴之说。

3. 万安厂紧靠城市边，职工生活工作十分方便，加上区里对我们提出的要求不打任何折扣。

就这样当天签了两份合同，一份是参股万安75%股权，第二份是向万盛征地100亩。这里应该提到的是，万安厂原来是国有企业，后来改制为由张崇林为代表的几位管理层持有。为了支持区政府招商，他们积极地响应。

万盛项目确定之后，我就回重庆。

在重庆，十八冶玻璃厂厂长夏露和她的党委书记赵雪玉一班人正等着我。她们已经听说了我和万安合作的事。十八冶玻璃厂是国有企业，有百十号工人。此前，十八冶玻璃厂已经通过全员集资，建起了玻璃生产流水线，她们同样希望能与福耀合作。

但在收购了万安玻璃厂后，这已不可能了。因此，我提出我可以买下十八冶的玻璃厂将其拆除，工人并给万安玻璃厂。"从我个人的角度，我个人拿钱把你这个工厂买了，你们把钱还给工人。"我告诉她们，"万盛的玻璃厂按福耀的思路建厂后，你们肯定不是我们的对手，没几天就倒掉了。你们辛辛苦苦的钱没了，要骂我的。考虑到你们工人的辛苦钱，不会因为我的到来而受损，我可以用一个合理的价格买下你们的工厂。"

"我们可以合资啊"，夏厂长说。

"我上面建一个厂，下面再建一个厂，自己的两个厂自己在这里竞争，这个是不可能的。"我说："你们的工厂关掉后，把这里的工人调到万盛厂去上班，这里的工厂拆了。"

夏厂长她们最终同意了我的方案，回去很快就安排了相关事宜：原十八冶玻璃厂的工人，凡愿意去万盛上班的就安排进万盛，不愿意去的就拿回当年集资的钱和转业安置费用，离开了工厂。

过了一个月，我又去万盛，张崇林告诉我，他的合伙人都担心与福耀合资风险很大，他们说曹德旺投资下手很凶，现在手头又根本没有任何依据，所以他们希望能将他们持有的 25% 的股份也卖给福耀。我立即答应，并请张崇林抓紧办。

八九个月后，万盛投产了。区政府要搞一个比较大的竣工典礼。我说以后再搞。我的想法是，这么小的一个工厂没必要张扬。

又过了几个月，有人告诉我，时任重庆市委书记到万盛检查工作，也到福耀万盛工厂视察，听了工厂总经理的介绍后，问万盛姜平书记："曹德旺做得很好。他自己有没有来过呀？"姜书记回答"经常来"后，他又说，"是吗？怎么来了没有找我啊，下次曹德旺来了，记得叫他来找我。"

此前的几次去重庆，我的确没有去拜见市委书记，虽然是他叫万盛的人找的我，他原是我们福建的老领导。

在我心里，做生意就是做生意，没什么事，怎么好去给领导忙中添乱？但现在，书记都这么交代了，我又怎么能不去？

不久后我又到万盛，姜平书记告诉我，贺书记说您再来要您去看他。第二天，姜平就带我去拜见贺书记。

"贺书记怎么样，满意吗？"握手寒暄后，我问的是书记对工厂视察后的想法。

"满意。"

"满意就好。"

"目前有什么需要帮忙的吗？"

"有啊，路不通。"前面我说过，从江北机场到万盛，路上要花上5 个小时。后来他们为了方便我到万盛，每次我到重庆，就包一个专列给我，2 个多小时可以到。可是货，不可能专列啊。所以我对书记说："重庆到万盛，总共不到100多公里的路，跑起来却要花上5小时，太浪费时间了。万盛是重庆的后花园，高速如果修到万盛，对重庆的经济发展也会有很大的影响。"

书记听了，没有直接回答我，而是转头问万盛区委书记："姜平，你怎么不修路呢？"

姜平是老实人，被这一问就吓坏了，也不知该如何回话。我接过话头，笑着说："我已经安排好了，我今天回去叫孙区长到您门口上班，等着您批钱。你不给钱，他怎么修啊。"

后来我听说，书记叫来了重庆市的交通委调研。其实这条路本来四年前就开始着手修了，只是包给私人出了问题，修路的事就被停下来了，这些问题在贺书记的手上自然很快就解决了。

万盛工厂投产后，仅仅3年，产能就不够了。此时，福特计划在重庆建厂，作为为汽车厂商配套的福耀，要求就更高了。

我决定在重庆建第二个工厂，选址就在福特的边上，北部新区。

一开始，我让张崇林去找地。北部新区管委会的工作人员，也带着张崇林四处看地，之后就向我报告，说地已经看好了，要我去一趟重庆。飞到重庆，陪着我，看了很多地，奇怪的是，每当我看过了满意了，但是总是有人出来说不能用，有某某人已经要用了。我就火了，"既然不行，为什么叫我来看？"我问陪同的工作人员，"征地到底要什么手续？"年轻人就讲真话了："想在这里买地，没有领导点头谁都不行。"

此时，市里书记已更换，重庆市市委书记换成了黄姓。我不认识。

"哥，您当初在漳州当书记的时候，不是认识一个招商局的局长吗？"我想起远在福建的哥哥，拨通了他的电话。

"是啊。他现在在重庆当书记。"

"您给他打个电话，说我在重庆办厂，要一块地，请他帮忙一下，批一块地给我。"

书记知道了就说，这是好事啊，福耀要在重庆投资建厂，是我们政府求之不得的事。他让秘书与我联络。

第二天，重庆市副市长童小平通知我，要我去市政府会议室。

"曹总，欢迎欢迎！"书记迎上前来，"我是您哥哥的朋友。"他说。

"是，我听我哥哥说过了，就麻烦您帮忙将我介绍给开发区。"他马上答应并立即指示在场的童小平副市长。离开市政府，童小平副市长即带我到了北部新区。这个地方，我昨天就来过，所以，走到那块地，我就直接告诉童小平："童副市长，这块地我昨天就看了，很满意。"这块地总共300亩。童市长说："可以呀，开发区方面您按规定给他办。"这一回，项目很顺利地落地了。

拒绝零支付转让

长春项目投产后在东北影响很大，不仅是建设速度快，同时采用钢结构厂房，显得宽敞、大气。

长春项目，为福耀招来了一位大人物。

大概在2002年9—10月之间，秘书接到长春公司的报告传真，说接吉林省协作办电话通知，省政府协作办主任潘大力女士，将带队到福建拜访曹总，传真上特别提醒公司，潘主任很有背景，我获悉后立即用电话联系长春公司总经理何世猛。

"他们有说要来做什么吗？"我问。

"可能是想与我们公司合作。他们在四平有一条浮法线，想转让给我们吧？"何世猛猜测。

"那么，立刻了解一下，四平这条浮法线的情况。"我指示何世猛。

不一会儿，何世猛回电。

"老板，这条浮法线在四平双辽市，是一家国营企业，很老了——建于1948年，是中国浮法玻璃最早的生产基地。"

何世猛大致报告了他所了解到的有关双辽玻璃厂的情况，特意强调工厂已经严重资不抵债。

"知道了。"

放下电话。我想，潘主任来，所要商量的双辽浮法合资事宜实在难办，但不接待又不行。思来想去，我决定：1. 热情接待，我亲自到机场接；2. 不谈正事，能推即推。

一周后，果然接到有关潘大力一行的航班信息：潘主任一行5人，乘长春—福州班机，于次日下午2点抵达福州长乐机场。

在机场出口处，我接到了他们。

见到潘大力女士，我的第一印象是，这个女人可能很难对付，她有一种与其他女人不同的气场。心下暗想：古人云，位至威至，真是不假。

从机场到酒店路上，潘大力女士一开口就给我戴高帽子。

"曹总，我亲自到您长春工厂看过，建得既快又好。"她说，"您真不愧是一个了不起的企业家。"

"谢谢潘主任的夸奖。"我连声称谢。

她话锋一转，进入主题。"听说您那个厂是做汽车玻璃，专门为一汽配套的。您那个厂需要大量的浮法玻璃，刚好我们四平双辽出玻璃沙，有一个国营浮法玻璃厂，他们整不好，如果您把它整了，上、下游一起做，成本立马下降，肯定会赚大钱。"

"首先谢谢您，潘主任，我做汽车玻璃用的原片玻璃，中国只有两家企业会生产，据我所知，双辽浮法玻璃厂用的是本地产硅砂，铁和铝含量均超标，使用的是国产技术，因此，玻璃原片只能用于建筑，其质量不能满足我们的要求。再者，"我说，"我从未做过浮法玻璃，对这行业也不熟悉，可能会让您失望。"

"您以前也没做过汽车玻璃，现在做得这么好，怎么解释这个事？"她毫不气馁，"您有能力，有魄力。私人企业可以一个人讲了算，是可以做好的。"

"您过奖了，潘主任。我们再商量！"

那天晚上，我在福州西湖大酒店设宴，为潘大力一行五人接风。我记得，陪同她一起来的，有时任双辽市委书记田野、双辽市经济协作办公室主任李忠海，还有吉林省经济协作办的两位干部。架不住潘大力的再三邀约，席间，我答应她会去双辽，看一下双辽玻璃厂。我没有明确去的时间，原也只想敷衍一下。

潘大力女士，反应极快，张口即来。"什么时间？您定，我好做准备。"

"半个月之内。"

"讲好了，我在长春等您，不见不散。"她直截了当地结束了这一话题。

"这个女人，不简单。"我想起《沙家浜》中刁德一面对阿庆嫂时的唱腔。

第二天上午，我让她参观了福耀后就送她去了机场。

说实话，当时答应去双辽看看，也只是随口一说，过了就过了，并没有怎么往心里去。加上那段时间我们很忙，因此，我并没有接下去的动作。

怎知她却很认真，十天后电话就直接打到我的手机上。"曹总，您几号到长春来？我陪您到双辽厂走走。"

"我手上的事儿刚刚告一段落，明天我就过去。"这一下，我不得不兑现我的话，只身飞往长春。

到长春天已擦黑。吉林省经济协作办的副主任丛红霞到机场接机。第二天一早，潘大力主任亲自带队，十几个人，四五部车，浩浩荡荡直奔双辽玻璃厂而去。

就外观而言，双玻工厂还可以，但与我以前参观过的国外大厂无法相提并论。

那天的午餐，双辽市政府摆出了整猪宴。

也不知潘大力主任从哪里获得的信息，知道我喜欢吃猪肉，特意指示双辽市政府杀了一头猪。

猪血、猪肠、猪肝、猪脚、猪头、猪排、猪骨头……

红烧、白灼、氽烫、爆炒……各种烧煮满满登登摆了一桌，招待我们。

饭桌上的话题，自然离不开双玻的收购。

潘主任说："曹总，为了支持福耀做强做大，我们可以考虑以零资金的形式将整个公司划拨给福耀。"

"潘主任，我这次，只是履行诺言来这里，看一下，了解一下这个厂的情况。"我马上接话，转了个弯。"您说零资金划拨，我万不敢收。我是民营小企业，没有这个背景实力接受。"我接着说："如果您不介意的话，能否将双辽玻璃厂上年度报表以及上个月的报表拿给我看一下，看完后，我再给您一个处理意见。"

吃了人家的嘴软。这一桌子的猪肉宴，总要对得起。

"可以。"潘主任转头对双玻厂的厂长陈凯说："陈凯，你现在去拿来。"

那天下午，我认真看了双玻厂的报表。当天晚上，就在绿州大厦，我向潘主任他们汇报。

出于职业上的考虑，我首先高度评价了厂长陈凯对工作的管理井井有条，在工厂的厂容、卫生与职工精神、企业文化的管理颇有成效。慢慢地，我将话题切入到报表上。"账面体现着双玻的资产有 6 亿多元，但属于股东权益的不足 1 亿元。由于高负债，企业处于严重亏损状态，因此省里决定重组是正确的。但绝不是按整个账面资产划拨给谁，来解决这个问题，"我说，"以我的经验，在这种情况下，谁接这个公司都无法做下去。"

"那您的意思是无法做？"

"不是。我建议走破产重组的道路，"我说，"这样才能从根本上解决这个企业的问题。"

"为什么要通过破产解决？"潘主任问。

"第一，从报表上看其他应付款项上，有欠职工工资达3000多万元，还有职工集资5000多万；第二，您这个厂是老厂，有工人2300多人，属县集体编制，您要重组企业，原业主需与工人谈判遣散安置问题，这在企业净值调查中，称为或有负债项；第三，现在如果新建一条日熔化量500吨的浮法线，生产建筑级的浮法玻璃，投资额只要2.5亿至3亿之间，您这一条日熔化量450吨，账面体现近6亿，您说谁会买？如果直接关闭这个工厂，那么多债务怎么办？"我看看潘主任他们很认真地听，顺着思路就破产的好处做进一步说明："走破产申请这条路，如果获得同意，原企业所有相关债权人，均需担责。而根据现在法律，破产清算所得工人优先，这可解决一大难题，其他债权人平分重组剩余价值。"我继续说道："我在报表上看到有超过1亿多的供应商货款。据财务讲有的是买玻璃的预收款，这些债权人，曾经享受过这个企业正常经营红利，现在企业出了问题承担些责任也是理所当然。"

我说的破产申请，对潘主任他们来说，大概还是第一次，因此，他们并不完全了解。而零资产划拨，已经讨论过好几次了。所以，我的话音刚落，潘主任还是坚持她的零划拨的想法，"这个企业所用的钱，多是银行的，政府只要把公司变更给你，就可以了，不要福耀一分钱。"她有些迷惑："一个大工厂不要您曹总花一分钱就变成福耀的，您还认为不划算，我怎么也想不通。"

"是啊，问题是您把公司股东由政府变更为我企业，企业原来的负债随企业资产一起划拨到新企业，政府欠银行的款可以赖，企业欠银行的钱一分不能少。如按您所说的办，我接过企业的同时，就要负责清偿原债务 6 亿。"

那天晚上，我们的谈话也就到这里结束了。而我，也算圆满地完成了一次双辽之行，结束了此行的任务。

回到福州后，不出一个月，大约 2003 年的春节刚过没几天，潘主任又来了。"我十分希望福耀能接手双辽。"她说，"直觉告诉我，只有您曹德旺才能将双玻做好。"

女人是相信直觉并且常常凭着直觉做事儿的，但我就被搞得哭笑不得。我笑着说："潘主任，首先非常感谢您对我的认同，您就饶了我吧！我真的不知应该怎样接，才能把双玻搞好。"

"您不是说可以通过破产解决吗？我今天来，就是想问您，我如果同意将双玻以破产方式来解决，您买不买双玻。"

"只要价格合理，我就会买。"

"什么叫合理价格？"

"国际上收购兼并议价方式不外三种。常用的第一种，采用权益法，计算方式是以被重组的标的物经营盈利能力，按 PE 多少倍来计，比如双玻去年盈利 1000 万元，议价 PE 按 10 倍，作价就是 1 亿，如果双玻去年亏损，就没办法按此来议了。第二种：比价法，如果最近刚好市场上有基本相同的资产交易可供参考。第三种就是重置成本法，也就是说假如新建一个同样的工厂要花多少钱。我以前告诉过您，现在建一座全新的 500 吨级 12 年窑龄的工厂，造价大概在 3.5 亿左右。"

"那么，您准备花多少钱买呢？还没告诉我。"

"这个，我现在答复您，我出价 1 亿元人民币，参加竞拍，"我说，"因为如果双玻走破产程序，最后资产交易决定权在法院，我要通过拍卖获得才算合法。"

"现在可以签合同吗？"

"现在，我可以答应您，我会去买，"我说，"从法理上考虑，我可能不能与双玻签合同。如果你们真的想这样重组，我也再认真考虑一下，怎样操作。行吧？"

我的这个建议合情合理，她自无话。就走了。

就这样，我再次把她挡了回去。

2003 年 4 月，她第五次来福建。

我到西湖大酒店去陪她吃自助早餐。一是表达尊重，二是可以边吃边交流双玻工厂的事情。

这次的议题，还是破产后福耀愿不愿竞接。我提出在满足如下条件情况下，福耀保证接。具体条件是：

1. 福耀承接双玻的固定资产科目资产，交接时我在双辽成立一家公司接管资产，原双玻公司由政府负责解散。

2. 双玻现在在编的 2300 位职工遣散安置由原企业负责，福耀接管双玻后重新考核招聘，但总人数不会超过 200 人。

3. 地方政府应负责帮助福耀接管，并支持办理有关手续。在双玻破产案审结后，福耀出现金 1 亿元购买双玻，此款可直接支付给双玻职工，作为原双玻企业退还员工的集资款和工资欠款。

潘主任听完，也提出三条：

1. 考虑由福耀接管是想做大做强这个企业，因此希望福耀将来在搞好现有这条生产线后，再上一条高端的浮法玻璃生产线。

2. 福耀需立即接管双玻，因为现在企业亏损很厉害。省里既然决定走破产路，也不计划再往里烧钱。

3. 今天就签合同。

这最后一条，我一点准备都没有。坦白讲，双辽的项目，此前都是我一个人在唱独角戏，集团管理层一个都不知道。今天就要签，我毫无准备，有点措手不及。所以，我又找其他理由不签合同。

这一下，潘主任生气了。

刚才还晴空万里，忽然就乌云密布。她从餐桌前站起来，"走。我们现在就回去，又不是乞丐。"她朝部下喊道。

她这一喊，部下也都站了起来。弄成这样，我也觉得不好意思，马上向她道歉，"潘主任，您早餐还没吃呢。我们先吃早餐，早餐后我与您签接管合同。"我说。

我们达成的合同意向是：以福耀长春公司在双辽注册一个分公司，用租借的方式接管双辽浮法，自 2003 年 5 月 1 日开始接管双玻，并承担盈亏责任。同时，原企业进入破产清算程序，职工遣散自接管日起执行。

五一节那天，我就到了双辽市。和我一同去的，还有福耀长春公司何世猛总经理和人事经理桑晓春等人。

双辽市将我们安排住在当地最好的宾馆绿州大厦内。在我房间的对面两个房间里，住着几个穿便装貌似农民模样的人。这让我有点怪怪的感觉。怪在哪里，当时也没有细想。后来，当我知道了他们的身份是便衣公安时，我才释然：一是他们的样子并不像农民，二是农民怎么会住在市里最好的宾馆里。他们是市里派来贴身保护我的公安，却又怕被我知道了身份让我觉得紧张，因此打扮成农民的模样。

当天的晚餐，就在绿州大厦的餐厅就餐。双辽市委书记傅圣方、双辽市市长孟繁友都来了，我们边吃边讨论第二天接管的事宜。傅书记告诉我，四平市领导很重视此次福耀对双玻的接管工作，为了保证接管工作的顺利进行，第二天四平市十几个县包括双辽市的所有警察都被集中在双辽市里，包括便衣武警。"曹总，您准备如何接管？"傅书记最后问。

"双玻有 2000 多名员工，接管后，我只需要 200 人，要裁掉 2000 人，这是非常头痛的一件事。"我说，"要留有本事的，要保证工厂的正常生产。"

"能不能多留一点？"傅书记问。

"法国人设计的浮法生产线，一条线人员编制是 120 个人，双玻一条线 300 人，您说够不够？"我没有松口，"不能再多了，再多都是钱在里面。"

傅书记点点头。"有道理"，他问："那么您怎么筛选好或不好的人呢？"

"可以肯定，每天上班的人数不是几百个人。双玻是四班倒，一班最多百十号人，可能还有请假的人什么的。"我说，"我看，明天我们这样子进去：到一点的时候把所有工厂大门关上，上午通知没有上班的人下午一点半开会，留下在生产线值班的人。剩下的我们下午开会的时候把门全部锁上，不让外面知道我们在里面开什么会。我们当场宣布减员的同时，现场进行登记，编制第二班的当班员工，因为炉子不能停，我们把有经验的员工，老工人都调回到工厂里。"

市委傅书记没有再说什么，不过，他焦虑的眼神和凝重的脸色，让我感受到他肩上的压力，太大，太大了。

3 日下午，双玻工厂广场上，布置起了一个临时的会场。

主持人宣布开会后，双辽市委书记傅圣方先讲话，但他没说几句，台下就起哄了，起哄的声音甚至盖过了他透过麦克风的声音。我觉得傅书记讲得不够透彻，就走上前台，站在麦克风前，扬着手，叫大家安静。"请大家安静。我是福耀的董事长曹德旺，请大家安静，听我讲。"

"我们不要听。"下面有几个人吵闹的声音更大，"福耀滚出去，我们不要听。"

"我今天到双玻来，实际上是为你们来的。我不是来跟你们吵架也不是来抢你们的东西，你们以后就会知道我做了什么。"我尽力地拉高嗓音，排除台下的干扰，"我花了半年多的时间跟省政府谈判，要求批准你们按政策性破产处理。你们知道什么叫政策性破产吗？你们当初建这个生产线的时候就要检讨了，你们没有钱，用的是集资方式，你们员工集了一部分资金。我今天如果宣布不收购，不接管，我退回去了，工厂马上就要放水。一开始放水，你们原来集资的钱就全部泡汤了。你们不就完蛋了？还有你们每人被欠的工资加起来计，你们每人都有几万块钱在这里。"我说，"我现在跟你们讲，我为你们争取到政策性破产，目的是保护你们。政策性破产第一个条款是保护员工利益。那员工利益在哪里呢？破产之后的资产处理要先保证员工利益，以后才维护到债权人的利益，最后才谈到业主。如果我不是这么为你们争取，你们这次就吃大亏了。"

我的话，让躁动的现场渐渐地平息下来，激动的员工情绪也有所放缓，现场气氛不再那么紧张。何世猛、桑晓春他们开始在现场进行登记。围在我身边的便衣们呢，因为怕现场情绪失控出问题，还是连推带拽地将我从台下又拉回到台上。

不管怎么样，我达到我的目的，全面接管了。

双玻到我手里，因为是福耀第一个浮法厂，我们都很认真，仔细深入调研，并施以科学管理，但此时东北地区还有4家同类企业，拥有6条生产线。这些国营企业凭借银行贷款，以市场不景气、产能过剩为借口，以低于生产成本的价格在市场上销售。

他们的这一行为，一方面造成市场混乱，另一方面也造成企业无法从亏损的恶性循环中摆脱出来。

从当年5月开始接管到7月福耀产品进入市场，我们发现，市场价格低到成本都难以为继。我组织一场全面成本测算，发现无论是材料采购价控制，还是能耗、料耗、资金成本，员工工资在单位成本的支出，双玻均低于其他厂家。在这种情况下，他们的销售价格却比我们低。

这世上，还真有做亏本生意的人么？

为了解开这个问号，周杰主动登门拜访。得到的答复是，他们也不愿意，但因为产能过剩，才造成了今天的局面。他们已经向国家报告了这一情况。

在周杰向我报告后，我说："奉陪。奉陪这些家伙，将他们逼到谈判桌上。"

我出了一个怪招。

"8月开始到10月是东北最后一个旺季，11月开始基建一停就进入淡季了。我们现在仓库没什么玻璃，现在宣布立即停止销售，并发表声明自8月1日起，福耀双辽浮法玻璃降价至每吨800元。"我对周杰说。

我这一招还真比什么都管用。

福耀双玻要降价的消息放出去后，东北的4家玻璃厂均感到末日到了。打电话求证，得到答复是决不食言。他们信了，一方面威胁我们，一方面立即向北京报告：产能过剩，福耀双玻扰乱市场价格。

8月下旬，由国家发改委、物价局、中国平板玻璃协会等多家管理机构召集东北地区几个玻璃厂，到北京开会。

我亲自去参加。

会上气氛很紧张。东北的几家玻璃厂首先是大讲官话、空话，接着纷纷将矛头对准福耀，指责福耀双玻扰乱市场。

在他们都说完话后，轮到我发言。

"你们想不想知道东北玻璃市场内情？想知道我为什么提前一个月公告玻璃价格下调？想不想解决这些问题？"我说，"我相信你们想，我今天亲自来也就是这个目的。我想问在座的几个厂商，浮法玻璃是硅合成材料，在合成生产过程中，其主要材料一件都不能缺，其单耗配方比例，我相信我们都是相同的。福耀凭其良好的信誉，在采购环节中控制，毫不夸张地说比你们最少低 10%，我用的工人只有你们的几分之一，我一个工厂只用一亿元购得，折旧费也比你们低。在我计算出保本价销售需每吨 1200 元的时候，以这个价格在市场上推，但你们却卖 1000 元。"说到这儿，我严肃地，"请问，这个价格你们是不是在亏？你们从国家银行中骗出贷款，做成产品进市场可以亏本，我为什么不能亏？我是用自己赚的钱亏，有什么不可以？你们说现在产能过剩，凭的是什么依据？"我一连抛出三个问题，让他们思考。"玻璃是建筑材料，不是饼干，也不是巧克力。便宜，大家可以多买，多吃一些。如果不是需要，他们 1 平方米都不愿多拿回去。那你们为什么要这么贱卖自己的玻璃呢？讲明白了，我怀疑你们还是内外勾结诈骗国家的资金。"我最后说："你们想解决这事吗？这样，大家公开成本，订个协议必须保证在成本线上出售，违者淘汰。"

这一下，他们没有声音了。这时，其他管理机构开出一个条件："曹总，您能否现在停止市场上按每吨 800 元的销售？"

"我虽不算是什么人物，可也算是知名企业家。"我说，"吐出去的口水能马上收回么，何况作为一个知名企业福耀的公告？有困难可以通过协商，我作出让步。但这个价格要坚持到 8 月底止。"

这一役，东北各厂商领教了我的手段。

转眼又进入 11 月冬储季，这是浮法企业最难熬的日子。一方面因为北方冬季温度低，建筑工地无法施工，因此无玻璃需求；另一方面，因窑炉不能停需要 24 小时照常生产，浮法玻璃工厂对材料与人工的需求，照样需要充足的供应。

正是这两个需求导向，令东北的浮法玻璃陷入死局。加上他们多为国营企业，在冬储资金供应紧张时，用生产出的玻璃以低于成本的价格卖给玻璃经销商，如卖不动就用玻璃去换纯碱或重油，这些零售商也凭经验在此时到处筹备资金进货囤货。

等到翌年春季，零售商们只要能赚到一点钱，就卖。零售商们的这一动作，又严重影响到厂商的市场定价权。因此，进入需求旺季价格也起不来。

如此恶性循环。

双玻被迫走上破产的道路，与这种不正常的商业链不无关系。

在充分总结了这个地区的成败因素后，我们提前准备资金做足冬储，并安排成品玻璃冬季不进市场，将冬季市场让给那些企业。未几，周杰打回的报告称成品仓库不够用了。

"老板，玻璃都堆满了仓库，再不卖，没地方堆了。若放在室外，被雨雪淋到，会发霉的。"他一脸焦灼，求助地："老板，怎么办？"

"玻璃不赚钱肯定不卖。至于玻璃的存储问题，这个好办。"我1976年就开始涉足玻璃，应该说在储存玻璃方面绝对是一位专家。我告诉周杰："我以前做过玻璃采购员，知道玻璃会发霉。玻璃露天要怎么存？我教你们。"

我给周杰他们支了一招：用条状方木头像铁路枕木一样，二字排开，铺成的两条线，垫高最少要20公分，达到玻璃木箱与地面隔空的目的。然后，把玻璃一箱一箱架在木轨上。这样码放好后，顶部用人字架，如农家的屋顶一样，盖上帆布，严严实实地把玻璃堆盖好，雨水雪花进不去，就不会直接淋湿玻璃。

周杰按我教的去做了，因此有了足够的准备。

市场的力量

2003 年的秋季，我经历了两件事：

首先是双辽法院判决同意双玻破产，并已将债务举证完毕，福耀也如愿以 1 亿元人民币购得双玻资产。这时我按原协议规定在登记了应付全体员工的欠款，内容包括原企业欠付职工工资、医疗费、集资款以及最后的遣散安置费，将文件提交双玻厂清算委员会确认，并征得市政府最终同意后，在 1 亿元购置款中扣除支付给全部员工的款项，此案拉上终结的帷幕。在我看来，这其中也透着因果报应的佛理：怎么得来应说是怎么失去。那些依附在双玻厂身上的供应商、零售商被欠的款，全军覆没。

距双辽一百公里左右的内蒙古自治区通辽市也有一个玻璃厂，建有二条生产线，经营十分困难。2003 年 8 月时，该厂厂长孟清华与财务经理张晓红找到了我，商量有否兼并通辽玻璃厂的可能性。我分析了该厂情况，认为他们存在的问题与双玻基本相同，也是高负债与人员严重超编。

说实话，当时只想接触观望，根本没有这个意向。

后来，双玻销售经理向我汇报，由于通辽与双辽距离很近，基本上是一个市场。他们的报价是根据我们的价格下浮，因此严重地影响了我们。我带点玩笑地说："您问问他们是不是也想卖工厂，走双玻的道路。"

没想到通辽市听到我的问题时，立即有了反映："想啊，曹总要不要？"

他们立刻想见我。

那是 9 月的一天。

那时候，我正在法国出差。打听到我从法国回国的航班，通辽的莫建成市长就带着一班人等在北京机场，我一下飞机，就被这七八个东北大汉"逮"住了。

我到北京的时候，是早上。

拖着行李箱，刚走到机场出口，莫建成市长就迎了上来。

"曹总，我是通辽市的市长莫建成。"他向我伸出手，我也伸出手，相握。

旁边的一个汉子说："曹总，我们莫市长很辛苦啊，您在法国一上机，我们就开车从通辽出发往北京来了。"

"莫市长辛苦！"我握着莫建成市长的手说。

莫建成市长给我介绍了通玻的情况，提出要将通玻卖给我。

"怎么卖？双辽是按 1 亿卖，你呢？"我问。

"我们的工厂比双辽的好很多。"莫建成市长在为工厂抬价格。

"这个你就不要说了，双辽是 1 亿元，听说你们是新厂房，你们的工厂我也不去，你要卖的话 3 亿元，其他的条件和双辽一样。"

"这个也太低了，我们的厂是刚建的，花了 8、9 亿，你要是拿 3 亿元的话，那 5、6 亿元的亏空怎么补啊。"

"这些都不要说了，我还没吃早餐。"我说，"我要去吃碗面。"

"我们也没有吃。"

于是下楼，一起吃了面条。吃完，我就转机飞回福州了。

过了十来天莫建成市长又带着这帮人到福清，到公司，要我过去看看，"曹总，我到双玻看了，在你的手上，双玻确实焕然一新，你是一个好企业家，你加一点，通玻，我就卖给你。"莫建成市长说："我们的工厂是新建的，你抽个时间去看看？"

我还是坚持不看工厂，出价 3 亿元购买。

"这样吧，你先带人过去看看。"莫市长最后说，"到时我们再谈价格。"

2003 年的 11 月 3 日，我带着何世猛等一干人，从福州飞沈阳，中午下飞机转汽车，抵达通辽已经是下午 4 时左右，直接到了工厂参观，吃过晚饭，大家都很累了，就各自回房间休息了。

一起去的，没有一个赞成收购，都认为这个工厂没有救，我们一走，他肯定放水关厂。

放眼望去，厂区内到处是垃圾。自己是做玻璃的，车间玻璃窗破了都没人拿一块玻璃更换，就那么让窗子破着，北风呼呼。采装现场杂乱无章，碎玻璃砸在地上东一堆，西一堆；整个车间则像采石场一样，烟雾弥漫，粉尘飞扬。为了保护眼睛和工作时不吸入太多的粉尘，车间内的工人都戴着口罩、眼镜；墙的一角，摆着大口的钢精锅，工人自带的午餐，是馍馍或窝窝头，炉边热热，就那么干干地就着白开水咽下去；厂区内，卸油池污渍满地，重油管道锈渍斑斑，枯萎的杂草吞噬着厂区的土地，冬日里，显得更加的苍凉；拉着碱的汽车，一辆辆地停着，工厂用现金一车一车地现买现用，用的不是工业用的纯碱，而是家用洗衣粉的碱；再看窑炉，吃的是百分百炸碎了的玻璃。厂长介绍说，因为工厂已经没有钱再购买材料了，现在，只是在进行保窑式的生产。由于用量不足，窑炉已经烧坏了好几个洞……

"他们快撑不住了。"看完工厂，回到宾馆，老何他们纷纷反对购买通玻，"不要买他们的，我们买的目的是因为怕他跟我们竞争，那么他们都这个样子了，我们一走他们就去放水了，我们还担心什么。"

不知道这些话是怎么被他们知道的，那一晚，估计通辽市的莫建成市长没有睡好。

大概是小时候养成早起习惯，第二天我很早就醒了，约莫凌晨3、4点左右。这个时间点，外面都还黑着，也无法活动，我就冲了个澡，坐在房间里自己泡铁观音喝，一边想着通辽厂的事儿。

大约5点的时候，听到敲门声。过去开门一看，是莫建成市长的秘书。"曹总，早上好！"他说。

"这么早。"我说："早上好！"

"市长很早就来了，怕影响到您的休息，一直坐在下面等着。"

"市长这么早就来了？"我说："赶紧叫他上来。"

11月的通辽已经是冬天了，外面很冷。莫建成市长走进房间一直搓手取暖。"莫建成市长，您早应该上来了，我早就醒了。"我问："您怎么也这么早啊？"我接着说，"快坐快坐，喝喝茶。"

"曹总啊，您今天不能走"，莫建成市长没等坐下，开口就说，"一定要拉兄弟一把啊。"

"莫市长，工厂是国家的工厂，你当市长的怎么这么紧张呢？"我给莫建成市长泡上茶。

"这个工厂可是有近2000名员工啊"，莫建成市长忧心忡忡，"这个厂一倒闭，我们这儿是偏远草原，这近2000名员工怎么办？还有投资的几个亿就没啦。"

我很感动。"您是我见到的第一个这样为一个即将倒闭的企业着急，早来等几小时的市长。"我说，"这样，我决定今天与您签合同。"

"太好了，太感谢您了！"他一口喝干了面前的茶，问："价格怎么定？"

"在北京的时候，我说不要看工厂，闭着眼说给您3亿。现在看了，这工厂最多也就值5千万。"我说："可是，按我的性格，我还是会用3亿跟您买，之前我答应了这个价，现在虽然知道不值，我也不会跟您讨价还价，那样做就不是君子了。"

"价格太低了。我们近8亿的资产啊。"

"莫市长，您的心情我理解。如果可以选择重新议价，这是对我最大的优惠。"我说。

"好！好！"他马上说，"就按您的办。"

"不过"，我接着说："莫市长，恢复生产，我需要您的大力支持。"

"您说，需要什么，我一定支持。"莫建成市长爽快地答应。

"我看了工厂的料仓，空空如也，一点儿冬储也没有。来之前，我跟供应商商量过，让他们备了几个列车的货在外面，如果今天我接管，那些材料就要进来。"我说："现在，有两个问题亟须解决。一是跟沈阳铁路局接洽，提供车皮，让货进来。二是货进来后，卸货需要很多的人手。"

"这个没有问题，市里负责解决。"莫建成市长一听是这两个问题，立刻答应了。后来我才知道，为了解决通玻的原材料能及时到位，通辽市是停掉了其他物品的车皮，让给了福耀。而卸货的人工，则调动了大量的民工，零下5度的日子里，碱都成了冰块，一锹下去，直冒火星。为保证他们的体能，工厂就买了猪肉包子馒头让他们吃饱。

话说回来，那天市长走后，我下楼吃罢早餐，立刻召开福耀的内部会议。会上，我宣布了购买通辽玻璃厂的决定。

"老板，多少价？"他们问。

"3亿。"

"3亿？太高了，老板。"老何说，"1亿还差不多。"

"现在和他们谈这个价格有点不君子。乍看起来，是价格有点高。但现在我们要讨论的是要不要买通辽，该不该买通辽的问题。"我说，"这次如果我们不接，他们肯定放水，从短期看，我们的一个竞争对手似乎是消失了。但从战略的角度看，今天我们放弃，就意味着永远放弃。今天我们买下来，将来就可以统一市场价格。如果大家认为这个方向是对的，我认为，我们就不应再在价格上为难他们。"

为了强调这一点，也为了让我的团队更能理解我的这一战略部署，我继续解释道，"现在是他们最困难的时候，我们现在就是不付钱也可以拿下，至少他们起码不用每天赔八九十万元。可是要注意，现在他们是兵临城下。在他们最困难的时期，我们若敲他们的竹杠，日后，他们必定会报复的；反过来，如果现在我们拉他们一把，以后他们也会记住我们的仁义。"我说，"再说，我们不买的话，别人也会买。即便他放水了，别人买过来只要再花1亿左右就可修起来。那么，万一通玻落到别人的手上，就可能成为我们的对手。通辽离我们的双辽就只有一百多公里，若跟我们捣蛋的话麻烦就大了。所以，我们一定要拿下来，以避免将来可能出现的恶性竞争。"

"多花一点钱就多花一些吧。买下来，我们就垄断了整个东北市场。"我补充说道。

我说完，大家也就没了声音。

剩下的就是手续如何签署的问题。

也许你会说，手续还有什么问题呀？当然有。因为福耀是上市公司，通玻是央企，双方都存在走程序的问题。这样走程序就需要一个时间，但通辽放水在即，时间不等人。最后，我们决定，先成立一个分公司将通辽资产以租赁形式接管，然后再依相关程序办理手续。

因此，那一天，我们就签了合同。

除价格以外，其他条款均参照双辽玻璃厂。

福耀集团副总裁何世猛直接留下来接手通玻的总经理一职，整顿工厂的方法，全都参考双辽玻璃厂的，工人和政府解除劳资合同。

接手通玻的难度比双玻大。

因为缺乏资金，之前他们也找了几家企业，但出的价格都很低。对福耀是否会接手，我相信初期他们也没有信心，所以他们在资金缺乏时保窑用的碱是轻质碱，熔窑都烧成一个洞一个洞的。

加上员工对管理层一点信任都没有。

我相信他们对福耀是否有能力解决这个顽疾的怀疑多过相信。通玻原有职工 2000 多人，我们计划用 500 人，结果登记愿意留下的不到 400 人。

何世猛与周杰，他们首先组织大批原材料用专列进厂，在通辽政府的帮助下，顺利地在 12 月 15 日前完成冬储材料的到库；接着，他们冒着严寒领着工人们着手改善车间工作环境，在车间生产线上安装了除尘设备，清理厂区垃圾，粉刷水塔、院墙，修建了一、二号成品库，重新装修了办公楼、化验室，将凹凸不平、满是碎玻璃的石子路，变成了宽阔整洁的水泥路，再在道路两旁种上了小树，在员工工作环境大为改观的同时，又从改善员工生活条件入手，逐步扩展到提整员工士气等工作中。花了整整 6 个月时间。

通过一个月的努力，通玻的生产秩序逐步进入正常，而此时，2004 年的春节也悄悄来临。

我指令他们：

1. 工人工资可以在原基础上涨 30%，每月 15 日准时发工资。告诉工人，老板说企业现在亏损，但责任在企业，工人工资不能因此受影响。

2. 所有玻璃不进市场，照样堆放保存，堆放方式参考双玻办法。

3. 参照福耀企业做法，为员工办尾牙宴。

春节过后，转眼进入 4 月。

我接到周杰的紧急报告，他请求我拿出办法。

"老板，双玻、通玻两个厂已经堆放着近 16 万吨的玻璃。现在虽然已经开春，但市场价格还是 1100 元左右。"周杰心急如焚地说，"我们开价 1200 元，但销得很慢。"

"那么，其他厂家的情况怎样？"我问。

"佳木斯的工厂没有这方面的问题，因为它占据了地理优势，市场价格也一直维护在每吨 1400 元左右。"周杰说，"沈阳与凌源，入冬以来还是以老办法销售，现在基本没有库存。"

"我想一想，等我电话。"

两天后，我拨通了周杰的电话。

"如果我们召开东北片区玻璃经销商的会议，可以请到人吗？"

"可以。"

"那么，你去组织这样一个会议，在通辽召开，我亲自到会推销。"

周杰很认真地去做筹备会议的工作。

会议那天，我从长春提前一天抵达通辽。开车经过双辽时，我特意进厂去看了双玻堆放的玻璃，很好。再放一两年都没问题。

到了通玻厂，也查看了厂区内堆放着的满满的玻璃。我很兴奋，详细地听了两个工厂销售人员的汇报。

我觉得他们都过于忧虑，他们的神情，就好像要发生灭顶之灾一样。

"现在的价格是多少？"我问。

"开价 1200 元，但不好卖，也卖不动。我们都寄希望老板这次来能够帮我们拿出一个方案。"

"好。"我看看腕上的手表，"现在快 9 点了，会是不是要开始了。"

"是，会议定在上午 9 点。"

"那好，我们现在去会场。"我说着，带头走进了会场。

会场设在通辽宾馆会议大厅。会场不大，很热闹，来了百把号人。东北玻璃市场呼风唤雨的人基本都坐在了这里。

经过了六个多月的"冷战"，他们此来，除了好奇，应该还是好奇——看看我这个南方人长什么样，听听我这个南方人想说什么。当然还有一个，春天的销售季节即将开始，他们的手上并没有储存多少玻璃，"也许能捡上漏"，"一个冬天没卖，堆了那么多玻璃，也许撑不住了？"来的经销商们皆揣测着。

我没有等会议主持人介绍，直接走上了主席台，要过他们准备的麦克风，就开始自报家门——

尊敬的各位女士、先生：

早上好！

我叫曹德旺，来自福建。

我相信很多人虽然没见过我，但肯定是听过我的名字。

首先，我要感谢各位，在百忙中不辞辛苦，驱车几百里专程来开这个会。

我想，我们都是初次见面，都是做生意的，没有必要藏头露尾搞那些虚伪的一套。为了节省时间，我就直接进入主题。

我这次来这里，请大家来的目的，是来教你们怎样做玻璃生意的。我将向你们传授做生意的技术。

我开工厂，你们开玻璃店。我将玻璃卖给你们，你们付钱。看起来，我们好像是两家人，分得很清楚。但是，深究起来，我们其实是一家人。是一个产业链的上下游，是利益的共同体。钱来货去，这是价值衡量，也是责任分工的体现。

我们之间，不能搞对立。

严格地讲，我负责去生产高质量、低成本的产品，通过你们将我的产品流向千家万户，这就是市场分工。你们不应该自毁长城，去压榨生产企业，将其逼倒，你们还想卖玻璃吗？

你们都知道双玻、通玻在去年全被我兼并，想不想知道这两个企业为什么会发生这样的事？

他们是国营企业，有大批充足的国家资本支持，为什么还会破产？

我开始也很纳闷。

经过分析，我发现，他们缺乏一个会做生意的零售商队伍。是你们这些人，把他们逼倒了！

你们利用他们冬季缺钱，低价吸入玻璃，春夏再拿出来卖。看起来你们表面上赚了些钱，但实际情况呢？

这两个工厂破产时，我在这里负责清理。我发现两个工厂属于你们这些人作为债权人的债，有近3个亿！我可以负责任地告诉大家，按破产法处理，这些债权几乎全军覆没。

我是福建人。从1976年开始做玻璃生意，到现在已有27年历史。讲一句不客气的话，我在做玻璃时，你们中的很多人还在穿开裆裤。我的经验告诉我，经销商最大利润源于制造商每天涨价：因为制造商涨价，我的库存价值就涨了；最怕的事情是跌价。而你们，却各自为政，不断地制造跌价的麻烦。

今天在这里，我也不需要讲假话，或向你们隐瞒什么。我本人也是私人企业主。不过我出道早，论资本敢说在座的没有人是我对手，论经验更是无人可与我匹敌。

我相信，在中国玻璃界，连续做 30 年玻璃的，屈指可数。

我最值得大家学习的是坦诚。我现在告诉大家，自去年 11 月开始，我双玻、通玻的两个工厂、三条浮法线所生产的玻璃都被我储存下来，总量已经达到 20 多万吨。

很多朋友怀疑我缺少仓库，玻璃户外堆放，现在可能都开始霉变了。

我请大家放心，再堆两年也不会发霉。

因为有我这个行家里手在。

最后，我想告诉大家，我们以后怎么合作做这个生意。

我的意见是，我负责组织生产，你们负责卖，资金的问题各负其责。你们不要再利用过去的落后手段，利用冬储存玻璃，夏秋两季出来捣乱。

去年 7 月福耀双玻公告将在 8 月份降价先例，你们可能领教了吧！今后玻璃定价权应该还给市场，还给企业。

企业会根据成本、根据需求定价。这个政策应该从今天开始，我在这里负责任地宣布，自今天起我在东北的两个工厂产品报价，是每周一次，每次报价有效期 7 天，根据市场实际情况报。今天是第一次，也就是说从现在开始到 21 日下午 6 点为止，每吨售价 1400 元。

我已经做好了这样的计划，如果我这次涨价不成功，也像前面那样的亏损，我今天非常坦诚地告诉你们，我做汽车玻璃一年也赚几亿元，这几条线的亏本我算过，不过亏几千万上亿钱嘛，我亏得起。就是关掉工厂，我也不会亏损卖给你们一片玻璃。

我一口气说完上面的话，换了口气，我接着说：

"一般开会，都有发纪念品，我没有另备，但你们赶来开会，我也应该给你们一点手信让你们带走。"我说，"我开出 2 万吨玻璃来卖。"

"不对，您 20 万吨玻璃不卖算什么？"会场上一片嚷嚷。

"对不起，今天不卖给你们那么多，剩下的玻璃要涨价。"我说，"今天这里限量 2 万吨，一吨 1400 元。"

"你胡说，"会场上有人高声喊道，"刚刚外面卖的时候您在那里报价 1200 元，怎么进会场这一会儿的工夫，您就变 1400 元？"

"没有错，您现在再去开 1200，您去看看有没有。"我一字一顿地说："我的玻璃不会卖给您，我的仓库现在开始一吨 1400 元，我现在非常明确告诉你，1400 元只卖 2 万吨，只限你们今天开会的人买，后面，我每一个礼拜报一个价格，因为东西是我的。"

我的话音刚落，会场上哗哗地站起了不少人，走掉了一半。"走，玻璃又不是没地方买，我们到沈阳去。"

"慢走，我现在开会，没空送你们，走好。"我对那些离开会场的人说，然后转过头来，对留在会场上的人继续说："你们可以去看我的仓库，我通辽有 15 万吨，加上双辽的 8 万吨，超过 20 万吨玻璃，它不是巧克力，是需要才来买的。我先申明在先，我不怕没人要，也不怕关掉这两个厂！"

"您的玻璃会不会发霉？"

"您不会把发霉的玻璃拿出来卖吧？"

又有人提出了质疑。

"我做玻璃的时候你们都穿着开裆裤呢。"我笑了，"你们中没有几个人有我资格老。我知道玻璃为什么发霉，不信，你们现在就去看看，我的玻璃有没有发霉。"

真就有人起身去通玻工厂看了，玻璃果然没有发霉。

留下的人中有长春李忆军、赵科、延吉的包喜财等少数一些人。

"曹总，我听懂了您在上面说的话。很感兴趣，也很愿意配合您，"他们说，"但我们也担心，如果我们今天按一吨 1400 元的价格买回，过两天又跌回去怎么办？"

"1400 元是玻璃的正常价值。企业的利润不足 5%，我相信这个现状会得到维持。"

会后，我回到通玻厂，接着给两个工厂管理层开会，要求他们坚定信心统一思想。"如果我今天的价格政策得不到执行，关掉工厂。"我严肃地说。

为防万一，我决定将玻璃定价权收归我个人，并要求下属严格执行价格政策。

那些从会场站起来走掉的人后来怎么样了呢？他们想赶去沈阳玻璃厂订货，车子三四个小时从通辽开到沈阳，到了沈玻一问，价格也是一吨 1300 元，关键是没有货。

我在入冬就策划将冬季市场让给他们，因为他们缺钱，所以在这个需求旺季，他们是一个空仓。

在当天傍晚，沈阳接待了大批从这里会场跑去的客户。沈阳因无储货，那些客户第二天陆续回到通玻谈判，得到的答复是这个价只卖 2 万吨，老板说下周再涨 200 元。

果然不出我所料，开会后第 3 天，两万吨玻璃全部卖完了，按一吨 1400 元的价格。

从那一天开始我相信，全通辽的所有企业中，通玻的生意最火，到了当年最红火的秋季，每吨玻璃已涨到 1950 元，通玻、双玻两个企业一举扭亏，赢得盆满钵满，更是誉满东北，并受到全国协会的高度评价。

这次事件，让我再一次体会"不打不相识"这句古话。

通过通辽宾馆的交战，我又结交了两个东北朋友，李忆军和包喜才。他们两个是东北最大的经销商，通玻会场上坐在最前面，从头到尾没有动，一直在观察我，一直看到会议结束，李忆军乐了，"做玻璃生意，曹总讲的没错，就是应该这样做。"

他们两人，一个是哈尔滨人，一个是延边人，现在我家里每年吃的大米、黄豆都是他们供应的，包喜才还寄长白山最好的野人参给我，一株就要好几万。他们说做玻璃生意以来，那年赚钱最轻松，会感觉到每天都在赚钱。

这件事，双通辽管理层百思不得其解。

"在您来开会前，我们上门推销，每吨才卖 1200 元，他们都嫌贵。您宣布 1400 元一吨，3 天就卖掉了两万吨，这是什么原理？我们怎么也想不明白。"事后，他们问我。

"所以你们当不了老板。治理企业犹如医生看病，病人进到医院，挂了号，坐在大夫面前，一定要经望、闻、问、切，医生所做的这一切，都是为了诊断出病人得的是什么病。若还是无法确认，就会开单子让病人去抽血化验、拍 X 光、做 CT 等。做企业也是这样。"我耐心地向他们解释，"在我准备收购双辽玻璃厂前，对该厂进行过评估，查清东北市场存在的问题绝不是单纯的产能过剩的问题，他们存在的是资金短缺的问题。我问过自己接手双通辽后，是不是有能力来解决产能过剩之外的问题。我的结论是，我完全有能力加以解决。所以，我才着手对双辽、通辽玻璃厂进行收购。"

他们听得很认真。

"那么老板，您认为您可以解决的问题都是哪些？"

"首先，企业高负债而且缺乏经营能力。比如双辽玻璃厂，建厂之初，地方政府用划拨土地作高价估值，作为自有资本，其他的向银行贷款。银行迫于政府压力，不得不挤牙膏似地提供大部分的贷款。钱不够，又鼓动企业的工人集资。工厂建成后没钱买材料，就向供应商赊账。供应商为了做生意，同时可以把低质量的滞销材料卖出去，自然愿意赊一部分的账。还不够时，就去找下游的经销商预收货款，经销商则以此获得远低于市场价格的玻璃产品。这样的高负债，使企业沦为债奴，并失去议价的能力。"

其次，办企业的动机不是逐利而是安排人。调研时我发现双玻职工超编达 12 倍，通玻少一些也有 10 倍。这些人进工厂，不是厂长愿意的：他们知道每增加一个工人工资就会增加企业的生产成本，但是，因为是国有企业，必须服从上级领导的意志。上级为了稳定社会解决就业人员，就得安排好他们。国有企业的员工，身份虽然比公务员低，但比普通市民、农民高，且可享受退休和公费医疗。因此工资虽然低一些，干不干活又一个样，有机会时还有可能升迁成为公务员……所以即使工厂效益不好，他们也都愿意待在国企里不动，甚至还要花几万元去冒险投资换取入厂机会。

工厂的管理者也是当一天和尚撞一天钟，深知只要能够混过一天就算一天，赚钱也好，不赚钱也罢，都不会影响到他的职位，更何况，高负债与流动资金短缺是不争的事实，他们自然也更愿意以"市场过剩，赚不到钱"为借口。

还有，经销商的素质有待提高。现在的玻璃经销商多是小市民或农民，他们的要求不高，也不懂经营与成本核算，他们实际是在放高利贷，产品是抵押物。当目标年化利率达到他们心中的 30% 或 40% 时，他们就争先恐后地抛货，根本不看市场，不计成本。因此，市场一片乱象。

另外，东北厂家墨守陈规，不思进取，也不懂市场。东北的冬天不是不用玻璃，而是少用玻璃，如家俱业、装修业还是要用。我自 11 月入冬开始在市场停售，战略上让同行业有一个舒服的冬季，现在他们仓库没有库存，就好过日子了。他们要求不高，只要能弄到发工资的钱即可。所以这个冬季，他们还是用低于成本的价格，卖空自己的仓库。这也就是为什么开春后，市场价格还在 1200 元 / 吨以下。

最后，自信才有自强。由于我的囤货，以往在经销商手中库存的玻璃都囤在了我手里。开春后，市场少了这一块货源，这正好是我规范市场秩序的良机。每吨 1400 元的报价，是参考东北市场的单价，从华北到东北运费还要 150 元左右，比较起来还是便宜10%。

正是基于这样的调研结果，我自信市场会接受我的出价。

果然，他们接受了，虽然拖了两三天才动。我还相信，头一周就下手买玻璃的经销商，他们早在冬季就收了客户的货款，只差没有交货。

我说着，同时观察着在场的双通辽公司管理层，随着我的讲述，他们渐渐地露出恍然大悟的神情来。对他们来说，这件事，也算是给他们上的一堂市场营销实战课吧。

东北市场秩序就这么让我建立起来了。

从此，东北其他各厂的报价均比双、通两个厂低 10%，成为惯例，我也接受。

2005 年春节前，我亲临通辽慰问职工，参加他们的尾牙宴。此时的通玻一片生机勃勃景象，工人们穿着福耀工作服，笑盈满脸。宴会上他们自编自演了很多节目，那个晚上，市委、市政府的领导也应邀来捧场。

在晚会的高潮，员工在台上演唱了一首歌，"没有曹德旺，就没有新生活"，我听到以后大惊失色，立即上台制止。

我深情而真实的告诉员工，"通玻能有今天最应该感谢的人是通辽现任书记莫建成，是因为他放下架子凌晨 5 时跑到我住的宾馆请我接受这个厂，后来也是整个市委、市政府紧密配合支持通玻克服万难，才有了今天这个局面。今天我亲临通辽慰问，更是考虑到在这过程中，我们全体员工为这个厂所作出的贡献，感谢大家，也希望大家能相信自己的作用。"

自此，通辽的干部职工对福耀特别有信心，为后来福耀浮法全面发展，也作出了重要贡献。

效益固然重要，环境价值更高

　　双玻重组后，双辽市市委书记傅圣繁告诉我，潘大力主任实际已届退休年龄，同时患有严重耳膜炎，每次坐飞机后耳朵都要痛几天，但她对您很欣赏，也是为了双玻的未来，她飞了5次福州，确实让我们心服。在福州西湖酒店我与她签的合同上，答应在收购的这一条线正常后，在双辽投资再建一条优质浮法线。

　　建二线，首先要考虑在双辽建一个精选硅砂厂。双辽有现成的硅砂，我将双辽的砂送国内几家机构化验，检验报告结果一致：硅含量只有96%，铁与铝都偏高。这样的砂矿，要作为玻璃用砂，当时国内的选矿技术还不能解决。

　　这时，有一个留学德国的年轻人李蒙，被人推荐到我的面前。他个子不高，棕黑色的皮肤，看上去憨态可掬，让人一见就会相信他。李蒙还有一流的口才。在我们随意的闲聊中，他痛苦地表示自己在国外留学，回国后却学无所用，颇感无奈，因此现只能客居德国。他的叙述，引起了我对他的同情。

　　聊起双辽砂矿的砂，他告诉我："这个问题不难解决。德国拥有全球最尖端洗矿技术，含铁和铝高的砂，可以用氢氟酸洗。"

真的吗？我仍有些质疑。又透过相关人员咨询了国内的专家。得到的答复是：氢氟酸是可以将砂洗干净，但氢氟酸是剧毒化学品，洗砂后的水如何处理？这一环保问题要怎么解决？

李蒙说："使用德国的技术，可以解决环保的问题。就是建沉淀池，不排放。这一解决方法，在欧洲已经非常流行，环保验收上，设备供货方会提供保证。"

我据此作出决定：以 800 万美元左右的资金向李蒙他们定了一套选矿设备。包括基建，选矿厂投资达到 8000 多万元人民币。与此同时，投资 8 亿元人民币建立双辽生产二线，也由法国斯坦因公司总承包开建。

砂矿建成后投产，并向双辽玻璃厂供应硅砂原料。

2006 年 8 月 16 日，双辽浮法二线即 600 吨 / 天浮法线点火投产。

但李蒙推荐的洗矿技术，砂可以达标，但环保问题一直无法彻底解决。

选矿后，溢出的废水，经检测氟超标，会污染环境。专家们告诉我，不是不能排放，如将浓度降到标准的 0.01% 水平可以排放。"我们日常用的牙膏中，为清洁牙还特意加入氟。所以，一点点的氟，是人体可以接受的。"

当时研究，制订了一个方案，即在选矿厂与双辽市污水厂中间铺设一条无缝钢管，直接将选矿厂的废水送往水厂混合处理后再排放。

废水排放的问题总算解决。

但是后来，周杰向我报告，废水排放问题解决后，又出现了一个新的问题，那就是洗选硅砂过程中会发生沉渣，因为是从沉淀池中捞出的，因此氟的含量也很高。政府建议我们买一个采石坑用于堆填，但当地农民反对。理由是采石坑如有裂缝，造成外泄怎么办？

我听完汇报，沉吟半晌，问："周杰，废渣量大不大？"

"大概每天会有 100 吨左右。"

"这样吧，我考虑考虑。"我告诉周杰，"你等我的电话再处理。"

我想了两天，作出决定。

我拨通了周杰的电话。

"关闭砂矿厂。"我说。

"老板，为什么关，我们需要自己的砂矿。"电话那端，周杰急了。

"沉渣中的氟，不会因堆放时间长而淡化。我们每天 100 吨左右沉渣量相当大，长期堆存，积少成多，会成为一个祸害子孙的根源。必须关闭！"

"老板，我们在这里刚建一个浮法厂投资了 8 个亿，若关掉自己的砂矿，我们要去辽宁本溪买，光运费就要增加每吨近 100 元。这会大大增加生产成本，严重影响到企业的效益。"

"周杰啊！你别再说了，没有环境要效益做什么，你就是一时赚到了效益，从长远讲，你始终是感到不安的。试问还有什么可以比心安理得更有价值？！"

就这样，2009 年，我关闭了双辽砂矿。

不贪才会有品

　　2001 年 4 月份的一天，市财政局长方朝钦来拜访我，其真正目的是来向我讨教一个办法。她说市府在几年前通过兴业银行发行 5000 万债券用于闽江调水工程，会在今年 11 月份到期，届时需偿还本息大概要 7000 万左右。市里清偿有困难，您看有什么办法。我与她开玩笑说急什么，兴业银行不也是省政府控股的吗？只不过是孙子欠爷爷的钱而已，还不起就说一声对不起就解决了吧！她说没这回事，现在上面管得很严，如不按期归还主管会被追究责任，最起码的处分不会让其转正（当时市委书记是朱键，但只是代理）。我告诉她没什么办法可行，您考虑看市里还有什么企业属于政府所有的拿出卖掉还债。如自来水公司、收费站等等。她说也只有自来水厂看有人要否，收费站已外包出去，要到 2002 年 12 月 31 日才到期。最后我们达成的共识是卖资产，建议其回去后登广告征集买家。

　　这事被我搪塞回去。大概又过了几个月，方朝钦再次来访，她很焦急，告诉我广告已登出去几个月，有几家来取过资料，但均无下文。现在离到期只有 3 个月了，该想的办法都想了，各家银行不同意贷款，现在唯一的办法是向您公司或个人借款了。我告诉她，这是绝对不可能的，因为福耀是上市公司，我公司制度很严格，谁都不许违反。我个人是现职集团董事长，如牵扯进去，会降低我的信用指数，对集团也有影响。但她说书记叫她来找我，并说请一定要帮忙。最后，我还是答应给她帮忙，具体解决的办法是，通过我私人 100% 拥有的企业购买市交通局所有的大真线、清荣大道、江阴线三座收费站五年收费权。我告诉她因为福清是我家乡，市委、市府都对我很尊重，我不得不出手，但绝不要认为我想赚家乡人的钱。这个交易合同最后于当年十月份签署（因为需要评估、计算），总共是五年收费权我要现付是 7500 万。这个数字是按收费站平均每年要收入 3000 万计算，应为每年还本 1500 万，付息约 400 万，征收费用及税收等计入。合同规定大真线收费站收费权要在 2003 年 1 月 1 日向我交接。也就是说的提前一年付六年全部权益。转眼到了 2002 年 12 月中旬，市委召集专门会议，参会的有福清政府各部门的负责人，朱键书记亲自到场讲话，宣布 1 月 1 日起，收费站从原承包者陈平安先生手上向我移交，具体交接由原主管单位市交通局负责，希望各部门配合支持。会议刚结束，市物价局一个领导告诉我前面的承包者，从前年开始几次打报告声称承包亏损，要求将收费标准从现在每吨 4 元人民币提高至 5 元。这个报告我们还未批，您可以重新打报告，我们可以考虑批给您。我笑着说："非常感谢您的关爱与支持，但我现在还未接手，不知什么情况，将来如果确实需要，我一定会请您帮助，我想等接管后看情况再议吧。"

2003 年 1 月 1 日，我们派出一个小组全面接收了 3 个收费站，并开始收费。第一个十天下来，小组负责人跑来向我报告，这个收费任务有点艰巨，他说因为我市经济较发达，很多公务人员都有私家车，他们拒绝买票，过站时就掏出一个工作证一晃，说："我是 XX 局的或是 XX 所的，栏杆迟一点提起都被骂得狗血喷头。还有收费站边上村镇一部分年轻人直接冲关不买票。"他问我怎么办？我说此是小事。你现在去福耀借几个保安去帮助，严格按市府与我签的合同规定：军牌车、公、检、法以及本市前 30 号车免征费，其他全部征收，如不交，扣车将车交给交通局处理。我同时向市委书记打电话报告发生的这种情况以及我的建议，希望市委能给予支持，朱键书记电话上表态，坚决支持我的建议。又过了一个星期，我接到的报告是此事基本平息，公务员会买票了，但冲关的更厉害，即使是扣车给交通局也没用，不知他们怎样处理，反正过一会儿他又来冲关。我告诉他，既然这样，你将扣下的车开回集团公司停车场，告诉他们找我处理。这一下十分管用，一下子被我刹住了。他们为了面子，提出是否可以卖月票给他们，我答应说可以。就这样，这个事被我平息。这时候又跑出一些很可笑的事，有的我们曾经认识的，所谓领导或朋友，电话打到我这里："曹总，听说收费站被您承包了，能否看在我们老朋友份上帮我办一张免费通行证。"我说："目前不行，一是我没有考虑过要发这个证，所以还未制作出来。第二，我好不容易才规范起来的秩序怕会因此受影响。您如果确实有难，先将票买了，留下票到我私人这里来报销。"他们说那就没有必要了。一个月时间很快就过去了，收费站报上来的收费总额比预期计划高出了 30% 左右，我向市委书记朱键如实报告，并请求他批准我在元宵节前后搞一个活动，我想邀请全市五套班子科局以上干部开一个座谈会，向他们汇报福耀集团过去一年的业绩，顺便也将收费站的事做一个说明。凭良心讲，朱健很支持，同意了我的请求。

2003 年元宵节后的一天，我如期召开座谈会，并邀请到本市科局以上干部两百多人。会上我简单地报告了福耀过去一年业绩与新年展望，最后将话题转入收费站。我从方朝钦局长第一次找我讲起到现在的实际情况，我说：当市委、市府派方局长联系我请求帮助解决即将到期的债务问题，真是百感交集。首先是，这类事我从未办过，怕会影响到我事业的发展。但又想到我能有今天是祖上积的德，家乡父老乡亲理解并支持，既然是家乡政府有困难，就应该责无旁贷挺身而出。我告诉在座的官员们，从插手这事的第一天我就立誓不赚这个项目的钱。收费站已由我管理超过 45 天，从目前收费情况看形势很好，比原计划增收 30% 左右。随着汽车在不断增加，我相信今年下来，会超预期达 50% 以上。当然这里应该感谢市委、市府以及全市公职人员的支持，我坚信这里肯定有许多人会怀疑，既然您发誓不赚这个钱，为什么收得那样认真。这是我今天想借此与大家共享的一个主题，收费站是横在我市西边公路上的一个窗口，福清政府的形象，福清人文明形象，都在这里展示无遗。试想，让人看到有权的人过站可以不交费，拳头大的人也不要买票，这成何体统，称得上文明吗？为此我认为收清全额费用虽重要，但更有价值的应该说是通过收费这个窗口，树立了我们福清市各界人民的文明形象。

我告诉他们，用于支付市政府五年收费权的 7500 万元人民币是我用私人资产抵押向银行贷款解决的，银行给我的利率也很优惠，按基准利率计息。这个项目是单独开户，在财政局下面设专户，市收款直接入该账户，我的企业以及我与我的家族成员、亲戚朋友所拥有的车辆，经过收费站也是照章缴费，这也欢迎大家监督。我今天在这里宣布这个项目收益在扣除银行贷款本息、政府税收、员工工资奖金等各种费用后的全部盈余捐给我们市里做公益，我个人绝不会收取分毫。

会上有人善意提出："您刚接手这一个多月，时逢春节，用车量大，所以收益高，节后可能会回落。"但我说，我们的分析也有这种可能，但不管怎样，我已向大家报告了这事的全部经过与我的心迹。

转眼到了 2004 年年底，收费站的收入基本上还清了 7500 万元贷款的本息。在这期间，我广泛征求各方意见余款用来建什么项目，大部分人不理解，"您为什么不赚这个钱，我们是凭合同凭资本实力赚的合法钱，又不是贪污的。"但我说，钱是很喜欢要，但家乡父老乡亲的钱还是不赚为好，因为这会成为永久的负担。最后他们说，"如果您真的想不赚这个钱，建议作为条件与市府谈判，拆掉这横在城关与宏路之间 7 公里路上 3 个收费站（另外两个站，是不在大真线上，但属于辅路）。这样有利于城市扩展，方便全市人民通行。"我认为这个建议很好，就与市委协商。市府意见是拆掉这 3 个站有几个问题：首先是里面在编人员 150 人左右怎样安置，二是收费站拆掉是永久性的，现在您不收可以，但三年后，政府是否还靠这救急，2002 年财政危机如不是这 3 个收费站，不就瘫掉了吗？但经过几个月的研究评估，最后市府采纳了我的意见，就是我放弃后两年收费权，将站拆掉，这样等于我收了三年费，2005 年下半年户头就有 3000 多万盈余，每月还在收入。我决定接受市交通局建议，捐一笔给一都修一条 7 公里左右的东张镇至一都公路，捐一笔给东翰乡修一条东翰至莲峰公路。后来市府让我捐款修城区五马山公园。母校高山中学要建科技楼，余下调给九华山修万佛塔与遣散收费站员工安置费。三座收费站也如期在 2005 年第四季度拆除，应该说功德十分圆满。但在 2006 年 3 月份左右，市税务局找上门来，要我补交这个项目盈利所得税，我说这个项目户头是独立的，所有收款都经过财政局监督。盈余全部捐掉，凭什么要我补所得税。他们说这些他都知道，"您问，凭什么？我可以告诉您：这个项目您在 2002 年插手的时候，是用您个人独资企业福耀工业村与市政府签约，这应视为您企业投资成立。后来您这个项目接管后，用收费站名义在财政局银行开户，这是您个人的决定，我们不干涉。现在项目结束，清算您盈利五千多万元，这应视为原签约企业盈利所得。我也知道您全部捐给地方，这是您个人行为。按照所得税法规定，这些钱您是直接捐赠，不是捐给我国批准的慈善会，因此我们不予认定是捐赠，不能免交所得税。因此，您必须补交这笔捐出去的全额所得税。"听他们说完，我觉得有道理，起码说他提出的是有依据的。值得庆幸的是，还好我提前两年多拆除收费站，如继续收下去再捐出去，最后不知要补交多少税。

化干戈为玉帛

反倾销案打得热火朝天的时候，我们发现，若想获得世界八大汽车厂汽车玻璃供应商的认证，就必须要有自己的汽车玻璃级浮法玻璃生产线。也就是说，如果你自己不能生产汽车级的浮法玻璃，你就不能被汽车厂家信任，不论你的汽车玻璃生产质量如何高，产量如何高，只要你没有自己的汽车玻璃原片厂家，一旦你成为供应商，产量要求高的时候，就有可能发生因原片玻璃供应不上而断供。

汽车厂家这样的担心有他的道理。就好比做服装厂的，生产出来的时装，用的是什么布料，直接影响服装的质量，虽然看起来是一样的布料，但不同厂家生产的布料，即便服装的款式一样，质量却是大相径庭，此为一；布料是别人的，人家一直涨价你就不得不涨价。此为二。开发新玻璃产品，原片厂家若是不提供相应的玻璃，汽车玻璃厂家就没办法满足汽车厂的要求。此为三。

所以，我们必须自己生产汽车玻璃级的浮法玻璃。另外，自己生产原材料，免去了依靠进口所带来的巨额运输费、包装费和关税，生产成本也大大降低，竞争力自然随之增强。

2004 年初发生的一件事，更坚定了我要做自己的汽车玻璃级浮法玻璃的决定。

那一年，日本玻璃厂家，试图通过技术手段，排除竞争对手参与全球汽车厂新车玻璃供货，达到间接垄断的目的，在新车的前挡风玻璃设计中加入了 UV–CUT（挡紫外线玻璃）元素。若福耀要参与竞标，福耀必须采购到 UV–CUT 的浮法玻璃，但是日本浮法玻璃厂商却拒绝供货。面对这一变相的不公平竞争，福耀若要想彻底摆脱原材料受制于人，做汽车厂家所要，唯有加快自己的原片工厂的建设。

PPG 拥有挡紫外线玻璃的生产技术（LOWE）。

选择引进 PPG 的技术，成为必然。除上述原因之外，还有一个重要的因素是，PPG 是当时世界五大玻璃厂之一，同时，在中国没有浮法玻璃厂。因此，虽然当时正在与 PPG 打反倾销官司，我依然决定与 PPG 接触商谈引进浮法技术生产线的事儿。

谁能居中与 PPG 牵上线呢？

过去交往的朋友一一从大脑里闪过，就像电影胶片中的闪回一样。一个人名，忽然跳了出来。张长兰，一个东北人，原来在 PPG 深圳工厂当总经理的秘书，后来她当销售经理。我立刻翻找出她的电话。

"张总，我是福耀的曹总。请问您 PPG 的总经理罗杰科·罗斯福还在公司工作吗？"

"在啊，他现在总部工作。"

"那么麻烦您跟他讲，我想去拜访罗杰科·罗斯福，跟他谈做浮法玻璃的事情，看看他能不能帮忙福耀建浮法生产线。"

"好的，曹总，我马上给您联系，一两天即答复您。"

过了两天，我接到张长兰的电话。

"曹总，罗杰科·罗斯福总裁说，如果是谈官司的事儿，不方便见；如果不是谈官司的事，可以见。任何时候都欢迎曹德旺先生。"

那是我第一次去匹茨堡。

张长兰陪我去的。

PPG 摆出了一个大的接待阵容。到的第一天晚上，PPG 在匹茨堡市内最好的酒店设好了宴席，除了罗杰科·罗斯福总裁，其他的几个 PPG 头儿也都到位了。

酒店位于匹茨堡的山上，从酒店望去，匹茨堡的美景尽收眼底。

我扫了一眼满桌的海鲜与干红，这一顿，PPG 可是极尽了地主之谊啊——每位的消费，至少也在上千美金。

一坐下来，我就先申明今天我们大家不讨论官司的事。商人应该以和为贵，以信为本。"这次专程到匹茨堡，是想和 PPG 的老总们讨论 PPG 有没有可能和福耀合作做浮法玻璃。"我说，"纵观全球汽车玻璃行业的排名，ASAHI 第一，圣戈班第二，前面还有佳殿、皮尔金顿，你和我排在第五第六。现在，我们五六名的在这里打官司，谁输谁赢都没有好处。把我打倒了，他们便可集中精力对付您。所以，我们之间有什么好打的？"我说，合作性的竞争才能够真正提升我们双方各自的竞争能力，"PPG 在中国没有工厂，有没有可能帮助我们，提高我们福耀在中国汽车玻璃行业的竞争力。我相信，我们两家联手，可以有效地抑制他们的发展。我在中国发展了，他们在中国挣不到钱，这样，他们只能在国际上与您竞争，我们在后面拖住他们的后腿，PPG 的排名也就靠前了。"

那一餐，大家都吃得很开心。罗杰科·罗斯福总裁说："我会派人前往中国，看看福耀有没有条件做浮法。"

后来，罗杰科·罗斯福总裁果然派人来福耀。这么一来二往，PPG 和福耀就达成了技术转让协议——福耀向 PPG 购买浮法玻璃的生产设备，PPG 向福耀转让浮法玻璃的技术。

福耀曾经与 PPG 讨论过独家转让技术的事，但 PPG 不肯，他们知道我们中国的特色就是只要有赚头就会盲目跟风投产，因此，福耀之后，他们又在中国将其浮法生产技术转让给厦门明达、山东金牛等七八家玻璃厂家。这是后事。

2004 年，福耀与 PPG 签约后，PPG 给福耀出具了技术转让证明书，补全了福耀作为全球汽车玻璃供应商中最重要一环。2006 年，福耀获得全球八大供应商的认证。

2004 年，我开始在福清快马加鞭地建设汽车玻璃级浮法玻璃工厂。

建浮法玻璃厂的地块，是由冲积沉淀来的滩涂地。

我喜欢那块地。因为我上班都会经过，只要有空我就跑到那块地上去走走，一天下来，我都会去那边很多次。

我想将那块地填高，然后建浮法工厂。

可是政府不答应，说这样一来，周边的地也要填。

但这一片地，如不填的话根本没办法用。

我就问政府："万一洪涝来了，你怕不怕？"我说："在高山的时候，我曾经有过这样的经历。一个车间太低了，洪水来了，设备都报废了。"

于是填地。填高了 3 米，与福厦路平。为了防洪，我又修建了一个护城河，这样，即便有百年不遇的山洪暴发，我的工厂也淹不了。

这个设计，是我做的。

我对那块地倾注了很多的心血。

每天早上天一亮，我就去工地转，下班后也要到工地转一圈才回家。

工地在建沙库配料库的时候，发生了一件奇怪的事。

那天，大概下午 3 点多，我在办公室里看着文件，心里忽然觉得难受，就走出办公室开车到工地。

沙库配料库的设计，顶部的三角形很高。这个设计方案，我原本是反对的，觉得那么中规中矩。沙库配料库，只要能满足使用功能就好，没有必要搞得奇形怪状的。天津的设计方坚持，我也就罢了。没想到，正是这样的设计，导致后来事故的发生。

当时正在吊装，大约还有 20% 没吊，我巡查到沙库配料库工地，走到吊装下，向工地项目负责人林雄了解当天工程的进展情况。突然，一阵阴冷的空气袭来，穿着西装的我打了一个寒噤：奇怪，这酷热的夏天怎么会有如此阴森的空气呢？我抬头望天，看见一块乌云从西北方向急速地压过来。

"快跑！"我大喊一声，拔腿就以百米冲刺的速度，死命地往厂房跑。

我一跑，工地上的人跟着就跑，虽然他们还不明白怎么回事。从沙库工地到厂房，也就 40 米的距离，不到一分钟的时间，我们刚刚跑到厂房，只听"轰"的一声，原本直直耸立着的钢结构，一根接一根地，如多米诺骨牌一样，倒了。沙库配料库倒了。

刚刚还蓝天白云，这会儿，雨，"哗哗"地如断了线的珠子，不断地砸向地面。

由于惯性，我冲进了厂房，听到"轰"的声音我又回头往沙库配料库工地跑，我害怕还有工人在工地里。再跑出厂房，我大叫："还有没有人？"

"没有，老板。看您跑，大家都跟着了。"林雄的脸上还是一副心有余悸的样子，"没有人。好险啊，老板！"

返回沙库配料库工地时，不过两分钟的时间，大家的衣服全都淋湿了。

我让大家回去换衣服，浮法的总经理何世猛赶忙布置人守住大门，嘱咐不让外人随意进入工地。"为什么？"我问何世猛。

"免得记者来拍照。"

"神经病，记者要来拍，我们怎么能堵得住？"我说道，"赶快写一份通稿，就说我们的沙库配料库倒了，没有人员伤亡，也没有造成福耀的损失。这个工程，是包工包料给天津公司兴建的，加上基建又有保险，所以，没有造成我们直接的经济损失。记者来时，让记者拍，再把通稿提供给他们就好了。"果真，还不到两个小时，从福州跑来了很多记者。

现在想想，那阵风真是吹得很奇怪，直冲着配料库来，可能是石竹山不让我们盖这样奇形怪状的房子吧。

那天，要不是我在现场就完蛋了，要是我没有那么敏感也完蛋了。

真悬啊！

2004 年 11 月 25 日，福清浮法玻璃一线点火，12 月 28 日第一次出玻璃。

2005 年 1 月 27 日，福清浮法玻璃三线点火，2 月 21 日第一次出玻璃。

2005 年 4 月 18 日，福清浮法玻璃二线点火，5 月 10 日第一次出玻璃。

至此，福清浮法玻璃三条生产线的建设项目全面竣工。

企业的道义

2007 年五一节后的一天，我接到来自北京公司桑总的一个电话，向我报告该公司前两个月收了一个来自河北农村属于今年应届的毕业生，五一节回家探亲时生病，找医院检查，发现是得白血病。因家庭极度贫困，现无法进医院治疗。

"他只是在我公司实习，还未正式报到，现请示您，能否考虑给他一些帮助？"

我告诉她："直接将他送进医院，费用全部由公司支付。"

桑总说："那要十几万呢！"

"十几万元就十几万元，有什么好说的。"

"我是要跟您讲清楚，他只是一个实习生，还没有跟公司签正式合同。"

"我爸爸当年告诉我，您若是开店的，开门看见门口躺着人，您一定要先给他灌水，有口气了再送医院。和公司无关的人，我们都要帮助他，何况他还是在我们公司实习的人呢！"

没两天，我又接到桑总的电话。

"曹总，医生说打底要 50 万元。"

"人送进去了还在乎要花多少钱？这不是多余的吗？"

事后，北京公司的总经理就此事做了书面汇报，才了解到田军是河北乡下人，1987 年出生，刚刚 20 岁，没有父亲，和母亲生活，家里很穷。2007 年 3 月 21 日进入北京公司，在钢化包装车间实习。培训期间，他态度认真，工作积极主动，是一个朴实而勤快的孩子。节前他就感觉身体乏力，刚开始还以为是工作不太适应，过阵子就会好。却没想到，在五一劳动节放假回家的路上，坐在车上感到极度不适，头晕无力。到家后即被家人送到医院检查，报告结果是白血病，母子抱头痛哭。医生建议转到北京的大医院——北大第一医院治疗。但因家庭贫困，无能为力。

节后上班已经过了几天了，田军还没有回到岗位上。负责培训的师傅打电话给田军，问他为什么还不回公司上班，田军告诉师傅自己得了白血病，家里又没有钱治病，现在不知道怎么办，大概只有等死了。他的师傅就将这一情况报告给了北京公司的总经理。

公司得知田军得病的消息后，总经办李总、桑总、林总共同商议，决定向集团请示，争取帮其解决。

北京公司的桑总赶到北大第一医院，先找主治大夫董医生，了解田军的病情和治疗的进展情况。医生告诉他们，治疗预计持续一年左右的时间，总花费至少需要 70—80 万元。听完医生的介绍，他们即向院方表示："请全力挽救田军的生命，所需要的费用，公司全部承担。"

随后，他们走进病房，来到田军的病床前，看望田军，安慰田军的妈妈保重身体，要支持田军好好配合治疗，并向她转达了我的意见。他们的话音刚落，田军妈妈感动得热泪盈眶，二话未说，跪在了地上。虽然知道这是一位母亲无法用言语来表达的感激，深受震撼的桑总，还是马上上前，扶起了田妈妈。幸运的是，田军的治疗情况一直在向着好的方向发展。第一次化疗，就取得了非常好的效果，血液内的生化指标良好；进行骨髓配对，通常是选用兄弟姐妹的骨髓进行，但也有六七个兄妹却不能配对成功的先例。幸运的是，田军唯一的姐姐所提供的骨髓，却是非常地吻合。田军自身状态良好，能积极地配合治疗，表现得异常坚强。主治大夫董医生感慨地说："田军是不幸的，因为他这么年轻却得了这样的病，然而他又是幸运的，他姐姐的骨髓配对如此吻合，更幸运的是田军遇上了一个好企业、好老板。我们也有病人因为无钱治疗遗憾地失去了生命，也有单位得知员工患了这样的病而置之不理，但你们福耀却能做出如此善举，实在是为中国的企业树立了典范，作为福耀的员工田军是幸运的。"

一年多后，一个高高瘦瘦，稍显羸弱的孩子微笑着走进北京公司。很多人一时没有反应过来是谁，仔细一看竟然是田军。田军回来了！北京公司的全体员工都很兴奋：一年之中，田军并不是一个人独自地与白血病魔搏斗。公司的全体员工，始终和他并肩站在一起！

生命无价！

透过田军，福耀集团的全体员工包括我，都再一次有了更深一层的体会。

知危不危

我始终认为作为一个优秀经营者，必须具备精确判断未来方向的智慧。

我们的祖先告诉我们的办法即是观"天象"。这里的观"天象"不是仰望天空看星斗，而是指要注意观察自己周遭的情况，并搜集有效的数据信息，通过推演作出正确的判断，预测出未来的走向。

很多信息存在于宏观层面中，因此常常会被人们所忽略。

但我很注意。我喜欢看各类报刊杂志，每天从福州家里到福清工厂上下班来回的路上，我也喜欢听车载收音机播报的新闻。看到、听到的这些来自各类媒体的各类信息，经过收集消化，成为我观"天象"的依据。

2006 年 2 月 15 日，在福耀集团总部 5 楼会议室召开的现场股东会议，就福耀玻璃（代码 600660）股权分制改革方案进行投票表决。福耀股票全流通改革的兑价条件是每 10 股送 1 股。这是沪深两市股改以来兑价送股最低的一家上市公司。但是，这一低送股的股改方案，经过综合网络投票和现场表决，最终以流通股股东 88.7% 的赞成率、全体股东 96.32% 的赞成率顺利通过。按这一股改协议，大股东承诺，自 2006 年起，利润每年递增 30%，连续三年。如不能实现这个目标，大股东还须实现给小股东 10 股送 1 股的承诺。我认为以目前公司情况，绝不会完不成增长指标。

这一年的上半年，我选择在广东建厂，市场目标是广东、海南以及北美出口基地。

到了下半年，我突然觉得"风向"有些不对。因为各方传来的信息纷繁复杂，我灵敏的"嗅觉"闻到了异样的味道——我国出口贸易与国外摩擦有加剧的迹象。

受此影响，国家宣传机构释放的信息是人民币汇率有限浮动。有人认为人民币因此将走上升值的路，也有人认为这是洋人多管闲事。

分析人民币升值还是不升值，首先要解决中国企业客观上存在的一个问题，即我们用汇的人跟创汇的人，是不同体制的。创汇多的人，多是民营中小企业，他们是生产服装鞋帽的人，还有稀土，大多是民营企业；用汇的人呢，多是国营大企业，像航空公司、石油公司等。人民币如果升值，利于进口，对用汇的人自有更多的好处。同时，也更有利于国家对产业的调控，因此会更好经营。在这种态势下，中小微企业通过自己内部的挖潜改造，也能继续生存。基于此，我的结论是人民币会升值。

接着，国家相继出台了劳保法、环保法、公路法等。

但是，不可避免的，人民币升值与各种法规的实施，首当其冲，受到冲击的，是那些以出口为生的中小微制造企业。随着这些企业的纷纷关闭，会影响到为这些企业提供材料、劳工等效益，而人民币升值，按外国人的预期是 30% 左右，这时期的福耀企业税后净利润也就是 20% 左右。

　　我去调研当时经营出口企业，他们大多是中小微企业，反映出来的盈利能力，税后利润大约在 4%—5% 左右。如果这些法规都执行的话，对企业的成本影响有多大呢？

　　经过细算，我得出了一个结论：人民币升值 10%，对中小微企业的生产成本影响大约 5 个百分点左右；如果劳动法规执行了，对中小微企业的生产成本影响也大约在 5 个百分点左右（我们公司的人工成本占生产成本的比例在 7%—8% 之间，而中小微企业人工成本，就占到生产成本的 15% 左右）；如果运输法执行了，每条公路都抓超载，运输成本的提高，无疑又将令他们的利润大大缩水。还有环境保护法的执行，又将增加企业在环保方面的投入。总之，方方面面的因素综合起来，给这些企业带来的成本增加，远远超过了他们税后利润 4%—5% 的水平。

　　它们还能不倒吗？

　　因此，我判断这些以出口为主业的中小微制造企业会有麻烦。

　　2006 年，我每两个月就要到增城走一趟。除了视察工地建设进度，最关心的，就是找当地的干部聊天，从中了解他们管辖区内的小微企业目前的现状。有趣的是，当地的干部告诉我，几乎每天都会有企业蒸掉。有的一夜之间，老板跑路了，还有些企业蒸发了，政府都不知道。

　　征兆已经很明显了，我的判断得到了证实。

　　一种莫名的危机感，如一阵冷风迎面，令我周身寒战。

　　危机已然就在眼前，福耀将如何面对？

　　这实实在在考验了我的智慧与我的管理能力。

　　几番冥思苦想，反复计算，缜密考虑，我认为要展开一场自救的运动。立即行动，刻不容缓，要与危机到来的时间进行赛跑。

　　2006 年 12 月，福耀向全体员工发出危机警告，并出台四条措施：

1. 抓紧在建工程扫尾，停止一切扩张性再投资，促进现金回流。

2. 全面清理应收账款，收窄销售信贷规模，严控风险。

3. 做好足够思想准备，必要时关闭低效益或亏损企业。

4. 展开一场旨在提升产品质量，降低成本为目的的全员培训，推动精细管理。

2007 年 10 月我写了一篇《一叶知秋》的文章，发表在当年的《福耀人》第 11 期上。我在文章中写道——

一早走出家门，就与秋风撞了个满怀。经过一夜的秋风，院子里昨日还一尘不染的小径上零乱地铺展着黄色的落叶。

虽然南方的四季没有北方来的分明，但一入秋天，满眼的金黄色还是让人充分地感受到了秋的到来。

"落霞与孤鹜齐飞，秋水共长天一色。"（唐·王勃《秋日登洪府滕王阁饯别序》）春华秋实，对于辛勤耕耘者在企盼金秋丰收的同时，亦为冬的到来而忧伤。

今秋，连续数年的全球经济高增长以及中国十七大的胜利召开，全国 GDP 增长更有望超过 10%。捷报频传，凯歌阵阵，但只要聚神倾听，亦不难听出凯歌声中的些许不和谐：

——中国经济疑似由偏快转向过热；

——美国次级按揭失控引发全球危机四伏；

——人民币不断升值；

——全球气候变暖引起的争议与整治。

……

凡此种种，不一而足。

凯歌声中夹杂着的阵阵杂音，有如秋季的落叶，预言着冬天即将到来，预示着我们需要经受严寒的考验。

然而，寒冬、雪景、冰川，在给我们带来寒冷的同时，也净化了空气，灭除了害虫。人类呢，御冬除了增衣之外，亦可借此休整、进补，以备再战来春。而来春的花是否开得灿烂开得艳丽，就在于我们自身是否已知季节在更换，并做好了种种越冬的准备：

——全员培训，旨在建设一支高素质的职工队伍；

——创新技术，改革流程；

——全面推动以提升质量为目的之精细管理；

——积极开展反浪费、降成本活动。

这就是修身。"道虽迩，不行不至。事虽小，不为不成。"（《荀子·修身》）

修身以利行。

修身以秋实。

我们福耀人，在经历了这样的修身与进补后，也就真真正正地领悟了江山如此多娇，感受到春华、夏绿、秋实的真谛。

还有即将到来的冬天，依然美丽。

后来有记者问我，"曹总，您是怎么预知到金融危机要发生，经济的冬天即将来临？"

我笑笑。

任何事，有因就有果；看到了因，也就知道了果。

关键在于我们能不能看到那些藏在各种果中的因。

认真地观察，因，总是有蛛丝马迹可寻的。

通过进一步完善经营管理，降低各个环节的成本成自救的不二法门。

2007 年 4 月，福耀与韩国 KSA（韩国标准协会）签订了一份培训合同。集团召开第一期精细管理培训启动大会，我亲自到会动员。
我全面分析了形势，并告诉他们，上述那些因素，将会影响我们的成
本，在 20%—30% 之间。同时，我明确指出，危机将在三年内发生。
因此，我们必须利用这三年的时间，把生产成本、管理成本、营销成
本都降下来。

我强调，如不能通过这次全员培训，提升我们的工作效率与劳动
效率，不能将能耗、料耗有效降低，不能将总成本在现有水平上降低
30%，我们的企业将会被淘汰。反之，如果我们能够做到，我们将来
就能成为一个成功的企业，一个伟大的公司。

我同时指定集团副总白照华负责这个项目的指挥与实施。

2007 年 8 月 6 日下午 2 点，由于长期干旱、高温，工厂电线老化
引发了四厂一场大火。四厂，位于福清万达，属于福耀利用卖工业村
的钱最早建的一座夹层玻璃厂。

下午 2 时 30 分左右，我午睡醒来看见手机中有福清汽车玻璃事
业部刘章华总经理发来的一条信息，向我报告：四厂发生火灾。我立
即驱车赶到现场。

此时，四厂厂区周围站着许多人，工厂车间里冒出的烟又浓又
黑。围观的人见到我，都默不作声，用异样的眼光看我，相信此时他
们是想看我怎样发怒。

走下车，集团副总裁白照华与刘章华迎上来。

"老板，看到工厂起火，我死的心都有了，真想跳入工厂与其同
归于尽。"白总说。

"别瞎说，怎么会这么傻！"我先劝慰白总，再问刘章华："里面
的人是否全部撤出？"

"是。人全部都出来了。"刘章华回答。

"员工安全就好，叫大家离火场远点。"我接着问："报警了没有？"

"报警了，大概有 15 分钟了，消防车马上就会到。"

"在这种情况发生后，只要我们的人没有事，那就好。"我感觉到身边两位老总都松了口气。

这时，我已经走到了四厂的门口处。我心态平和，对围在那儿的工人们说："大家不要难过，我投资建这个厂的时候，就有考虑工厂被烧的可能性。为了规避这个风险，我已购买了财产保险。不过，这时候我们大家应该共同努力，协助消防灭火，将损失降到最低，这是我们的责任。"我接着说，"现在，你们去找一些木棍、铁棍，把厂房四周窗户的玻璃敲碎，以便消防车上的水管容易伸入。"

白总立刻带着工人们找来木头，呼呼乓乓敲起窗上的玻璃。不一会儿，消防车赶到，我想现场有白总在，我应立即赶回办公室安排写一份新闻通稿，并叫董秘联系上海证券报明天公告。

布置好这两件事，我又回到现场。此时，福清市委、市政府领导也已到场，有门卫跑进来向我报告，门口有很多记者，是否让他们进来。我说，出去告诉他们，曹总请你们进来。记者到场后，我给了每位记者一份通稿，并在现场接受了记者的采访。我简单地讲述了工厂着火的部位，告诉记者原因还有待消防部门的检查确定。我回答了记者们的提问，并告诉记者：一、没有人员伤亡。二、工厂没有什么直接的损失，主要原因是我们买了保险，任何损失交由保险公司理赔。为了尽量减少损失，我们也做了大量的抢救性工作。三、福耀有很多的工厂，四厂火灾造成的部分产能损失可以由其他工厂增加生产量来解决，不会影响到客户的供货。最后，四厂是老厂了，通过这个机会进行改造升级也是一件变坏事为好事的事情。"你们手上拿着的，是公司专门为这事准备的通稿，你们可以核实后，再报道。"

火灾次日,《上海证券报》刊登了我们公司的公告,当日股票涨了百分之一点多,说明公众理解并原谅了公司。

后来我才知道,在我离开的那段时间,我们的员工、保安积极配合消防官兵灭火,在火势渐渐变小时,也在现场指挥的何世猛深知车间内的 4 个高压釜内有正在高压的玻璃,大火中容易发生爆炸,他立即冲进去,事业部领导刘章华、福原康太、王瑞林等也都带头冲了进去,与工人们一起,一边迅速排压,一边对还在燃烧的火苗进行围扑,从而保住了高压釜的安全。

国庆前两天,韩国 KSA 杨庚子与李委员来到我的办公室。李委员手里拿着一沓照片,快哭出来了,"十分对不起,曹总。我在这里的第一期培训时间已经到了,但效果不理想。"他递给我看那一沓的照片,"过去半年的培训,工人干部都有来参加,但培训归培训,回到岗位后依然如故。"他说,"曹总,希望您能再给我一个机会,再给我 6 个月的时间,我可以保证,您的成品率提高 15%,成本下降10%。"

我看着那些照片。那是他在工厂培训期间,针对工厂存在的问题所拍的实景照片。"为什么,你会认为再给你 6 个月你就会成功?"我问,"你找到了什么方法?"

"是的,我找到了一个办法。"他有些兴奋地告诉我,"可以利用新来的大学生,组成培训督导小组,督促下面进行整改。"

"这个办法不可以。"我摇摇头,"这样,马上就是国庆长假了,你也回去休息一下。"我说,"我会给你这个机会。不过这次我亲自督导,用我的办法。国庆后的第二周你再来吧,我会同你签新的合同,到时我会亲自挂帅!"

2007 年 10 月 10 日,我主持再次召开培训动员大会。会上,我首先反省并检讨对 KSA 的前期培训关心不够,措施不力等领导性失误。"应该客观地讲，你们也不够重视这个事情。大概，你们认为老板有点多虑了，事情并没有老板想得那么严重。今天，我告诉大家，现在，我保证改过。"我告诉在场的员工，"不要以为六个西格玛的难度有多大，我也是建厂初期就开始培训的。我相信你们每一个车间主任都会滚瓜烂熟地背出来。"我严肃地告诉他们，"不能改变现状，就要必须停掉工厂的工作。我把希望寄托在你们的身上。这一次，我要求再从头开始，今天培训，明天就直接实施。李委员负责现场培训，同时，负责第二天检查，发现问题，用相机拍下。实施以班组岗位负责制，谁的岗位谁负责。不能再像前面一样，颠三倒四的，我可跟你们丑话讲在先，李委员把照片送到我这边，我就找你们讨责。各班、组向车间主任负责，各车间主任向厂长负责，厂长向总经理负责。现在，各就各位去做这件事情"，我说，"我的目标是一个礼拜要见成效，一个月开始出成果，一年要达标。"

因为既要完成生产任务，又要进行培训和整改，公司决定对能完成培训整改任务的单位，每人每月补发100元；对被查出问题的单位，对无法在指定时间内完成整改单位的负责人，即时更换。这个项目从现在开始，集团由我负责抓，各层级均由一把手督办落实。

这一政策比较严苛，但其效果却十分显著。到12月，作为试点单位的福清万达，整个工厂面貌焕然一新，各项经济指标均呈现向优化方向发展；横向同比，均提升10%以上。2008年1月，集团在福清万达工厂召开现场会，推广福清万达的经验。

自此，一场完美自我持续创新的活动，你追我赶、轰轰烈烈地在集团内展开。

5月，我应韩国KSA标准协会会长崔甲洪的邀请出访韩国，并于22日出席了该协会举办的最高管理者早餐会，应邀在早餐会上做了演讲。

　　韩国标准协会的最高管理者早餐会是为提高全球领导能力的交流场所，通过邀请韩国政府高级官员，韩国国内外一流企业的专业管理人和公共机构的代表等知名人士，分享政府政策和成功管理案例、学界理论，找出无限竞争时代的突破口。同时，与企业的领导共同追求变化和创新，为参与全球化领导的顾客提供 KSA CEO 网络。许多国际上著名的管理人均受邀在此早餐会上演讲，现任韩国总统李明博也曾在早餐会上与众多 CEO 们进行交流。

　　中国企业家被邀请来参加的，我是第一位。早餐会上，有个韩国企业家问我，"作为一个成功的中国企业家，您可否告诉我，韩国人在中国为什么投资不成功？现在去中国应该投资什么才能成功呢？"

　　"很感谢您提问这个问题。"我说，"您问为什么韩国人在中国投资不成功，您这个问题是错的。三星是韩国的，现代也是韩国的，他们不是做得很好吗？！您说您们做不成功跑回韩国的，估计是在山东卖泡菜的吧？这样的行业，改革开放前，中国的老百姓不能做，你们跑到中国来做当然会赚钱，现在中国的老百姓能做了，你们自然做不过当地人。"

　　"至于第二个问题，您问我到中国投资什么会赚钱？你们和美国那么友好，您知道美国靠什么赚钱？是农业吗？还是军火？还是尖端制造业，像航空母舰这一类？我很少去美国，也不会讲英语，但是我从公开的资料分析，美国人赚得盆满钵满的，不是农业，不是军火，而是服务业。他们创汇主要是服务业、咨询业，还有银行等金融机构。他们都没有把实物卖给人家，都是用嘴巴。韩国有没有这方面的专长？根据我的判断，有。全世界制造业生产质量管理做得好的，第一是德国，第二是日本，第三是你们韩国，第四是中国台湾。中国大陆有很多企业，他们很需要这方面的培训，你们完全可以组织一个管理队伍，到中国去，用你们 KSA 的模式，培训中国的企业管理人员，培养一批精英、专家，承包中国公司的管理。"说到这儿，我开了个小小玩笑，"这些企业节省下来的钱就是你们赚到的钱，赚这样的钱，没有人能同你们争。中国的工业产品，缺的是爱国者导弹，缺航母，这些不是你们所长。你们的长项在哪里呢？我个人认为，精细管理，敬业精神。因此，把你们的管理能力向中国输出，这不也和美国一样了吗？"

那天的早餐会，韩国 FNNEWS（韩国财经新闻）、韩国经济新闻报、韩国每日经济新闻报等均在显著位置进行了报道。

2008 年，我国首次举办奥运会。那一年，全国人民热情高涨，全国的经济形势看起来亦一片大好。

为此，2008 年年初，集团财务部向我提出增发股票的建议。

这个建议，是左敏提出来，我虽犹豫，但不想扫他的兴，就同意他去操办这事。

3 月份这个项目正式启动，到 7 月，负责这次增发的承销商招商证券的老总朱仙奋与我联系，说他的老板余维佳想来拜访我，当然这是出于生意上的礼节。因为我十分钦佩余维佳先生，认为他学识渊博、为人谦和、业务能力强，所以我决定亲自去机场接他。接到余先生时已是傍晚，我就带他们两人到长乐松下港吃海鲜。饭桌上，余总与朱仙奋首先提起增发的事。

"增发，您预计什么时候可以完成发行？"我问余总。

"如果顺利的话，可能在今年年底，不顺利的话就要拖过年到明年一季度。"朱仙奋说。

"那我建议这个项目立即下马，不要再浪费时间了。"

"为什么这样说？"我的话，让他们两人大吃一惊，大概是以为我对他们的增发工作不满意。

"直觉告诉我，奥运会结束后，中国股票会直线下滑，上证指数在今年会破 2000 点，在这种情况下增发，无异于自杀。"我用极其肯定的语气告诉他们。

余总笑了。"现在是 6000 多点，您也太悲观了吧？"他们如释重负，对我的话不以为然。

我坚定地说："您一定会看到的。"

由于决定取消增发项目，饭后，余总与朱仙奋就乘当晚的飞机回深圳去了。

第二天，我召开管理层会议，检讨现在各厂经营情况，会上得出的结论是：1. 汽车玻璃得益于出口，还有企业正在抓的精细管理，效益体现得还算正常。2. 建筑用浮法玻璃效益较差，6 条线均处在成本线上下。

此时，国家一再强调淘汰落后产能与结构调整。我认为，企业家要紧跟政府政策走，既然国家提出要关，而我们也认为建筑玻璃生产线没有前途，那就应该先下手带个头。

基于这一考虑，我作出了今年准备关掉 4 条建筑级浮法线的决定。我在会上宣布，第一条，最先关掉福清 3 号线，计划在 9 月份执行；第二条，关闭双辽 1 号线，安排在 10 月份执行；最后关掉海南工厂的两条线，计划是 11 月份执行。

对我的这个意见，管理层没有达成统一的认识。最后大家都表示回去检讨，看能不能在不关线的情况下，寻找到一个解决问题的办法。

次日上午，董秘陈跃丹与财务总监陈向明到办公室找我。

"老板，您是否还记得股改时的对赌条款？"他们两人的脸上都写着凝重。

我当然记得。这个条款中大股东承诺股改后连续三年，每年利润增长 30%，如不能实现，大股东每 10 股要追送 1 股。

"我们测算过了，如果关闭 4 条线，在今年搞减值准备，大股东要追送 7000 万股，按今天的市值，人民币有 22 亿元左右。"他们说，"今年如果不关停浮法，我们就不要提减值准备，稍为调整一下基本上就能安全地履行您的承诺。作为大股东，您可就保住了 22 亿元的资产。"

"作为大股东，我首先考虑的是关闭这些工厂选在什么时间点，最符合公司的利益。"我告诉他们，"保护大股东的利益，要建立在公司利益优先的基础上，必须要首先满足这个条件，也就是大股东应该要去履行他的承诺。这是人格问题。一个人若失去人格，永远也补不回来，那会终身抱憾。"

为了宽慰他们，我继续说："谢谢你们的提醒，这毕竟涉及我个人 22 亿资产的得与失，我会认真考虑。"

我相信，在这个问题上，更加烦恼的是这两个人。我视同自己儿女一样的，他们工作都十分认真，用中国人最喜欢说的评语，他们都是我不二的忠臣，说的话，也绝对是忠臣说的话，如果此时，我若蛮横地拒绝他们，会伤及他们的情绪。

经过精密测算与反复研究，最后，在集团管理层的反对声中，我坚持作出关停的决定。

我的理由是：

首先，从企业利益层面考虑，准备关停无效益资产，最佳选择时机是企业效益好的时候。因为关停需要计提减值准备，企业利润好，减一半也无伤大雅，如果在企业遇到困难或亏损时再减值计提，就无异于雪上加霜，就有可能成为压倒骆驼的最后一根稻草。到那时，皮之不存，毛将焉附？

其次，从国家目前形势看，中央政府一再强调要淘汰落后产能，既然我们已经知道这些产能过剩，就应该积极响应。大家都不执行中央决定，国家的前途在哪里？

第三，经过测算，全面完成股改承诺，第三年应完成利润的确差距不大，但也有 3—5 千万的差距。这一差距，在一个百亿营业额的企业里，运用技术手段，稍作调整，的确可以过关，如将应提折旧项目延后一些，将产成品从库存调入销售，将应收账款加大一些等，都可以解决。

虽然这些可以做得毫无痕迹。但是，人在做，天在看。这些动作都是违背人格与道德的，一旦做了，那是刻在历史的耻辱柱上，如日月同在，永不能消除。作为董事长，我在职工面前的权威性必将大打折扣，最糟糕的还在后面，让这些纯洁的年轻人，亲自参与这样的"运作"，亲眼目睹人性的贪婪，对他们的成长，对集团的永续经营，都是硬伤。

因此，我坚持自己原来的决定，淘汰低效益企业。

我召开了专题会议。

会上，我以不容协商的口吻发出指令。在下达我的指令前，我首先感谢管理层的各位于前天会议就关厂这个问题给出的意见，"于公于私，我都要感谢你们的关心。经过这两天的认真考虑，今天，我告诉大家，最后，我还是选择作出在今年第四季度关掉 4 条建筑级浮法线。其理由是，这 4 条线，现在虽然还保留低利或低亏，但过了这个月也就是在奥运会后就会大亏。在集团总量资产中如有个别企业亏损，犹如人体上某个部位的伤口在流血。有点医学常识的都知道，伤口处要立即采取止血，而不是拼命吃，拼命造血，那只会让血流失得更快更多。"我说，"我知道关掉 4 条线将损失 15 亿元左右，我今年减值支付 50%，将利润下压，那些企业可以重组掉，残值还值 50% 左右。企业不在乎资产多少，但必须是优质资产，绝不允许持有不良资产，哪怕暂时看似好像能值点钱，但那只是表面，实际产生不了什么价值。因此我们必须关掉这样的资产。"

会议室里，管理层个个不作声。我喝一口面前的水，试图缓和一下会场的气氛，"你们肯定想知道我这个预测是凭什么作出的，是去抽签得来的？还是算卦算的？"

我环视会场，大家静静地听着。"我想大家都还记得去年10月我写的《一叶知秋》，在《福耀人》首页刊发。这篇文章可以证明，我在这之前一直在调研宏观经济，系统地分析了当前形势，出台了应对政策。你们肯定会讲我说得不准，从那时到现在已12个月了，今天的上证指数已上升至5500点的高位，您怎么解释？为什么？我告诉你们，主要原因是我国正在举办奥运会，需要一个牛市支持。你们应该学会透过热闹经济的表象去看问题。你们有没有问过自己，为什么建筑旺季，建筑用玻璃市场却疲软？我告诉你们，答案是因为需求减弱。为什么减弱？那些开发商如狐狸一样嗅到了异味，他们停业或减少开工了。我们前面停止了增发项目的准备工作，原因是预期今年年底股票会跌到2000点以下，如真是这样，房价也要下跌20%—30%，那时建筑材料市场会怎么样？如果我们不提前处置，到那时候，影响的就不仅是我们的建材业务，还会横向波及汽车玻璃。"

最后我宣布：1. 关闭方案集团副总裁何世猛组织实施，严格控制将损失降到最小。2. 福清3号线要确保在8月底前停产。3. 财务部停止拨款给双辽1号线做冬储，考虑到双辽1号线库存材料需要用完，可以安排在11月15日前停产。4. 海南两条线将各种材料调整平衡，力争在12月10日前停产。

一个福耀历史上最严肃、最大规模的自救行动，就这样悄无声息地展开。

会后，福清浮法的副总经理黄中胜找到我办公室来。

他说："老板，现在 3 号线还是会挣一点钱，虽然没什么大的利润，但基本保平。"他依然希望能保住生产线，减少关线所造成的直接经济损失。

"现在是建筑玻璃销售的最旺季，这时 3 号线都没有什么利润体现，冬季来时，北方玻璃南下，价格会跌得更厉害，那时不是就更没有利润，做它干什么？给我关掉。"黄中胜呢，出于忠诚，心痛关停生产线带来的那点损失，找了很多人，想了很多办法，试图挽救，拖了一个多月，最后还是被我逼着下令关了线。

今天，在我回忆这一段历史，我依然为自己的举动而自豪——22 亿元人民币没能买到我的人格。或者说，我没有向 22 亿元的巨额利益屈膝。这让我至今自豪无比。

进入 9 月份，奥运会也结束了。如我所言，股票开始直线向下，进入 10 月份最低达到了 1664 点。

这时，我们的管理层也认识到形势的严峻，一场更加激烈的整改在福耀全面掀起。有数据显示，2008 年 12 月份与 2006 年 12 月份同期比较成本下降了 20%，我也再次组织会议推动精细管理在全集团的深入开展。

2009 年春节过后，大概是 3 月底，针对当时的形势，我计划关停通辽两条浮法线，当地政府得到消息后很紧张。我到通辽的那一天晚上，那顺孟和书记请我共进晚餐并讨论关闭通辽生产线的事情。

"按福耀的企业原则，发生亏损经调研认为短期无力扭转的企业会被关掉。通辽现在已连续几个月，月月亏损，我们分析，短期内难以扭转亏损的局面，因此有计划关掉这两条线。"我向那书记汇报，"第一批关的工厂是双辽，没有通辽，是因为两个厂在同一地区，先保通辽，但是，到现在还不能解决亏损的问题，所以决定要关。"

那顺孟和书记沉吟良久，似乎也无话可说，但他还是不死心，希望最后一搏。

"曹总，能否延迟一年关，一年后如还亏损那就关掉。"那书记说。

"这一年的亏损您能否承担？"我问。

"大概多少钱？"

"不计投资者资产损失，直接亏损应在 1500 万至 2000 万之间。"

"市里可以负责。"那书记立即答应，"第二天先拨 1000 万元支付一季度亏损。"

至此，我已基本完成了 2007 年年初定的应对危机的四条措施。

2009 年 8 月一天，我在办公室里看财务部送来的报表，看到通辽公司截至 7 月 31 日的利润，体现赚了 4800 万元（含市财政补贴的 1000 万元）。我拿起电话，告诉通辽财务部，把那 1000 万元从利润科目移放到应付款科目内，"我过去的时候，就要把钱退回市里。"我叮嘱着。

还钱？

为什么？

电话那端的人想不通。财政补贴的钱，就是企业的了，1000 万，钱不多，可也不少哩。但想不通归想不通，董事长的话必须坚决执行。

一周后，我亲赴通辽。

当天中午，傅成钢市长请我吃饭。席间，我告诉傅市长一个好消息，因为得益于我们国家的救市政策，房地产商热情空前高涨，因此通玻不但不亏，反而有了很好的盈利。"报表反映 1—7 月盈利 4800多万，当然其中有您支持的 1000 万，相信下半年盈利会更高，"我说，"傅市长，我这次来，一是向您表示感谢，是因受您补助的承诺，才保留下这个厂，现在受益应该表示感谢。二是那 1000 万元我决定退还给你们。"

"曹总，这个钱不用还，我们用的也是工业扶持资金，您可以留下。"

但我坚持退还给政府，"因为当时是我提出可能亏损，才得到的这笔扶持资金。"我说，"通玻已经盈利，这笔款现在若还留在我手上，以后与你们讲话就会被打折扣。"

"政府拨款资助企业，企业却坚持要退回。而且是民营企业，这事真不简单。"那书记知道这事后，在全市经济工作会议上说："我从大学毕业到政府当科员一直到现在当到书记，拨款无数笔，拨出去的款，从来没有人退回来的，但是曹德旺做了，这样的企业家这样的民营企业，是值得我们学习的。"那次发言，他一连用了几个"想不到"：自己为官经年，大大小小，接触企业不少，但拿到了财政补贴后又归还的，还只有福耀一家曹德旺一人，真是没有想到，一家民营企业能够这样"讲信用"！

后来，集团的干部也有人问我为什么还钱，我告诉他们："经商最重要的是经营信誉。如果一个人没有了信誉，就失去了生存价值。因为这笔钱是我错误判断形势说会亏损他才给的，现在没有亏损按理应该归还。这样做，才会赢得他对你的尊敬。以后万一有困难人家也会理解并帮助你。这就是给自己留条后路。"

处理完福耀的自救事宜，我可以专心地研究美国金融危机对全球经济，对中国经济，对福耀的影响。

2008 年 7 月，美国发生因"两房"（房地美与房利美两家公司）债务危机持续致银行二季报惨淡，9 月，美国政府接管房利美与房地美，雷曼兄弟公司的危机浮出水面，引发了全球金融业动荡，波及全球经济。在香港以外地区到处都可以看到抗议集会与游行，要求银行赔偿其购买垃圾债所造成的损失。10 月，美国国会通过 7000 亿美元救市案，全球股市一泻千里，全球主要央行联手降息。

到了 12 月，我陆续收到涉外业务部门的请示件，大都是因为 XX 单位可能发生危机，是否继续为其供货。

请示最多的是指汽车厂。

有一份报告称通用汽车已申请破产，很多供应商正采取断货措施。我们应该如何解决？我了解到福耀与通用合同是到货后 3 个月付款，正常情况下大概压款 1000 万美元左右，不正常那就另说了。我的第一反应是，在我弄清情况前，公司必须按过去方式发货，没有我的通知不能停发。业务部门反问为什么，我耐心地分析给他们听，我说："从理论上讲，我们虽是通用汽车供应商，但这只是分工，我们与该厂有一个共同的目标，那就是生产汽车，服务人类。因此，福耀企业若想繁荣，必须先保证通用的兴旺。从这一点上说，我们是一根藤上结的两个瓜，应该相互爱惜，不要小看一片玻璃或一两千万美元，有时也会变成一根压死人的稻草。"

"通用生产汽车赚钱，我们的玻璃是依附在它的车上，也赚钱。从道义上讲，它出了问题，有了困难，我不能一下子就甩开，这样有一些不厚道。"

因为和自己的命运是息息相关，我开始着手研究美国危机与三大汽车的命运。

研究过程中，我写了《向汽车厂妥协——UAW 的智慧选择》一文，发表在《福耀人》2009 年第一期的卷首，我在文章中说——

全美汽车工人联合会，简称 UAW，成立于 1935 年，时逢 20 世纪美国经济高速发展，汽车在美国国民收入不断提高中普

及，受益于此，汽车事业亦年复一年高增长，经久不衰，UAW
与此成正比并迅速膨胀，其势力远超三大汽车的股东，受此影
响，美国汽车业竞争力日渐衰退。

2008年美国发生因次贷危机引发的金融危机暴露了美国深
层次的问题，一贯傲慢的美国人才意识到国家高负债，以及超
前消费，还有经济全球化的现象都是泡沫，难以想象的债务已
使美国陷入债务的深渊。30年代大萧条那可怕的一幕又可能
再现，这让全球财经界受到威胁。在此情景下，奥巴马政府如
想恢复经济，让制造业进入正常轨道无疑是他的首选政策，
那么削减工会势力，刺激投资者激情，就是奥巴马政府的当务
之急。

我一直认为奥巴马会通过让三大汽车倒闭，借此推翻UAW。
但意想不到的是，据新华社引用的路透社报道称，UAW在2月
17日与福特汽车达成削减成本维持运营的协议，向福特妥协，让
福特在这关键时刻减少100多亿美元的支出，同时UAW也与通
用和克莱斯勒两家汽车厂达成类似的协议。受此影响，UAW系
统组织的员工，损失了数百亿美元福利与工资，但他的组织因此
改变而能继续存活。

这正如我们中国的一句古语，"皮之不存，毛将焉附"，如没
有工厂，哪还需要工人？没有工人，哪需要工会？企业存活的第
一受益者就是我们工人本身。——向汽车厂妥协，意在自救，这
充分体现UAW的大智慧。

经过研究，我最终得出的结论是，虽然三大汽车向美国政府申请
破产11条，但不会破产。理由如下：

三大汽车存在的问题：

缺乏有竞争力的产品。主要是缺轻便低油耗的新车型，因此争不过日、韩汽车。而造成这种局面的原因，不是他们自身的技术与生产能力存在问题，而是美国政府以前提供给公众的汽油量足而价廉，养成了美国人喜欢用大而笨、笨而重且不计油耗的车型需求。现在，因为金融危机，因为油价持续上涨，美国人突然发现不能再用大而重且大油耗的车型了。要解决这样的问题，相信三大汽车公司皆不须费多大的气力。

汽车制造过程中劳工成本过高。这个问题不是汽车厂造成或汽车厂有能力解决的，是美国政府自 20 世纪 70 年代后期，错判了形势，认为可以通过印钞票，并发展以金融业为主的所谓服务业，获得繁荣。早期的确没问题。作为产业调整，政府所出台的政策都是入微与全民共享国家兴盛的红利，表现在扩大工会权力，刺激金融业发展。这就迫使三大汽车劳工成本居高不下，失去了其在全球的竞争力。造成这种事实，责任在美国历届政府而不是汽车厂。

美国人民需要留下三大汽车。美国国土面积近千万平方公里，人口只有 3 亿，城市建设习惯于稀与疏，如果没有汽车，几乎将一事无成。资料显示，美国现有汽车保有量大概在 2—3 亿辆左右。假设，汽车寿命是 10 年，那么美国每年需要新车 2300 万辆，需求量这么大，自己不生产想依靠从国外进口解决，不可能。仅凭这一理由，三大汽车都不可能被破产。

三大汽车如出问题，美国政府将无法承担赔偿责任。据资料显示，美国三大汽车公司从业人员近 500 万人，由三个板块组成——A、零部件生产企业，占三分之一；B、汽车制造企业，占三分之一；C、成品汽车配送与销售，包括金融服务等，占三分之一。如果三大汽车破产，这些从业人员怎么办？要花多少安置费？这个损失比现在三大汽车重振所需补充的资金要多得多。

三大汽车这次需要的资金与美国危机缺口的资金比较，不过九牛一毛，根本不算缺口。因此，我认为不管美国财政是富余还是短缺，美国政府都会支持三大汽车的再出发。

根据上述分析，我正式通知，只要通用有需求全面满足它，完全可以排除破产风险。

荣获安永全球企业家奖

2008 年六七月间，安永中国来电话，称总裁吴继龙先生想来拜访我，希望我能给一个方便的时间。刚好那几天我都在福州，所以我告诉他，这几天可以随便他安排。

吴继龙我 1995 年的时候就认识了，此君长得很帅，又笑得很甜，也没什么架子，因此还是比较谈得来，虽然说与他没有发生什么业务来往，但在某些场合中碰到也都会寒暄几句。

几天后，吴继龙带着一位很漂亮的小姐来到我办公室。

互致问候后，他就直接切入来访的主题，说想邀请我参选安永企业家中国选区企业家奖。

"我与安永没有业务来往，您请我参选不是亏了吗？"

"曹总，不是一回事儿。在评选企业家这个项目上，您不是我们的客户，我们会觉得更轻松。这样，您如果当选，人家也不会说安永是利益输送。"接着，他详细地向我介绍了安永企业家奖的前世与今生。"您知道，安永是全球四大会计师事务所之一，我们企业的核心价值是，严谨、独立、公开、公正、公平。为了弘扬或者讲是宣传我们这个文化，最早是 1986 年在美国开始，我们每年赞助评选年度企业家，因为是安永会计师事务所赞助的，因此冠名为安永企业家奖。得里总裁就位后，把这个奖扩展成全球性，首次在中国举办，是 2006 年。"吴继龙认真地用他的粤语普通话告诉我，"应该讲，安永奖的含金量很高，因为我们独家赞助且不收费。主要表彰拥有远见卓识的杰出企业家，有'企业界的奥斯卡奖'之称。评委选聘的都是权威人士。如果您今年参评'安永中国企业家奖'，并且当选，明年，您就将代表中国参加在摩纳哥举办的安永全球企业家大奖。"

听起来好像很吸引人。但是，我历来对竞评名次的事不大喜欢。从这里开始你一句，我一句地，我们侃了近一个小时。这期间，吴继龙又告诉我，安永在各国评选优秀企业家的原因是，安永认为"企业家是商业社会的支柱，他们开办企业，创造企业模式、就业机会、财富甚至是新的行业。纵观历史，企业家的努力改变了经济和社会面貌，而企业家们的成就更能鼓舞他人仿效及发挥他们的才能。"因此，安永企业家奖的获得者将成为安永企业家协会的会员，作为会员，将参加安永企业家协会每年举办的"安永企业家奖全球高峰会"，目的是让世界各地的顶尖智囊顾问、政策制定者、创新家及企业家，聚首一堂，探讨如何实现高峰会的愿景，即企业家共同塑造一个更美好的世界。吴继龙说，"全球高峰会包括主题演说、演示会、专题讨论会及午餐会，并且包括由拥有实践经验的企业家和知名商业顾问，就当前最值得关注的投资热点所应采取的商业策略，提供远见、卓识及切实可行的意见。这些活动能开阔参加者的视野……"

吴继龙很具说服力。一小时后，我答应他报名参选"安永中国企业奖"。

2008 年 10 月中旬，秘书接到开会通知，要我在 10 月 31 日到上海参加竞选会。通知说，经评委评选，我已获得"安永企业家中国

2008 制造业得主"，我将与消费品、制造业、房地产、服务及科技业等其他行业的 11 名得主竞选本年度安永企业家大中国区的大奖。

我去了并且被选上。2008 年 10 月 31 日晚，在上海浦东香格里拉酒店举行的颁奖晚宴上，我如愿领到了安永企业家中国选区大奖。

"曹德旺的身上集中体现了真正杰出和成功企业家所具有的卓识、领导才能和果敢精神；他从众多来自中国大陆、香港和澳门地区的参选企业家中脱颖而出及获此殊荣。"安永中国主席兼首席合伙人孙德基同时表示："曹德旺的身上真正体现了一个成功企业家的素质，这就是创造力、创新精神、激情及其所特有的推动变革的能力。除此之外，曹德旺还致力承担社会责任，使得许多人的生活大为改观，为建设更美好的社会作出贡献。他的成功为我们树立了一个典范，即具备真正的果敢和创新精神，加之不懈的努力，我们就能最终实现潜能。"

根据颁奖典礼要求，我上台领奖并作了获奖感言，除了讲些感谢的话以外，我还答应代表中国企业家参加 2009 年 5 月于蒙特卡洛竞选全球企业家奖。

光阴似箭，白驹过隙。转眼进入 2009 年。

当时，全球企业都陷入由美国金融危机引发的恐慌中。中国更在此时爆发了 H1N7 禽流感，各地机场均设关检测流动人口体温，而此时的吴继龙也积极联系我的秘书，要证件用于订票，因为按规定参赛代表费用是由安永负责，并告诉我们可以带几个人去，作为亲友团。当我的秘书向我报告这件事时，我叫她转达吴继龙，机票我自己买，因为我可能会从其他地转过去。后来，吴继龙提出要我提前准备好一个演讲稿，我告诉秘书代我拟一份给他，搪塞过去。

当时，我其实是打了退堂鼓，并不想去，却又不便说。

这个时候，另一个人促成了这件事，她就是民生银行私人银行部总裁朱德贞。朱德贞来电话问我是否有兴趣参加她这次组织欧洲游活动，"几个老板，乘法国一个飞机厂提供的商务机去欧洲绕一圈，来回时间大概是一周，具体时间安排在 5 月份。"朱德贞说。

"可以。"

既然去了欧洲，时间又正好，因此我就计划接着去蒙特卡洛参加安永全球企业家奖的活动。

接着我就积极安排欧洲行，联系了几个在欧洲朋友。没想到，5 月初接到朱德贞通知，因禽流感问题，计划取消。但此时，我在欧洲方面的安排已经不能取消了，于是我重新调整计划，于 5 月 20 日到了欧洲，同时和吴继龙约好，5 月 27 日在巴黎碰头，然后一起前往蒙特卡洛。

因为是旅游，随身只带一个小型行李箱，内装西装一套，衬衣两件。没带领带，穿着便鞋，就出发了。

当时的想法很简单，到蒙特卡洛也是玩玩而已，实在有需要，在当地购买就好。

在德国期间，有位女士带着她的小孩请我吃饭，席间她谈到，她的小孩太调皮了，前天还跟同学打架，因为这个同学给他起了个外号，叫他"中国制造"。那位女士解释说，在当地，"中国制造"是贬义词中之最，集中了粗制滥造、坑蒙拐骗、假冒伪劣等等。

女士是笑着说的，我却如鲠在喉。

中国在短短的二三十年成为制造大国，成为"世界工厂"，是一件很让人高兴的事，但是，我们也不得不承认，进入 21 世纪以来，"中国制造"在呈现辉煌的时候，其劣势也渐渐显现。

我们有许多企业，明明知道自己的产品有质量问题，但为了赚钱，不择手段仍然发给我们国外的客户。当然，这样的中国制造的产品销售到国外，客户用不了几天，质量问题就出现了。众多的国外客户一再经历这样的故事，于是"中国制造"在世界就宣扬出来了。垃坂货、便宜货、问题商品、假冒伪劣产品也就成了"中国制造"的代名词。

很多时候，我们中国的很多人用自己看来高明的手法摘取不符合规则的果实，用一种冠冕堂皇的借口来为自己的行为辩解，殊不知，这种耍"聪明"得来的短期效益，用"术"换取的一时安稳，其实是在自毁"中国制造"的长城。

在北京飞往欧洲的飞机上，我还看了一部印度电影《贫民窟的百万富翁》。平日里，因为工作忙，我基本上是不看电影的，有点时间，全都用在读书上。因为旅途时间长，这一次，我完整地看完了影片。

当然，电影本身也吸引我。《贫民窟的百万富翁》（Shumdog Millionaire）是根据印度作家维卡斯·史瓦卢普的作品《Q&A》所改编的，由英国导演丹尼·博伊尔执导的电影，于 2008 年上映。电影叙述了一名来自贫民窟的青年，参与问答节目《谁想成为百万富翁》，当中过程非常顺利，在答到最后一道题目时，被主持人怀疑作弊。在恐怖的拷问下，他道出一段段与题目相关的往事回忆。这部电影共获得 4 项金球奖大奖、7 项英国影艺学院大奖、8 项奥斯卡金像奖大奖，被视为是 2008 年度最成功的电影之一。

或许冥冥之中真有预示吧。

后来，在蒙特卡洛得知参选企业家的 6 个条件和回答 6 个评委问题的那一幕，在我看来，活脱脱地就是主人翁贾马尔再现——我也是一个贫民窟出来的百万富翁！我之能最终取得"2009 年安永全球企业家"的荣耀，和我的一生坎坷经历息息相关，谈论起那些问题，都只不过是一些回忆而已。

一个简单的聚会，一个看似玩笑的故事，一部百万富翁的影片，它们在向我预示着什么呢？

当时我也没有多想，感动、感悟、感怀，收获不小。

5 月 27 日中午飞抵巴黎。

在机场，看到了吴继龙与梁小姐。也算他乡遇故知了，见面后大家都很高兴。这时，吴继龙急不可待地向我要竞选演讲稿，"您的秘书有给我一份，但我觉得不到位"，他说，"我请她再重新写一份，她回答我见到您的时候向您要就行。"

"我讲话一般都不用稿的，您为什么要稿呢？"

"因为您不会英语，我要替您翻译。"

"我的情况您不是很熟悉吗？还要我介绍？"

"您又误会啦，是这样的"，吴继龙解释道，"您这次来是代表中国竞选'安永全球企业家奖'，按流程规定是，今天晚上 7 点，您要见全部评委及其他国家的参赛代表；明天开始用 3 天时间评委要见每个参选企业家，用 1 天时间他们评选。根据安排，您是第一位见评委的参赛企业家，时间是 28 日早 8 点，也就是明早 8 点。见面过程大概是您先围绕评选条件介绍一下自己，要简单明了。"

"都是什么条件呢？"

"您不知道？"吴继龙显然受到惊吓，"我两个月前就传真给您的秘书了，她没有给您？"

"有给我，但我没看。"我这时不得不说实话，"坦白说，我原是不想来的，是因为您的盛情难却，我才勉为其难地来了。也正是因为这个原因，我安排秘书代我处理您的文件。"

"曹总啊！您现在来了，评不评得上您这一生都只有这一次机会。"吴继龙依然是有条有理地，"您的时间也花了，钱也花了，为什么不努一把力，配合一下？如果评上了，您知道意义有多大吗？"这会儿，他像是老师教导学生，"安永设奖开评以来，今年是第 26 届，从来没有一个华人得过这个奖。这一次，我们倒是对您寄予很大希望，您若获奖，那我们中国团队也觉得脸上有光。"

"好了，不要说了。您告诉我，他们的评选条件都是什么？"这一番话，说得我有点无地自容。"您现在有么？有就给我，不会太迟。"

"评选标准，从 6 个方面：①您是从无到有的创业者；②从小到大；③经营业绩良好；④社会责任；⑤全球影响力；⑥持续发展能力。"

"知道了，我会认真地去写。"

"不要啰啰嗦嗦、穿鞋戴帽的，越简练越好。"他不放心，又叮嘱道。

这时机场广播登机，我说："到酒店后再处理吧？"蒙特卡洛太小没有机场，飞机飞去里斯机场，航程大概 40 分钟左右，下了飞机，大会来了一部奔驰车把我们接到位于蒙特卡洛市中心的王子酒店。

一进店，迎面而来的气势，让我深知自己此行犯了一个大错——自己所带的所有行头都不合适出席在这里举行的任何活动。意识到这一点，对自己没有认真对待这件事，深感懊恼，实在对不起人家。

那时已是下午 4 点多了，我还缺一双皮鞋，一条领带。因此，一进房间后，我告诉吴继龙我有急事先外出办一下，6 点钟见面。

我溜出酒店。幸好蒙特卡洛是挥金如土之地，市中心名牌店林立，我找了两家皮鞋店才买到一双勉强可以穿的皮鞋，又到旁边店里挑了一条领带，跑回酒店冲洗干净刮好胡子后，穿上西装打上领带还有那双刚买的皮鞋，去大堂找吴继龙去了。

吴继龙与梁小姐一见到我这一身打扮很开心，我们一起走向了酒会餐厅。里面已经有好几百人了，大家都着西装，很多人有带太太来。吴继龙带我到处找评委，一个一个拜访过去。大概在 7 点 15 分左右，大门口突然进来一位非常漂亮的女人，年龄大概在 35 岁到 40 岁之间吧！全场男人眼睛都移到她身上，收不回来，而太太们都会用酒杯去碰身边的老公，让他把魂收回。因为是酒会，只供饮品，没有饭吃。

　　因此，在见完评委后，梁小姐说他们在这里订了一个台，是最好的法国餐厅，只不过要出酒店走几步。因为我新鞋会咬脚，就请求换鞋后去。席间，吴继龙向我问了很多关于汽车玻璃方面的问题，我相信这都是在为他明早的工作做准备，我请吴继龙安心用餐，"我已经知道评选条件，这 6 条我都符合。我相信，只要公平我会当选。"我说，"当然，选不上也没关系。你放心，我会珍惜这个机会。今晚，我回去后就用一页纸简单地勾勒出我这一生所做的事。明早 7 点，我会在餐厅里交给您去翻译，字句不多，如果英语熟练的话，几分钟就可搞定。"

　　"根据目前条件，也只能如此了。"

　　饭后，我们三人很快回到酒店，此时已是当地时间晚上 10 点 15 分了。我倒了一杯水，点上一支烟，将 6 条标准分别写在纸上，苦苦思索用什么方法来表达。考虑了几个方案，都被我否决了。半个小时很快过去了，我终于提笔在纸上写下了几行字：

　　　　我是曹德旺，来自中国，专营汽车玻璃制造与销售。在我做汽车玻璃时，中国所用的玻璃完全靠进口。我的公司于 1991 年获批准，发行股票，1993 年在上海交易所挂牌上市。自上市至今，股票都是上证 50 成分股（蓝筹）。为强化公司治理，1995 年，公司引进了国外独立董事制度，我的汽车玻璃荣幸地为全球八大汽车厂提供 OEM 配套，获得良好评价。同时，我非常重视生态环境保护以及人文关怀，深受社会各界好评。

　　　　我的企业拥有自己的专利技术，可供生产多品种小批量玻璃。随着全球竞争激烈，这个技术十分受欢迎，特别是欧美各国，我认为这是福耀的未来竞争亮点。

写完这几句话后，认真再推敲一遍，觉得很得意。我已把参评标准全部镶入，这下可以好好睡觉去了。

翌日 7 时，我打扮整齐出现在餐厅，原想去等吴继龙，没曾想他早已经先到了。我从西装口袋里掏出这张纸交给他，不到两分钟，他开心地说："您真聪明，表达得很到位。"他掏出笔立即在我的稿子上进行翻译。我呢，早闻到早餐的香味，走到自助餐台前挑选自己想吃的东西了。大约过了 10 分钟左右，吴继龙也站在了自助餐台前。

7 时 55 分，我们两个出现在酒店地下一楼一间会议室的门口，静静地等待通知。

准 8 时，门口小姐核对了证件后，叫我们进去。

进门，坐下。哈罗，Good Morning！打完招呼，我就开始自我介绍起来，吴继龙用笔在那张纸张里对过后，开始翻译。吴继龙刚讲完，其中一个评委就开始提问："真有意思，您是做汽车玻璃的，美国三大汽车都破产了，会不会影响到您公司的未来？"我说："谢谢您关心这事，但我先纠正一下，美国三大汽车公司是在申请破产 11 条，还没破产。我认为将来也不会破产。"

"是，是破产 11 条。为什么说他们将来也不会破产？"他追问道。

"理由是多方面的，我简单讲几条：

三大汽车确实存在着许多问题，在经济上碰到难题，但我分析认为这不会导致其破产。因为这些问题不是短时间形成，而是一个较长时期的积累而构成。其中，有些是企业需要承担的责任，但有些问题企业根本就无力承担：如工会问题。应该讲，这是整个政府和人民都必需承担的责任。另外，三大汽车这次曝出的问题主要是没有储备适应市场新的需求，即所谓节能车型问题。从客观上讲，这个问题应该由汽车厂承担责任，但又不完全是汽车厂的责任。如：原来美国油价很低，百姓收入又高，不太计较油耗的高低。突然，油价升高了，百姓对油耗便有了要求，给市场来了个措手不及。汽车厂原来没生产低油耗车型，这便陷入了窘境。对于这个问题，汽车厂有责任，但也不需要承担全部责任。

另外，美国现在整个社会的文化，几乎就是汽车文化，离开汽车什么事也干不成。美国每年需要两千万辆左右的汽车，来维持更新，三大汽车如破产了，这些需求任务由谁来担纲。

三大汽车由零部件制作、汽车厂，销售与服务三大块组成是一个大系统，约有 500 万从业人员。如果让其破产，政府要花多少钱来安置这些人？少说也要一两千亿美元吧！但现在三大汽车只缺几百亿美元，就可解决这个问题。而美国这次发生的经济危机，损失的是万亿美元计，与之相比，连个零头都没到。因此我分析，美国政府从自身安全或国家安全考虑，都不会不救三大汽车厂。

"您怎么知道得这么具体？"

"我是通用汽车全球最大供应商，要去研究这些问题来支持销售决策。"

"那么福特汽车又为什么在欧洲卖工厂？"

"那是福特汽车在卖与瑞典合资的一种车型，叫沃尔沃。这款车大家都不看好，认为油耗大，加上该车定位为高级白领用车。这次危机，冲击了这个团体，队伍缩小了，收入也降低了，因此福特把它卖了，把钱弄回美国去救本部。"

"为什么您认为经济危机给您带来好处？"

"因为我的工厂在中国。中国汽车的特点，就是小批量多品种。汽车产量不大，但是品种很多。我是服务于中国汽车工厂为主的，而我的同行业务主要在国际上，他们都是高自动化的生产线，适用于大批量的生产。"我说，"在这次危机里，各国的汽车厂都受到冲击，通用、福特这样的大厂，原来一种新车型出来可以有一两百万辆投放市场，现在新车型不管什么车都只有几十万辆。这样就逼得我的同行业高度自动化的生产线没办法适应现有的生产，而我的小批量多品种正好适应这一新的形式，从而给我带来新的发展的机会。因此，我认为我们将来会更好，我也希望通过未来几年的努力进一步超越他们。"

他还想再问，但铃声响起，时间到了，我们立即站起来说"Bye Bye"走人。

出到门外，我这才发现吴继龙已是满身大汗。"吴继龙，您好像很紧张。"我说。

"是。"

"您真是的，是我参选，奖能不能拿走，是我的事儿。我不急，您急什么？"

"我非常希望您这次能够入选。"他像是大大地松了口气，"不过，您今天表现得非常棒！"他说："刚才我站起来走到门口的时候，听到评委中有人说了一句话，他说：'这就是标准的企业家。'听声音，这句话，好像就是问您话的那位评委。"

后来我听说，参选 43 位企业家都面试结束后，评委们坐在船上，弄到公海上面去投票。把我拿出来投的时候，问这个评委，这个评委说我投中国的；问那个评委也说我投中国的，问第三个评委也说我投中国的。因为已经超过了半数，后面的票投或不投已经不具意义了。我还听说，会议讨论时，辩论最激烈、说一定要投给福耀的，是非洲裔的评委，可当他看到中国的已经过半数后，就说那我就投给印度的。从这一点上足见他的评委水平让人佩服。印度的评委也投印度，最后主席说，那我也投给印度，主席那一票作废，剩下 5 个评委的投票数就成了 3 : 2，我胜出。

为什么主席那一票是废票？中国评委马雪征告诉我：评委本来有7个，但是投票当天，一个评委有事没有到场，剩下6个评委。主席定下规则：如果发生3比3的情况，主席的一票就作废。

主席票可以当作废票，这是我参加安永全球企业家奖学到的新的投票技巧。有趣，这是西方文化的又一种呈现。

5月31日。

一早，接到通知，说中午有一场宴会，目的是让企业家们相互多一些交流的机会。宴会进行到半场的时候，安永梁小姐突然站起，告诉我们她要出去占照相的座位，"每年这个活动中午宴会后都会照集体照，前排10个人是坐的其他人是站在后面。"她说，"我去帮您占个好位置。"

我暗想，香港人真敬业。她完全可以不去占位。去占位，她不但没吃饱，那天外面太阳那么大，她又白又漂亮，顶着烈日为了占一个前排中间位晒了半个多小时，让我感动不已。饭后大家出来，梁小姐站起叫我坐在她占的位置上，我只有接受她的好意。

集中。对焦。大概15分钟，还未开始拍照。坐在前排中间的椅子上，我发现周围围满了看热闹的人，当然也可能多是记者与亲友团的成员。此时，又是那个漂亮的女人姗姗来迟，她走到前排，站在那儿等待人家让位给她，或等导演为她找位置。大约有5分钟的时间，没有一个人自动与她搭讪。

这让我觉得很难为情。

此时，我想到我这张脸标准地代表中国。我这次可能得不到大奖，但在此为中国企业家做一次形象广告也不错。所以我站起来，用肢体语言表达让位给她，只听到她连声说："Thank you，Thank you."

此时，会场内外所有人都将眼光投向我，我在右边角落里找一个位子，站在那边照了一张相。

2009 年 5 月 31 日晚 12 时，在地中海滨一座奢华的大剧院顶层，两扇天门徐徐打开，绚丽多彩的烟花腾空而生，照亮了地中海。安永全球主席隆重宣布："2009 年安永全球企业家大奖获得者：来自中国福耀玻璃工业集团董事长曹德旺先生。"现场掌声四起。闪光灯跟着啪啪，两个大灯，一个照在我的照片上，一个照在我的身上。我赶快从座位上站起来，跟大家挥手致意说谢谢。安永全球企业家大奖独立评选团主席兼瑞典 JCE 集团主席 J. Christer Ericsson 先生接着说明评委选定我为大奖得主的理由是："他的成就远远超过汽车玻璃领域。福耀集团真正推动了中国汽车工业在海外的发展。他同时也为中国的公司治理开辟了先河，他不仅把福耀重组为福建省最早成立的股份有限公司之一，也是中国最早将独立董事引入董事会的企业之一。安永全球企业家大奖今年的竞争十分激烈，也正是因为上述因素使各位评委最终决定把奖项颁发给曹德旺。"

后来礼仪小姐把我带过去领奖，带到颁奖台上，我一路跟着走，一路不停地向大家挥手。这时候，漂亮的土耳其女老板冲上来，拥抱我，亲我，拉着我和她跳迪斯科，她的热情，鼓动了我，我情不自禁地和她跳了起来。正跳得欢呢，吴继龙跑上来说，"曹总，还跳！快上去，主席在那里等您讲话。"

糟糕，出洋相了。我心想。赶快跑到主席台去领奖。

从主席的手中接过"安永全球企业奖"2009 唯一的一尊奖杯，我高高举起，万分激动，高声说："我能在一群如此优秀的企业家中胜出，捧得安永企业家全球大奖是莫大的荣誉。这个荣誉不仅仅是我个人的，也是福耀 10000 名员工和中国的荣誉。"

接着就是接受参会记者采访。英国一个记者将我拉到中国国旗下照了几张照片，从而留下了那难忘的一幕。

这时，我才忽然想起飞机上看的那部电影——《贫民窟的百万富翁》，我和主人公的经历是何其相似啊。

后来，2010 年，有位新华社驻美国记者回国，见到我时，他说："曹总，2008 年，我就在美国，中国新华社有安排我们调查三大汽车会不会倒，我们收集到的信息，正是您当时讲话的大意，这也就是当时美国的财政部争论的焦点，您所说的，也正是他们的意思。"他竖起拇指，"您太厉害了！"

2016 年 10 月 6 日，凤凰奖颁奖仪式前，美国俄亥俄州州长约翰·卡西奇盛赞福耀：代顿工厂的竣工投产，对当地的就业和经济意义重大，与曹德旺合影留念。

2015 年 3 月 26 日，曹德旺访问福特美国总部，期间与福特美国总裁 Joseph R. Hinrichs 先生（右一）、代顿大学校长 Daniel J. Curran 先生合影。

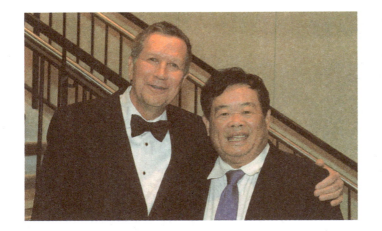

2015 年 1 月 12 日，曹德旺在哥伦布市下城希尔顿酒店参加俄亥俄州州长连任庆祝晚会，期间与州长 John Kasich 先生（左）合影。

2015 年 3 月 24 日，曹德旺在纽约访问高盛集团总部，与高盛董事长 Lloyd Blankfein 先生（左）合影。

2013 年 9 月 7 日，福耀俄罗斯第一期 100 万套汽车安全玻璃项目顺利投产，当天举行盛大的竣工庆典仪式，俄罗斯总理梅德韦杰夫发来贺信，对福耀玻璃集团在俄新工厂成功投产表示衷心的祝贺。

2014 年 11 月 25 日，在北京举行的第三届中国公益论坛上，曹德旺与美国前副总统戈尔（左）合影。

2008 年 8 月 26 日，曹德旺拜访日本丰田总部，与丰田社长丰田章男（左）（とよた あきお）（Akio Toyoda）先生合影。

2015 年 1 月 9 日，福耀玻璃美国有限公司为美国代顿大学捐赠 700 万美元，用于支持美国代顿大学中国研究院在苏州工业园区的发展。图为曹德旺与美国代顿大学校长 Dr. Daniel Curran（左）合影。

CHAPTER 6
第六章
走向世界

初访俄罗斯留下的印象

　　1996 年法国圣戈班入主福耀做控股股东，我的第一次危机，成功解脱，这时虽还是企业主管，但精神压力大大减轻，心情比较愉快。1996 年年末的一天，我原来的办公室主任陶亦莲联系我，她说，省人大副主任袁启彤想年初组团考察俄罗斯，初步定位：地市人大主任参加，想找一名懂经济的企业家同行，以便于与俄方交流，问我是否愿意参加。我说可以，就这样我参加了这个团，于 1997 年对俄罗斯进行了为期 10 天的考察。

　　我们先到德国，后到芬兰，从圣彼得堡入境俄罗斯。当天住彼得堡，接待我们的是当地杜马，下午就带我们参观彼得堡市容。这座城市让我们惊叹不已：一百多年前由彼得大帝一手策划并建设，城市规划、市政道路建设全都一气呵成，特别是街道两旁人工运河堤岸的用料更是考究，令人心服！看过这座城市，你就知道沙俄时代的俄罗斯就已经非常富有。

　　第二天我们去了索契的一个集体农庄考察，接待我们的农庄主席介绍，这座农庄面积接近一千平方公里，有近千台大型拖拉机和收割机，还有两架直升飞机，主要用于施肥和喷药。农庄除种田外还捕鱼，因此他们还有一个渔业大队。

在农地上我们看到麦田里麦秆矮小，并夹有杂草。农庄主席告诉我们小麦亩产大概在 100 公斤左右。我想他们种田，只是粗放型的稍微种一下，产量低，应是肯定。那天午饭农庄主席安排我们去渔业大队吃。从农庄到海边大概有五六公里，路上我们抓了十几只海龟，这些龟都是自己爬到公路上来，被我们白白捡到。驾驶员很奇怪，问我们为什么喜欢海龟，他说那一望无际的湿地中遍地都是，随着他指的方向望去，那一片片青草之间的湖泊上，游弋着数十只白天鹅，悠然自得，身上白毛洁净如画布上的天鹅……

午餐桌上，农庄官员告诉我们这个农庄股份制改革基本结束，他说 20 世纪 90 年代后，整个俄罗斯实施休克疗法。我觉得好奇，问他什么是休克疗法？他说是全国企业全部放假，大家共商改革。我问谁发工资给你们，他说中央政府。见我惊得张大嘴巴，他接着说政府有钱，我们国家有一条经我们这个地区出口欧洲的天然气管道，以此换回外汇，可供半个俄罗斯发工资。你们中国专列不断往我们这里发货，我们只用一些图纸、兵舰与你们换就可以，还是我们顺差。接着他们提出希望我们在他那里投资建一个磨面粉工厂，当我提出可行性报告以及投资回报计划时轮到他们惊讶了，他说为什么要回报？以前我们联邦政府给我们的投资只是建好了就行……我无语。

第二天，我去了莫斯科，住进市内一家所谓五星级酒店。房间还可以，但酒店服务实在不敢恭维。晚餐的时候，我们来了两位老乡，想留他们一起吃饭，酒店说不可以，因为没有计划，就没有饭。我说可否借两套餐具给我们，我们自己匀一下，他们还是拒绝，理由依然是没有提前计划。

在接下来的几天，我们参观了莫斯科红场、克里姆林宫，无不为之震撼。去乘坐地铁，更觉得这是全世界的奇迹。只是莫斯科大街上跑的汽车有点煞风景，多是破败不堪的苏联产的旧拉达、波罗乃茨。街道上很空旷，也可见到一些商店在卖东西，但价格都贵得离奇。

在莫斯科的活动是由福建省外贸集团驻俄首席代表李光接待，他告诉我们这里改革已经七年了，吃饭、穿衣、日常生活基本上没问题，现在存在的主要问题是经营秩序尚未理顺，从而导致物资及日用品奇贵，主要原因是政府在收税。这事各国都有，但是当地从原政府精简出来的人员失业无事做，他们出来收保护费，如街头卖冰棒的小贩，一个月一个箱子要交 5000 多美元。另外，海关不接受中国人直接报关，说是要俄罗斯人代理，而代理费用则差不多和关税相同。此外，报关还有另一种办法，直接由俄罗斯人去提货，这样会便宜很多，但风险很大。李光还介绍说俄罗斯基础设施很好，电力供应充足，每户每月只要 5 美元，煮饭、照明都解决了。说俄罗斯人口素质很高，因为苏联自列宁执政开始就实行全民义务教育，孩子从幼儿园开始直到研究生为止，全由国家提供免费教育，因此这里高等教育人数占比超过了 30%，所以这个国家的重工业、高科技非常发达，只是因为原来体制问题，缺少轻工业的发展，造成日用品、食品加工等行业的落后。客观地讲，这里资源有效分配制度缺失。

俄罗斯考察很快结束，应该说是大开眼界，对俄罗斯印象也较正面。我个人认为，俄罗斯如能闯过这个改革关，将会成为 21 世纪全球超级强国。主要理由是俄罗斯资源太丰富了，不管是土地资源还是矿产资源，抑或是淡水资源以及人力资源，都是首屈一指。特别是重工业与高科技产业，基础扎实，在军事科技等方面基本与美国一样处于世界领先地位。如果俄罗斯这次旨在推动市场化为目的的改革能够成功，将来前途无法估量。

直面反倾销

前面说了，1999 年，我完成了几件大事：一是将美国的分销改成了直销；二是接手圣戈班的股票，成为福耀的大股东；三是筹建了绿榕公司。

2001 年 2 月 28 日星期五晚上，我接到销售部黄中胜的报告，称刚从网上看到美国 PPG 联合其他两家美国玻璃公司，向美国商务部起诉中国的玻璃倾销。但还是在起诉阶段，而美国商务部尚未表态是否立案调查。根据我们美国公司反馈的意见，商务部肯定会同意立案。

放下电话后，我立即作出决定，通知公司各部门经理及集团高管第二天早上开会，研究应对方案。

第二天，会上出现了两种不同的意见，交锋激烈。

第一种意见认为，无所谓，不应诉。理由是，现在我们的产品在中国处于供不应求状态，同时内销利润比外销高。如果我们放弃打官司，产品转向内销，一是省去打官司所带来的沉重经济负担及胜负未卜的风险；二是可以将国内竞争对手灭掉。

第二种意见认为，应该积极去应对。如果这次不去应诉，就等于放弃了国际市场。因为不应诉等于承认了倾销，以后任何时候都存在这个问题，而且会漫延到其他国家。除非福耀从此退出国际市场。

我个人认为应该应诉，而且要组织最强力量来保证这个官司的胜诉。

主要理由是：第一，放弃，就等同于退出国际市场。而退出国际市场，意味着最终也要退出中国市场。因为汽车行业的全球化要求很高。我们的客户主要是全球八大汽车厂，他们实行的采购策略，是全球策略。第二，美国是一个法制国家，就是打官司也得讲依据。而福耀是一家民营企业，我们是在1999年开始使用ERP信息集成系统，保证了会计资料完整而且可信。第三，据了解反倾销诉讼是国际贸易组织唯一允许使用的行政壁垒，当企业被起诉时只能依靠自己去说清楚。当然我们可以作出放弃的决定，但丢掉的不是"国际市场"四个字，更是企业应承担的维护国家尊严的责任。

最终，我们作出了应诉决定。

会议做了如下布置：成立反倾销领导小组，我自任小组长，任命曹晖与黄中胜任副组长，曹晖负责在美国一线操作，要求聘请美国最好的反倾销律师，黄中胜负责国内应诉材料搜集作为后援机构支持美国应诉。会议决定集团各部门无条件配合并接受黄中胜领导，根据需要提供资料支持。

会议结束后，我把情况电话通报给曹晖。同年3月20日，我们获悉美国商务部决定立案调查，曹晖在美国聘请了美国GDLSK律师事务所最有经验的反倾销律师，一场你死我活的反倾销官司正式开打。

2001年4月，美国国际贸易委员会依照美国1930年关税法，在对被控产品进行倾销调查的基础上，初步裁决，从中国出口的ARG挡风玻璃在美国低于公平价值销售，对美国的产业造成了实质损害。

9 月 19 日，美国商务部初步裁决，认定原产于中国的 ARG 挡风玻璃正在或将要以低于公平价值的价格在美国市场上销售，信义集团（玻璃）有限公司被裁定 0.05% 的倾销税率，福耀玻璃等 5 家中国企业及加拿大 TCGI 被裁定 9.79% 的倾销税率，其余未应诉的企业倾销税率高达 124.50%。9 月 21 日，应利益关系方要求，商务部对初裁进行修订，福耀玻璃的倾销税率降到 3.04%。我们继续申诉，并继续提供相应的材料。

对于打赢此案，我很有信心。

2002 年 2 月 12 日，美国商务部作出最终裁决，福耀玻璃被裁定的倾销税率为 9.67%，信义集团为 3.70%，其他 5 家企业取福耀与信义的加权平均值均为 8.22%，其余未应诉的企业仍为最高税率 124.5%。3 月，美国国际贸易委员会终裁裁决，从中国进口的 ARG 挡风玻璃在美国低于公平价值销售对美国的产业造成了实质损害。之后，就利益关系方的要求，商务部于 3 月 15 日对终裁作出修订，福耀的倾销税率从 9.67% 增加到 11.8%。接到美国的终裁结果，其他的中国企业退缩了，但福耀没有。我们以美国商务部裁决不公为由，把美国商务部告上了联邦巡回法庭。通过一年半的努力，诉讼取得了初步胜利，2003 年 12 月，美国国际贸易法院作出初步裁决，对福耀玻璃状告上诉书上 9 项主张中的 8 项予以赞同，同时发出命令书要求美国商务部对此案重新审理。

除了向美国法院提出上诉，福耀玻璃还向美国商务部提出年度行政复审。

经过近两年的交锋，我发现自己有一点幼稚，在反倾销官司上根本没有法律！反倾销是一个政治问题，他们根本就没有认真调研，胡乱判的。后来律师跟我讲，为了拖垮我们，首先判你倾销。开着高额税单，把你拖垮，你虽然应诉了，拖几年过去，你交不起保证金就不行了。

这时候我们还是坚持跟他们打。我想了很久,如何解决保证金的问题,最后我找到了银行开信用证的办法,我不要交现金,到时候打赢了,我信用证收回来就行了。那段时间,福耀的反倾销小组,没有白天没有黑夜,吃在办公室,睡在办公室,整理的资料和数据起码有半吨,可以堆满一个房间。有时,为了一个数据,不论人是否回到宿舍,不论是否刮风下雨,雷电交加,都冒着风雨再赶回办公室,即便淋湿了身子,也不管不顾,立刻投入到查找数据的工作中。

另一方面,从自己的身上,我希望能有更多的中国企业对国外的反倾销有更多的了解。2002 年 10 月 11 日,我在北京对外经济贸易大学成立了一个中国反倾销研究所——对外经济贸易大学福耀反倾销研究中心,我亲任理事长。福耀反倾销研究中心由学术委员会、理事会、执行部门构成,龙永图副部长担任总顾问,中国世界贸易组织研究院院长张汉林教授担任副理事长。中心下设办公室、研究部、咨询部、论坛部、信息部等。福耀反倾销研究中心将全面收集我国主要贸易伙伴的反倾销法律、法规、行政规章、主要贸易伙伴反倾销典型案例相关数据、资料、WTO 有关反倾销的法律文件、案例等,深入研究倾销和反倾销方面的有关法律和经济问题及外国企业应对反倾销的经验和教训,为企业和相关政府部门提供针对性的咨询服务。不定期地召开国际国内反倾销理论、实务和法律研讨会,邀请世界和国内反倾销及相关领域的专家学者、政府官员,就国际反倾销热点问题进行探讨。依托对外经济贸易大学中国世界贸易组织研究院的师资和教学资源,为我国政府和企业,培养反倾销领域的高级专门人才。

当美国反倾销案正在进行过程中,加拿大反倾销硝烟又起。2001年 9 月 20 日,加拿大 PPG 公司和 Lamiver 公司联合向加拿大海关税务总署及国际贸易法庭提交申请,要求对原产于中国的 ARG 挡风玻璃进行反倾销调查。2001 年 12 月 18 日，加拿大国际贸易法庭和加拿大海关税务总署联合发出公告，对福耀玻璃等 4 家出口汽车挡风玻璃厂家进行反倾销调查。

加拿大海关税务总署和国际贸易法庭是负责反倾销调查的机构。海关税务总署的主要职责是调查倾销是否存在及倾销幅度是多少；国际贸易法庭的主要职责是调查损害是否存在，倾销与损害之间是否有因果关系。

2001 年 12 月 18 日，加拿大国际贸易法庭和加拿大海关税务总署联合发出公告，对我国应诉的 4 家出口汽车挡风玻璃生产厂家进行反倾销调查。涉案出口金额 1800 万美元。

2002 年 2 月 15 日，依照《特别进口措施法》(The Special Import Mesuress Act，SIMA) 第 37.1 (1) 部分，加拿大国际贸易法庭裁定，被调查产品已经对国内产业造成了损害或有损害的威胁。5 月 2 日，加拿大海关税务总署作出了初步裁决，中国涉案企业存在倾销，其中福耀玻璃被裁定的倾销税率为 57%。

8 月 6 日至 9 日，国际贸易法庭在加拿大渥太华的安大略湖召开听证会，就被指控产品是否对加拿大国内产业造成损害或损害威胁的裁定听取各方意见，福耀玻璃参加听证并提供了大量证据。

我们通过律师查他们的海关资料，美国 PPG 在加拿大卖的汽车玻璃也是由美国生产，运到加拿大的。因此，对于加拿大而言，PPG 和福耀都是出口商，所以，我们的律师提出一个问题，在法庭一审开庭辩论的时候，质问加拿大的法庭，加拿大是主权国家还是美国的一个州？如果是主权国家的话，美国 PPG 跟中国福耀都是外国人，没有权告我们。法庭觉得我们提的意见成立。在法庭上，法官拿出一本《圣经》，让 PPG 的代表手按《圣经》发誓，"您发誓，您接下去所讲的都是事实。"

"我发誓。"美国 PPG 代表右手按着《圣经》发誓。

"被告提出的 PPG 在加拿大市场卖的玻璃是不是从美国运来的？"

"……"PPG 想解释，但法官没有给他解释的机会。"请回答：是或者不是。"法官说，"这个问题，请您手按在《圣经》上回答。"对于天主教基督徒而言，手按《圣经》撒谎，是最大的罪恶，没有人敢这么做。因此，PPG 不敢回答。加拿大法庭判 PPG 不具起诉资格。

2002 年 8 月 30 日，北京时间 22 点 30 分，加拿大渥太华时间 8 月 30 日上午 10:30，加拿大国际贸易法庭终审裁定，来自中国的汽车挡风玻璃没有对加拿大国内工业造成实质性损害或实质性损害威胁，倾销不成立。至此，历经 9 个月的加拿大反倾销案，最终以福耀玻璃为代表的中国汽车玻璃行业彻底胜诉。

2003 年 12 月 18 日，旷日已久的对美反倾销上诉请求获得美国国际贸易法院的支持。当日福耀集团收到反倾销案上诉律师杰弗里的邮件，获悉美国国际贸易法院伊顿法官对福耀反倾销上诉案作出裁决，对福耀上诉书中 9 项主张中的 8 项予以赞同，同时发出命令书，将该案发回美国商务部，要求重审。

2004 年 10 月 15 日，美国商务部公布了就来自中国的汽车挡风玻璃行政复审的终裁结果，福耀玻璃出口至美国的汽车挡风玻璃 2001 年 9 月至 2003 年 3 月期间的行政复审的终裁倾销率为 0.13%（小于 0.5% 视同为零倾销税率）。这意味着从终裁之日起，福耀玻璃将不再按照 11.80% 预缴反倾销税，同时 2001 年 9 月至 2003 年 3 月已缴纳的反倾销税将予以退还。

作为中国加入世贸组织以来第一个反倾销胜诉的案例，福耀反倾销案，后来成为中国企业反倾销的经典。

签约克里姆林宫

2010 年 12 月中旬的一天，我乘中国国际航空公司班机于当天下午 4 点左右抵达莫斯科机场，曹宗辉带着卡卢加州招商局的人来接我。一出机场就让我震撼，原来那宽阔的马路上满满当当塞满了崭新的进口车，堵车成为俄罗斯一道奇特的景观：从莫斯科机场到卡卢加州不到 200 公里的路程，我们用了 5 个小时，仅在莫斯科环路上就花了近 4 个小时。

卡卢加州只有一个袖珍酒店。说是袖珍那是因为太小。这个酒店是德国大众建厂时带来的，如果没有大众工厂还没有这个酒店。酒店总共只有一个餐厅，几个小会议室，不到 30 间住房，但这已是当地最好的酒店，由德国人经营，服务质量很好。

当天晚上，卡卢加州副州长和招商局局长请我在这小酒店吃饭，并约好第二天上午 9 点来接我去见州长。

第二天 9 点整，他们如约接上我们去了州长官邸。到了州长接见厅，州长已站在那边迎接我们，先是致欢迎词，随后亲自介绍说，卡卢加紧邻莫斯科，位于其南侧，距克里姆林宫大约 200 公里。整个州人口有 100 多万，是一个农业州，自改革后重新规划战略定位，要把其建成美国的底特律，也就是今后要变成汽车城，现在已有德国大众、法国雷诺、日本本田等几家汽车厂入驻建厂。福耀如果在此建玻璃厂，作为配套卫星工厂，对卡卢加将具有非常意义。因此，他代表州政府诚挚邀请并希望福耀能落户卡卢加州。我知道这样的场合只是双方首长握手认识的地方，所以我的注意力放在研究州长的言行上。客观地讲，州长给我留下非常好的印象，他大约 1.8 米个头，圆形脸，双眼炯炯有神，讲话谦和又不失干练。半个小时见面会很快就结束，会后我就随着副州长前去看地。

俄罗斯自 1990 年后政府将土地全部分配给农民，且享有永久地权。卡卢加州有一个开发公司，从农民手上买了一些地改造后提供给需要建厂的企业，这样比较简单，但价格有点贵。选址确定后，留下的事就是曹宗辉与他们去谈判了，我也就回莫斯科，准备第二天去欧洲。

过了 2011 年春节，曹宗辉向我报告俄罗斯建厂成本时着实吓了我一跳，厂房用地每平方英尺 5 美元，设计费按厂房面积每平方英尺是 30 美元，主厂房建设按成本每平方英尺要 200 美元；俄罗斯不接受自带工程队，所有建筑商品材料都得在当地买，每吨水泥要 300 美元。我们找中国驻俄罗斯大型中国工程公司，请他们帮忙，报价是每平方英尺 170 美元，但不包干。这个成本，对工业企业来说是绝对难以接受的。我建议宗辉找州政府报告，如此价格，完全是来自州政府的不合理规定引发的垄断式单价，这会使投资者因此而却步。经过多次反复讨论，州政府也认为太贵了。后来通过州政府出面干预，同意我们钢构厂房从中国买，工程队由我们在俄注册一个工程公司承包，设计也做了变通，允许中国设计，然后在俄罗斯做转换设计。通过这样变通，总体基建成本下调了 60%，最后我批准了这个方案。

剩下的那就是与卢卡加州签购买土地及项目落地等相关协议了，此事办完就可开工，这时已到 2011 年 4 月。一天，我接到报告，俄方提出要求，希望这个合同安排在胡锦涛主席访俄期间签约。他们给出的理由是：这是他们州重点项目，刚好俄中首脑会面在即，借这个机会宣传一下。

接到这个报告，我立即告诉宗辉，马上向州政府报告，福耀是一家民营企业，规模不是很大，你们要求在克里姆林宫签约我们办不到。在胡锦涛主席访俄期间，肯定有很多重要项目要签署，因此我必须先告诉你，我方没有能力左右政府做这个安排。结果州政府说，俄方认为这个项目最重要，安排签约的事由他们来协调，叫我们不要管。同年 5 月初，我接到报告，俄方通过外交部发照会给中国驻俄使馆，将这个项目纳入胡主席访俄签约项目之一。过了一周后得到消息，此照会被中国外交部拒绝。又过了几天，我接报俄方坚决要求这样做，并再次发照会给中国外交部。此时的我有点无奈，束手无策，就安排人向外交部报告，希望能接受俄方要求，避免节外生枝。外交部说去争取，……时间到了 5 月底，我们再次接到报告，俄方第二次照会再次被拒绝……无奈，我只得让曹宗辉沟通俄方别再发照会了，自己则马上安排到俄罗斯签约。

2011 年 6 月 11 日，我抵达俄罗斯，12 日到了卡卢加。经过努力，州政府同意 13 日在卡卢加州府官邸签约。上午 10 点我们签完土地购买合同及相关协议，就从卡卢加乘车去莫斯科，计划乘 14 日下午航班回中国。

6 月 14 日早饭后，因前次来俄被堵，差点赶不上飞机的教训，我们计划提前去机场。宗辉汇报说州长刚才打电话说请曹总暂时不要回国，这个合同要在克里姆林宫补签；他说胡主席会在 14 日到莫斯科，行程是 15 日中俄项目签约；我说你回电话给州长，告诉他我知道他很重视，他的美意心领了，我正退房离开酒店准备回中国。又过了大约两个小时，我们在去机场的路上已经走了很远，中国驻俄使馆致电曹宗辉，问我在哪里。宗辉告诉他，曹总在去机场的路上，下午回国。大使馆方面恳切说道，希望曹总暂时不要回国，因为刚刚又接到俄外交部关于这个项目签约的第三个照会，很是坚持要将这个项目纳入到这次签约安排中。而此时刚好胡主席正从乌克兰飞往俄罗斯，联系不上，预计下午 2 点才能到机场，所以是否同意俄方要求要等到下午 2 点才能确定，现在先让曹总留下，基本上明天签约没问题，但要等总书记到了才能确定。此时我心中是一万个不同意，理由是既然当初拒绝了，那就要坚持到底；如果没有这个底气，当初就不要轻易拒绝，应该知道外交之间无小事。我接过曹宗辉手上电话，问他开始的时候为什么不认真考虑这个问题，他说我们一直持支持态度，部里也支持，但此事要获批准才可以。

当天下午 2 点，我接到大使馆方面电话，这个项目获批准，明天下午在克里姆林宫签约，而此时我已在机场换登机卡，但也只好再次返回酒店。2011 年 6 月 15 日下午，我出席了中俄签约仪式，并签了俄罗斯项目。

竣工庆典上的美国来宾

　　历时十三年对俄罗斯的观察，同时因与德国大众汽车供货合同的约束条款，几经努力，选址莫斯科南部的卡卢加州作为建厂地址的合约最终作为中俄两国合作项目在克里姆林宫签署，中俄双方最高领导人见证了合同签字仪式。对我来说，这个项目用这种方式签约确实压力不小，因此签约后，就紧锣密鼓地抓紧筹建，在筹建过程中经历了多少苦难就不细说了。因为俄罗斯是由计划经济转型的国家，整个体系都处在改革与建设中，没有成熟可操作的系统，同一件简单的事，在那边就会变得很复杂，特别对我们外国人而言。还好，我们很幸运，遇到了一大批好人，卡卢加州政府上至州长，下至各部门官员，都很支持，很配合，积极地帮助我们一起克服困难，基建与设备安装在这样的情况下花了 18 个月时间终于完成。

　　应俄方建议，2013 年 9 月 7 日在卡卢加州工厂举行竣工庆典。应该肯定地说，州政府对这次庆典非常重视，出面邀请了俄罗斯各方面高端人士，时任俄罗斯总理梅德韦杰夫先生更是亲自发来贺电。最值得一提的是州长安纳拖利·阿塔莫洛夫先生出面邀请并安排，将俄罗斯一年一度的汽车论坛安排在新工厂内举行；我则主要邀请了来自各国供应商以及汽车厂的客人，福耀集团在美国的机构邀请到来自美国的几名客人。

庆典第一个议程就是为这个项目竣工剪彩。州长首先代表州政府致辞，并宣读了梅德韦杰夫总理的贺电，我也做了简短致辞，接着就是剪彩环节。第二单元活动是俄罗斯一年一度的汽车论坛开幕。会上来自俄方的嘉宾多为大型企业的CEO、经济学家、政府官员等，他们分别做了主旨演讲，大多数人的发言内容对俄罗斯汽车工业发展持不乐观态度，只有少数人认为会慢慢好起来。

因为我是东道主，被安排在最后发言，这刚好给我一个相当于对大会主旨总结发言的机会。当主持人宣布由我发言时，我有点兴奋，健步走向发言席。

按惯例客套两句后，我直入主题。

我对俄罗斯的崇拜、敬仰，始于我的童年，那时候中国是由毛泽东主席领导，中苏关系十分融合，小学的教科书里有很多关于苏联的故事，包含着列宁、列夫·托尔斯泰、米丘林、高尔基等等，我相信有几十个这样的人物、故事。在我成年的时候，中苏关系发生了变化，不怎么友好了，但幼小心灵中留下的印象始终都在，为此萌发了有机会应该去苏联一趟，看看莫斯科红场和克里姆林宫。此后很长时间内，因各方面原因都无法实现，直到1997年，机会终于来了，应俄罗斯杜马邀请的中国福建省人大代表团之邀，参与该团出访俄罗斯。这是我第一次来到俄罗斯，并且是以中国官方代表团身份以考察访问的形式来俄罗斯。这次访问，我看了圣彼得堡、索契、莫斯科红场、莫斯科地铁、克里姆林宫等许多地方，给我留下的印象是俄罗斯真伟大，真富有，文化底蕴非常深厚，虽然这些建筑物不是苏联修建的，正因为如此，让我更觉得伟大，因为时间要再前推二百年以上。

此外，在这次考察访问后，还留下另一个印象，苏联1990年宣布解体，划分成独联体若干个国家。俄罗斯是其中一个，直接采取了休克疗法，一步到位。将原来的计划经济彻底砸烂，直接进入市场经济，政治上采用西方体制直选总统。这个方法反映的不是一般的大胆或简单，而是一个国家对自己实力的自信。

也是在这次访问中，我看到了莫斯科街上车辆稀少，而且多是破旧车，物价昂贵，供应紧张，但是走在街上的俄罗斯人却很平静、自若。此时距1990年宣布改革已有七年……我认为俄罗斯这次改革会成功，虽然还有成山的大问题，但是您必须知道，这里发生的不是简单地将政府主管由任命制改为选举这么简单的事，而是在改变一个国家的政体，一种文化，涉及政治、人文、商业及分配方式等方方面面。这将使多少利益集团遭受重创。要知道苏联经营了七十多年，全国人民已十分适应旧体制，现在改过来，一切都得从头开始。在这种情况下能够做到这个水平，已经是十分了不起。当时我告诉同团其他代表，俄罗斯将会在21世纪成为全球最强大国家之一。

自1997年开始，我几乎每隔两三年便会来俄罗斯一趟，每次都能看到这里发生着巨大变化，具体表现在莫斯科市容与物资供应上。2010年冬季，我又到俄罗斯，发现俄罗斯变了，洁净且充满文化氛围的莫斯科，变得有点像中国北京。

莫斯科变成了大停车场，交通堵塞胜过北京，堪称世界一堵，马路上满满当当地排满了外国品牌的新车。我从酒店去机场，以前只有一个小时车程，这次走了8个小时，最后还是改坐地铁才赶上飞机。

莫斯科像北京一样到处在盖房子，塔吊林立。与当地人交谈发现，大约在 45 岁以下的人，基本上认同西欧文化，45 岁以上的一部分人不大认同，主要认为政治与商业上腐败，官商勾结，分配不公等，但也认为国家改制需要一个过程。

通过二十多年时间密切盯着莫斯科的变化，我总结并得出结论，俄罗斯很快会成为全球第三大汽车生产国，其理由是：

1. 俄罗斯国土面积远超美国，人口比美国少，这造成生活与工作等需要交通工具，最理想的选择是汽车。现在汽车上不去主要问题有两点，一是路不通，二是老百姓购买力不足。

2. 莫斯科堵车原因不是城市规划出问题，您得佩服俄罗斯人的智慧，他们在一百多年前修的路，都比我们北京现在的宽，城市建筑庄严大方、漂亮和谐，无可挑剔。造成现在堵车的根本性原因，主要是由于中央集权过度集中，造成各路利益集团全部挤入莫斯科，志在逐利，因此莫斯科越建越堵。要想拓宽道路又不致破坏文物，我认为最有效的解决办法要从两个方面着手：一是改革并分散中央集权；二是将中央政府迁出莫斯科。

3. 莫斯科交通堵塞已严重伤害了主流与各界精英的利益，他们感到无奈与烦躁，都在积极寻找解决办法，但均苦于无良策，都认为解决这个需要大量资金，所以负担不起。而我不这样认为。我对俄罗斯的评论是，它已是全世界最富有的国家，不论是土地、淡水、矿产、能源还是人力等资源方面，都是全球首屈一指，是一个坐在金山上的"穷人"，拎着一大箩筐金子却满街叫穷。这主要是分配制度还未完善、市场体制还未成熟所造成。我认为聪明的俄罗斯人会很快解决这个问题。值得关注的是，解决堵车问题最迫切的人群是各界精英，因为他们现在被堵得最难受，而主宰俄罗斯命运的正是这一群人。

4. 经过二十多年的改革，俄政府已将土地分给农民，不管采取何种手法解决堵车，都离不开修路。而修路就得向农民买地、买砂石等材料，现在农民就坐等你去找他了。修路会让农民富裕起来，到时他们手中有钱了，路也通了，大家也想享受了，而宪法又没有规定农民不能买车……到这时，俄罗斯的汽车就会走向普及。一亿多人口，人均一辆车基本没问题，市场会倒逼俄罗斯成全球第三大汽车生产国。

……

毫无疑问，我的演讲是成功的，得到多数与会人员的肯定与认同，我很高兴。

演讲完后，我们公司主管销售的副总裁曹芳、陈继程带着两个美国来的客人向我介绍，一位是密西根州经济发展署副总裁 Mark Kinsler（马克·金斯勒）先生，高个子，人很谦和，给我的印象是很有修养、可靠。另一位是金发女郎，来自俄亥俄州，中等身材，微微显得有点胖，但是很端庄，眼睛很有神。陈总介绍说，这是 Kristi Tanner（葵丝蒂·田娜），美国标准的美女，是俄亥俄州招商局官员，主要来招商。

葵丝蒂说："我这次来这里主要是祝贺您新厂投产，同时向您表达欢迎到俄亥俄投资。今天您先忙，我会安排一个时间专程去中国拜访您，并向您报告介绍俄亥俄，希望能让你喜欢俄亥俄，在俄亥俄投资建厂。"

这次会见虽简短，却留下很深印象。回国后，没多久，葵丝蒂·田娜果然来访。我也欣然接受邀请安排去美国考察。

精明的犹太人让我捡了一个漏

时间进入 2013 年 10 月，在中国过完国庆节，我再次去了美国，这次目标任务有两项：一是应美国驻广州总领事郭谨女士邀请，去华盛顿参加"选择美国论坛"，借此机会想去密西根州与俄亥俄州兑现前诺，准备买一块地建厂。

我们一行有 9 个人，从底特律入境。当天晚上，密西根州长 Mark Kinsler 请我们吃晚饭，他用中国人送的茅台酒招待我，我们聊得很投机，也喝得很好。

第二天州政府招商局人员带我们在密西根州看了一块地，这块地是原通用的建厂用地，因为停产后被要求拆除而留下。客观讲，我也很满意，但因为我答应俄亥俄招商局葵丝蒂·田娜，她告诉我她找到一个现成厂房，所以我决定到俄亥俄去看一下再说。

当天下午大约 3 点，我们一行抵达俄亥俄州代顿市，葵丝蒂与厂房业主犹太人已在工厂等我们了。为节省时间，我们决定立即进工厂看。这里是原美国通用汽车用来安装皮卡车的工厂，总面积达 30 多万平方米，外面空地差不多也有 30 万平方米。此时我们前期在这里谈判的代表原底特律公司总经理向我介绍，我们计划买这里的 8 万平方米就够用，说犹太人业主开价是 350 美元 / 平方米，总价大概在 2800 万美元左右；建议我按 2500 万还价，买 8 万平方米。看了厂房，可是开了眼。我有一个喜好，喜欢看人家的工厂，可以说走遍世界，看过工厂无数，但都未见过建得如此考究的工厂，应该讲质量上十分满意，长、宽、高都适合我们的建厂要求。

此时我脑海里闪过三个问题：1. 根据美国相关法律规定，通用关闭工厂会被要求拆掉厂房及设备，为什么这座厂房没有拆？2. 十年前我与中国一汽副总裁崔朋伟一起吃饭，谈到一汽曾在 15 年前用 1 美元买了一个美国报废的工厂，他带队将工厂拆回的故事。他也曾谈到美国法律规定，关闭工厂要负责拆除原设备及厂房。3. 此时我又想起了老洛克菲勒先生将一大块地卖给联合国建总部大楼的故事。

我在心中开始盘算，这个犹太人从通用手上拿下这座厂房的代价，我认为通用是巨无霸企业，碰到要关闭工厂的事情，肯定不会计较厂房卖几毛钱，但拆除内装设备及清理垃圾需要一笔费用以及用于支付这笔费用 5 年时间的财务成本是多少？粗略算了一下，可能要 1000 万美元，那我现在出价 1500 万美元买这座厂房的 50%，他一定会卖，因为他可以先把成本收回，同时会因为一个来自中国的大企业落户在这里，会使他剩下的 50% 价值倍增。

看完厂房我们找了一个办公室坐下来，我开口问业主，听说您是犹太人，他回答是。我竖起拇指说，我们中国人对犹太人很尊敬，我也是，因为犹太人是全球最会做生意的人，而且你们勤劳、智慧、爱国。他听了很高兴，我继续说，不过今天坐在您对面的中国人，也是一个久经沙场的中国杰出生意人，之所以喜欢犹太人，是因为认为犹太人懂得应该怎样做生意才可赚到钱，容易谈判，节省时间。我继续说，我所代表的中国公司，我就不做介绍了，您肯定知道的，我只想坦诚告诉您，我这次来美国是想买一块地或厂房，造一个工厂。我上午在密西根看了一块地是空地，听说也是通用关厂拆掉的地。刚才看了您的厂房，质量非常好，我非常满意，不过由我来用这个厂房有点浪费，其实我不需要这么好的厂房。

现在我想请教您两个问题，1. 如果换成您，站在您的角度会选择在哪里建厂？2. 怎样才能让我今天就作出决定买您的厂房？他没有接我的话。我接着说："要建新工厂，我认为首先选择靠近我的客户建厂，因为将来便于服务，节省产品外运费用；其次要选靠我原材料供应商近的地方建厂，可以节省材料进厂运费。您说您一个现成厂房在这里，这两条都不具备，怎样说服我作出购买决定？我认为只有一个最好的办法，那就是把价格放下，让我觉得太便宜了，便宜到我觉得不舍，我才会买。"我说我不会同意按平方米计算来报价，这种计算方式不适用这个项目。接着我将挂在墙壁上的整座厂房图纸用彩色笔画出一片，图纸上基本一分为二，包括外面空地，我说就这些，我出价 1500 万美元，他听了瞪大眼睛看着我。我说您别着急，这是我的底价，您可以不卖，但我不会加价给您。他立即说您等我两分钟，我还有一个合伙人在外面，马上就来。实际上没到两分钟，他进来表态同意以 1500 万美元价格卖给我 50% 厂房计 148700 平方米，并提出晚上要宴请我们。

在后面的时间里我方同去的十几个人就私下偷问我，您那 1500 万美元出价是怎么得出的？我告诉他们上午看的那块地的来历，和十几年前一汽花 1 美元买了一个发动机厂的故事，都告诉我，犹太人业主拿这个厂房基本是没有成本的，但要负责清理并拆除旧工厂的工业垃圾。像他这样的企业在美国融资成本年化利率需 10% 左右，我估算他可能得花近千万元。这么大厂房很难找到买主，他虽只花了一千多万美元，但拿在手上已经 5 年，还未卖掉，就证明不好卖。我出

1500 万是预测他成本 1000 万，利润 500 万，他卖掉这一半后，收回成本减轻压力，余下的他可以延长时间卖高价，这个项目犹太业主肯定发了大财。事后我们了解到，犹太业主成本 600 万美元，囤在手上 6 年，计入利息约 1000 多万美元……剩余的厂房，他们不卖了，全拿去分区出租。

从这件事，我再次体悟洛克菲勒家族送出一块地这个案例，是一个经典的商业案例，就是通过改变周围环境条件来营造剩余价值。这个业主通过先收回成本，减轻负债压力，并因供应量减少 50%，来刺激他剩余的 50% 价值。这个厂房就这样，在双方都满意的情况下成交。

2014 年 1 月 10 日，我们在位于哥伦布市的俄亥俄州首府正式签订购买厂房的合同，州长 John Kasich（约翰·卡西奇），招商局葵丝蒂·田娜，还有众多的美国媒体参加并见证了这个签约仪式。州长约翰·卡西奇先生在签约仪式上做了热情洋溢的讲话，整个仪式充满了相互信任、积极向上的气氛，寄托着无限希望。

这个消息经过当地媒体报道后，引起了很大轰动。一方面大家都很激动，这个巨无霸厂房迎来了新主人，另一方面很多人怀疑这是不是一出闹剧。

在签约仪式的第二天，当地社区各界组织了一个派对，邀请我参加。他们用最简单、朴素的方式向我表达祝贺，并欢迎我加入这个社区，还告诉我，未来在这个社区投资期间，不论发生什么困难，他们都会积极提供帮助。在这次派对上，我们也察觉到他们更多的是怀疑，觉得这么大的项目，就这样决定了，是否会草率了些？他们说这两年一批批的中国企业代表团到俄亥俄来，看得很认真，谈得也不错，只是回去后都无下文，向我请教这是否是他们没有做好服务工作所致。

也是在这个派对上，我认识了代顿大学校长 Daniel Curran（丹尼尔）先生，他告诉我代顿大学在中国苏州有一个分校，他本人经常会去中国并说他很喜欢中国。校长高高的个子，有一点瘦，很谦和，给我留下一个标准的高修养知识分子形象，他还说，会尽最大努力为我在代顿投资提供力所能及的帮助。

此外，给我留下更深刻印象的是这个社区的老百姓。那天我与几个员工去餐馆用午餐，餐馆服务员说在电视上看到我们是中国来这里投资的，她们都很热情表示欢迎。身处此境，感到十分顺畅、舒服，但更觉责任重大。这个项目如出差错，丢的不仅是我的面子，还有福耀集团和中国人的面子。因此，如何把这个项目建好，就成为今生今世最大的任务。

美国也在谋求经济转型

2014年第四季度，我正着手编写投资美国的项目可行性报告中要求说明的项目投资背景材料时，恰好有人邀我去夏威夷参加一个高端论坛。会议期间，一个美国朋友问我："您有没有关注最近古巴与委内瑞拉发生的事情？"我说："没有注意，到底发生了什么事情？"他说："这两个国家都表示要与美国建交，我想问的是你们中国人是不是又说这是美国在背后搞的什么名堂？"我听后大笑，告诉他："一部分中国人如果这样说也是可以理解的，这都怪你们过去好为人师的历史记录，整天指指点点，表面看上去好像很努力，实际上什么也干不成。但是就这件事您千万别自作多情，我认为，古巴是因为卡斯特罗退休权力移交，委内瑞拉是因查尔斯去世总统换人。客观讲这两个国家都是因为权力易主引变，你们美国人千万别以为是你们努力的结果。就算是中国台湾，也是在蒋介石谢世后才有蒋经国的经济改革。"

"中国古代有个叫司马迁的人，将天下比喻为名利场。据他分析，天下之大容纳了这么多人，其分类只不过有两种，一种人求名，一种人逐利。作为政治家他想求不朽，可算为求名一族，奉行的宗旨是：若不能流芳百世宁可遗臭万年，因为虽臭却也有名。因此他们常说，政治没有正确与错误，能够得到国内民众的接受或认同就是正确，而经济与社会的发展与效率怎样则排其次。就算他们有这个想法，也因各自国内存在的许多制约因素让他们却步。有如查尔斯、卡斯特罗在位的时候，或许想的更多的是怎样与比自己强大几十倍的美国绝交或抗衡，为的是为自己求'名'上加分。这样评价这件事，我是根据历史以及政治人物的特点，还有各种现象来考评，我不会相信美国有这个能力改变这两个国家的历史。如有这个本事，那去改变一下朝鲜试试。"

我这样说不是在嘲笑或轻视美国，而是作为美国的朋友实事求是地说一说。

我始终认为美国确实强大，这不是偶然，而是由多方面要素促成。

首先，美国有一部《美利坚合众国宪法》，历时两百多年，为美国今天的经济发展和建设、人民之间的平等相处和自由竞争奠定了坚实的基础，同时为美国长期的稳定提供了保证。

其次，美国国家货币是美元，美元代表什么？在"二战"即将结束的布雷顿森林会议上，44 个国家通过了《国际货币基金协定》，决定战后将美元作为国际贸易结算基础货币之一，自此美元成为一百多个国家外汇安全储备本位币，全球大宗资产交易结算货币全以美元计价。得益于此，美元逐渐成为国际巨无霸货币。由于大宗商品交易商需备用大量美元，这也为美元超量发行，准备了有如"五大湖"般的蓄水池。

第三，美国有教堂。在美国，教堂几乎是遍布全国各地。这些教堂在每个周日容纳了超过 70% 的美国人，他们在这里进行精神充电。这为建设和谐、稳定的社会提供了保证，更让众多美国人找到心灵的归宿。

第四，美国有夏威夷。在当今世界游客心目中，夏威夷是一个旅游胜地，但很少有人注意到这其实是美国的一道坚实国门。我没有去研究，美国是怎样将夏威夷并入版图，但我听说，美国在夏威夷驻有重兵，我真佩服美国决策者的聪明，因为夏威夷是由南太平洋中几个岛屿组成，远离美国本土，距离最西端洛杉矶也有五千多公里。把国门设在此，可以阻挡来自亚洲、中东、南印度洋、南太平洋等各地的威胁，万一有战事，也只是在五千多公里以外发生，本土根本毫发无损。加上美国拥有众多高科技及军事装备，更有似"五大湖"一样的货币蓄水库支持，一个超级军事大国就这样形成。

第五，美国有纽约曼哈顿大街上的联合国总部大楼。

知道联合国大楼选址故事的人，都知道这个位于曼哈顿大道上的联合国总部大楼用地是老洛克菲勒家族以 1 美元卖给联合国的。老洛克菲勒先生是犹太人，当年他几乎拥有曼哈顿大街全部的土地，他送出其中的一部分用来修建联合国大楼，剩下的土地一下子成百倍升值，这种生财之道，成为千古传诵的典范。这样的生意也只有聪明、智慧的犹太人想得出来。这个经验后来被美国很多知名企业所借鉴，如沃尔玛在中国，他们运用沃尔玛山姆店的影响力，可以拿到几乎零租金的商场。大家都知道，大都市商品营销的最主要成本之一便是房租，而山姆店在老洛克菲勒示范下，借鉴来用在全球生意上。这个故事说明了美国拥有一批精明企业家，营商手段高超。

第六，美国有可口可乐。美国人虽然富有，但生活上追求简单，不管是自己用餐还是请客均是如此。饮料就是可乐或啤酒，主食就是汉堡、披萨、牛排、羊排、炸鸡块。在他们心中，吃饭就是填饱肚子；一起吃饭，就是一起填饱肚子，不是通过吃饭来拉关系，从而谋求原则以外的生意。他们目标非常清晰，那就是自然与简单，不会衍生出正常情况以外的事情。

第七，美国有苹果。苹果代表什么？代表永不止步、持续创新。乔布斯先生研制了苹果手机，他选择的是苹果 1 代出来后，不等用户厌倦就出第 2 代、第 3 代、第 4 代……他以企业家自勉，追求产品至善、至美，坦荡并客观，他实际上在告诉我们，每个产品在问世时就已发现它的不足，必须继续研究、改正。从乔布斯身上可以看到，美国人的创新意识以及永不止步、永不满足的风范。

第八，美国式高尔夫球语言。在美国，不论东、西、南、北，都能找到高尔夫球场，球场俱乐部会将球道场景印在记录卡上，并标明沙坑、水塘、树林等障碍物及距离。当你与他们切磋球艺的时候，他们会问你差点是多少，这句话是什么意思呢？高尔夫球设计每场由 18 个洞组合，标准为 72 杆，差点就是你实际成绩与标准的差距。从这里可以看到这是把管理统计学原理融合在娱乐中，培训你如何处理商务。而我们中国人不是问差点多少，而是问你打几杆，就是这一句话中的几个字不同，反映出两国的文化差异。美国人虽然是去锻炼身体，去娱乐休闲，可他们在娱乐的过程中，潜移默化地让你通过统计学原理来提升球艺，而我们则认为娱乐就是娱乐。

第九，美国有华尔街。应该最坚决地肯定华尔街，它是美国真正的聚宝盆。我相信全美每年的财富收入，起码超过 50% 是由华尔街创造的。华尔街聚集着全球一流精英，运用最新电子技术，坚持创新并不断推出金融衍生品，为高科技与商业规模化发展创造并提供支持。应该毫无疑义地肯定华尔街在人类经济发展以及把美国变成超级大国中起到的作用。

美国还有许多许多的长处，或是由于我不知道，或是作为朋友我认为不需要讲太多的好，避免有人说我拍马屁奉承美国，但我也为美国存在着许多必须引起关注的问题而担忧，简单地讲有四个问题：

一是华尔街敛财衍生出的矛盾。

华尔街是聚宝盆，作为美国主流尝到了华尔街的甜头，在分配上虽没有特别倾斜，但因为华尔街各个企业因自身高利润给员工支付的薪酬福利，高出了本国的各个行业，这就导致整个美国，不管是什么专业的精英，都卷起裤腿往华尔街跑，这或许也是底特律空城的原因？！

加上华尔街吸入全球资金，每天交易量相当于实物交易额的十倍。即便只有 1% 的利润，也会因其营业额巨大而收益颇丰。更奇怪的是，就是这样，全世界人依然都想将实物卖给美国，换回那连印刷的纸都需进口的绿色货币美元。这就又引发了另一个问题，美国商家从外国进口的商品，价格远低于美国本土厂商的生产成本，导致本土厂商产品销售困难，直接伤害了本土厂商再投资的积极性。这样的情况发生后，美国的主流不是去检讨原因，或想办法解决，而是指责外国企业倾销，发起反倾销诉讼。但他们又忘记了，这些游戏规则多是美国自己主持制定，即便是强国，但因为是官司，不是战争，谁都得讲道理。

美国的主流精英，借助强势主权信誉及廉价进口纸张，不断加印美元，原来设计的华尔街这个蓄水池虽可与"五大湖"比容量，但却因其数额巨大难以承载，便爆发了 2008 年的经济危机。更有甚者，劳资关系紧张的背后是政党关系。代表不同阶级的政党关系不可调和，这让许多厂商失去投资信心，因而制造业多年没有投资进行技术改造与升级，技术与设备老化，从而又加剧劳资关系紧张。这些问题的滋生，我认为都是华尔街强力敛财衍生出的副产品。

二是美元坚挺助推产业空心化。

哈佛大学肯尼迪学院对来自各国的学员灌输国家行政管理经验中，曾提到管理一个国家常用的两个手段：一是货币政策，二是财政政策。国家的主权在于分配治理，货币起到协助调节的作用，同时又是主权信誉的标识。而美元是国际货币，其强势反映出美国的国际地位，但美国不是国际政府，所以这里存在的实际情况是美元与欧元一样，只有结算或滥印功能，却缺少作为中央政府的财政调节功能。由大宗商品交易促成的蓄水池远远大过美国本国财政设计的蓄水池，而且不是大一两倍，是大数十倍。为什么现在没有国家站出来指明这个问题？道理很简单，他们买了很多美国国债，另外还考虑到美国若发生危机会威胁到他们的政权。美元强势而且超发有很多原因，我们暂且放下不去讨论，现在说说它对美国根本上的损伤。

由于美元长期以来受各国追捧，美元对各国货币的汇率不能真实反映出本国商品的价值。具体讲，在国际贸易中，汇率是商品交易，是价格的一个组成部分，由于美元强势，总比各国货币都强，随之而来的是进口商品全部价格计算起来比本国工业制品成本还低。我在调查分析中发现，美国劳工成本分两类，白领与中国比高 2.5 倍，蓝领与中国比高 8 倍；如果在亚洲，除日本、中国台湾、中国香港特别行政区以外，美国蓝领阶层工资高 10 倍。分析发现，除高科技企业以及高自动化制造业以外，美国劳工工资占成本比例约 45% 左右。从事制造业的都知道，成本中除工资以外，材料及其他成本很难控制在 55% 左右，为此厂商多亏损。

从这里我们可以总结出两点：第一就是制造业中白领与蓝领（与中国比）差距 3 倍，是一种成熟的制度。因为成为白领之前，除个人努力以外，还需要前期投资学习的成本与时间，而蓝领工资是中国的 8 倍，体现了员工劳动得到了有效尊重。第二就是本土货币强势用于国际贸易结算，损失了价格意义，造成价格与价值的扭曲，从而使广大制造商投资的积极性受到伤害，导致本国企业的空心化。必须指出，美国在 20 世纪 90 年代开始就出现了这些情况，也直接影响其国内公共基础设施的再投入。所以我认为强势美元给美国带来的弊大于利，只是美国人未能很好地平衡而已。

三是总统竞选制度带来的副作用。

我在这里讲这个问题，不是反对自由民主的选举制度，而是以个人分析认为：选举制度有先进之处，但也有待完善。

每届总统通过竞选产生，理论上讲总统是一个国家的统领，其职责是组建政府，代表全体美国人民的利益来管理美国这块土地以及土地上居住的人民。具体细化为三件事：一是守土，保证国家安全，国土不受外侵，而且不受污染；二是安民，是营造宜居环境，确保人民安居乐业；三是在做好守土安民之后，应策划长期发展及治理战略。如制度与法律的完善，产业投资取向，国家长治久安的需求等等。

我坚信早在 1789 年，充满智慧的华盛顿总统肯定是围绕这三个方面提出进行竞选总统，并将全民选举总统写进宪法，那时他考虑到多党竞选，但不会预测到今天选举的情况。坦诚说，我对美国总统选举了解甚少，一些见解也多是从新闻媒介获取。须承认，现在美国这种选举办法是比较科学的，由共和党和民主党两个党派竞选，一个当选，另一个就自动成为在野党，扮演着监督的角色。但是两个党组成成分不同，引出主张不同，这就让竞选逊色了。

共和党的组成多为社会精英阶层，如工商业企业家、职业经理人、学校教职员工、银行及非银行金融机构白领，他们组成了这个票仓。这几个群体的人多为家庭条件优越或接受教育程度较高，对问题有自己的看法。他们更多的是主张效率，让国家有更强劲的投资积蓄存财于民。

而民主党由另外一部分精英组成，主要有中小工商业主，非主流精英，主要选票源于工会、工厂。这个党公开宣示的是代表劳工利益，更多的是主张公平，就是要让民众即时共享成果、分享红利。

作为一个国家总统，他不仅要考虑效率，也要考虑公平，如何取舍视国情而定。因此一个国家既要保住公平，也要考虑效率，不然的话国家没有积累，靠什么来实现发展。但可怕的是现行这种党派之争恐难以兼顾长期发展。今天美国企业劳资双方的矛盾实质是政党之间主张的矛盾，这对一个国家制造业发展的损害不亚于汇率扭曲。本来作为厂商，要创造自身竞争力，要不断扩张壮大，形成规模，在市场上占领优势。厂商通过已建好的企业盈利作为后续发展的资本积累，通过培训工人实现因企业发展扩大所需的干部队伍，这时的厂商会把企业作为培养干部的学校。但因为两党政见不同，所以劳资诉求不同。工会为求自保，也提出要培养自己的骨干，这就导致了在以国家为单位来说是必不可少的竞争力（劳动力）的散失。

更有甚者还在后面，美国每一届新当选的总统，上任第一件事就是改组内阁，换上自己认为适合的人或者是为自己竞选做过贡献的人，作为内阁成员或驻外大使，而不是选拔这个国家最需要或最拔尖、最能胜任的人。接着就是部署如何可以在四年后竞选连任。此时的总统当然先致力于落实竞选承诺，同时要进一步联络自己的党派，第二轮竞选序幕就此悄悄拉开。从整个选举程序、过程结果来看，客观地说，所谓选总统，倒不如说是选党魁，或者是抽签赌一下谁来掌权。真正作为一个强势的国家所需的总统还是没有产生。在这里我认真建议美国人去检讨一下这样的选举办法是否有缺陷。

四是美国人自以为是，好为人师。

在我计划写此小传时，很想找一个贴切的语言来表达我心中的美国人，却久久未能如愿，还好近日有一个朋友给我发来了一封马云先生的道歉信。马云先生因在朋友圈中聊天，分析商业模式时，误伤了另一家企业，讲了一句不雅的话，被该家企业指责。马云自己也觉得确实误伤了人家，觉得很窘，因此，亲自执笔道歉，他说：我一生最大的缺点就是"好为人师，诲人不倦"。读到这条微信，我说我找到心中美国人的形容词了。

实际上成功的人都有这个共性，都想把自己成功的经验介绍给他人，本意是好的，希望他人也能像自己一样成功富有，但往往会疏忽了自己创业初期的境遇。

回顾美国建国以来二百四十多年的历史，可以发现，虽然同样是在运行华盛顿先生领导修订的《美利坚合众国宪法》，但美国社会在"二战"前后所显现的状态可谓有天壤之别。"二战"前的美国，政治上腐败，社会上坑、蒙、拐、骗、偷、盗样样俱全，成群的贫民到西部淘金，滥采乱挖造成环境污染严重。

美国真正的崛起得益于罗斯福新政，更客观地讲是得益于20世纪30年代发生的"二战"。战后全世界参战各国均处在破败不堪、百废待兴的境况，等待着修复战争的痕迹，而那些资源丰富的国家却处在原始的待开发状态。当时的美国，可以说，横扫天下无敌手，因为"二战"爆发时聪明的美国人宣布不参战，将全部精力投在经济发展上，将生产出来的机械军火、药品、粮食卖给全球的参战双方，换回大量黄金，为战后成立国际货币组织中认定的金本位美元奠定了基础，成为金元帝国。客观来讲，美国起家借的是"二战"这个机会。如果按今天的国际贸易规则来认定，又另当别论。最近三十多年，美国更得益于纽约广场饭店的"广场协议"，才有今天的繁荣。

从这个案例我们可以证明一点，民主与法制是人类高度文明的象征，值得追求，但前提条件有两个：一是民主与法制需建立在物质文明的基础上，没有物质文明根本谈不上精神文明；二是成功需要努力，同时文明还需要时间来积淀。

另一方面，应该看到，"二战"后，美国在八十多年里用了全世界的资金才建立起今天还不能算完全成熟的社会体系，现在却忙着向全球推介自己的价值观，根本没有考虑到各个国家都存在不同的风俗、习惯、宗教及历史、地缘等问题。相信美国人也是有自己的历史的，虽然不算太长。我们的先哲曾告诉我们，政治没有绝对正确与错误，用什么来评判？只有两个字，适应。只要适应国家多数民众的习惯与信仰，被民众所接受，就是正确的。

当然，我只能解释美国人"好为人师"是有这个本钱的。从主观上美国人也希望全球和平与稳定发展，但客观上却"忘记"了自己是怎样成功的，花了多少代价？经历了多长时间？"忘记"的这一点是事实，你承认不承认它都在那里摆着，不会因为你成功或强大而消失。为了这一点不切实际的虚荣，我相信美国没少付出代价，更糟的是让人觉得有几分幼稚，或讲得好听点是可爱！长此以往，对美国来说一定是个沉重的负担。

客观地讲，每个国家的社会精英都很爱国，都希望把家园建好，他们都很聪明，不论是中国人，还是俄罗斯人。人都是为希望而活，而孩子更是父母全部的希望。举个例子：在中国或俄罗斯，不能说全部社会精英，但起码近 30% 的人，将他们的第二代或第三代送去美国读书。

我在这里还要讲一句，美国经济并没有真正复苏，什么时候能够将奥巴马总统提出的恢复制造业大国地位，全面落实了才算复苏。而两党竞选机制与竞选纲领是劳资关系紧张的主要根源，短期内无法解决。华尔街与底特律的矛盾更如中国的万里长江，波涛不绝，一浪高过一浪。恢复制造业投资者信心，虽为主流力倡，但短期内也难找到可行办法。如果中国经济放缓，或硬着陆，美国不仅没有收益，也很难独善其身。

　　我想是否可以这样概括：美国曾借《美利坚合众国宪法》优势，借"二战"战胜国之威，依军事高科技力量，用华尔街经济霸权，修建了犹如"五大湖"容量的货币蓄水池，可以"随心所欲"地印钞票，在过去的五十年中，扮演着全球虚拟经济教父角色，获得不菲成就。也因此，"好为人师"性格就此铸就。俱往矣，过去的辉煌均成历史，谋求长久辉煌，还需靠铸就制造业大国的梦想。应该坚信美国主流的这个选择是完全正确的，这为我们投资美国创造了一个极好的机会。

投资美国

　　多年奔波于全球各地，系统地归纳各种信息，不难发现美国政府与各界精英已经知晓，他们原来推行的政策需要做调整或修正，虚拟经济不能长期推行。美国不仅奥巴马总统在上任初期就提出要恢复制造业大国地位，真正主裁美国政策走势的两院，更是积极推动。美国人雷厉风行的作风，更可在他们成立"选择美国论坛"这个机构上窥一斑而见全豹。这个机构不仅级别高、行动快，影响更广。美国驻各国大使馆都在积极推动，他们借对掌握所在国信息资料齐全的优势，以个别拜访或组织会议的方式推介美国政府的招商政策，积极推动"选择美国论坛"项目，美国正在谋求经济转型的部署已昭然若揭。从美国近代发展的历程，可以领略美国人想干就干的效率。如他们在20世纪力推虚拟经济，结果很快风靡全球。在上一节中，我已对美国投资环境做了系统描述，其主旨是为了证实一件事："现在选择投资美国制造业正是黄金时期。"这是一个企业家的敏感嗅觉。

　　福耀投资美国项目可行性报告所需的环境调查已有结果，接下来就是制定投资战略了。

多年与全球汽车厂打交道的经验告诉我，作为制造业航母的各大汽车厂，对零部件供应商的培养、发展与管理都十分重视，他们各自的体系对供应商都有严格要求。汽车玻璃更是如此，被要求具有原片玻璃生产供应能力、汽车玻璃产品的同步设计能力、新技术创新设计能力、自有知识产权拥有量等，最后才谈到自身生产能力。

回顾以往在中国办厂的成功经验，我清楚地知道，动机决定结果；要想成功最重要的就是要拥有一个正确的追求，这是不容置疑的先决条件。三十年前我开始做汽车玻璃，提出的宏愿是"为中国人做一片属于自己的玻璃"。这期间历尽艰辛，克服万难，不离不弃，实现了当初的宏愿，靠的就是这个正确的目标追求。今天，我在此制定投资美国的目标，应该用什么战略？这不是明摆着的吗！首先要爱上美国，其次本着高度负责的态度，在美国建一个属于美国人的企业，融入美国文化，并积极履行企业公民职责，为美国人造一片属于美国人的汽车玻璃。如果是这样，那么要想在美国投资获得成功，就得像在中国投资一样，要有浮法玻璃生产厂、玻璃工程研究院，具备同步设计能力，为 OEM 服务的工厂、为 ARG 服务的工厂等都得考虑。一个崭新的、完整链接上下游的对美投资方案便在这个基础上拟就并向社会公告。

当我想在俄亥俄建原片玻璃工厂的消息传出后，我的美国同行PPG 玻璃国际部副总 Richard Beuke 很快找上门来，告诉我 PPG 可以考虑把位于伊利诺伊州芒山市的两条浮法线转让给福耀。得到消息后，我立即飞到美国看了这个工厂，这里的两条生产线，虽都已老旧，需要大修，但从管理层到员工我都很满意，我认为企业员工比硬件更值得购买。

由于我们双方已有十多年的交往，互相信任基础很好，因此这个项目谈判也特别顺利。我只跑了两趟美国，最后我们双方确定于 2014

年 8 月 29 日在中国福耀集团总部签署交易合同，这个项目预期总投资为 2 亿美金（运营流动资金）。

在围绕俄亥俄项目投资期间，我在 2014 年去了 5 趟美国，几乎每次都与代顿大学校长 Daniel Curran 见面。他有一个助手是中国人，叫王卫平，出自江南名都南京的书香门第，属于大家闺秀，微胖，但性格开朗活泼。见面两次后，王助理就向我请教一件事，她说代顿大学有一个研究所，主要用于教学，建在中国苏州，因为办公楼是向当地政府租的，用起来存在两个问题：一是每年要付租金，这是一个负担；二是这栋楼政府要出售。王助理一再请教我可以用什么办法买下这栋楼。她说代顿大学不是缺钱，问题在于董事会不批准购买。我想这是一个大原则问题，谁都无法解决。我顺口问购买需要多少钱？她说大概 700 万美金。

我当初认为金额不是很大，而且是教育事业，属于公益范畴，可以让他们向河仁慈善基金会申请一笔资金。河仁慈善基金会是我在中国私人注资注册的慈善基金会，其中的一项重要业务就是支持教育事业。虽然捐赠完毕后我已退出，但依然具有基金捐赠人的身份。我考虑代顿大学在中国办学，对中国教育有很大的贡献，我可以为这个项目牵线搭桥。同时我个人的财富源自福耀公司，而福耀无论在中国还是美国，生意做得都不错，以这样的方式来回报中美两国也算是一种办法。

就这样，我把想法告诉了他们。他们听后很激动，客观上讲他们不敢相信这是真的。尽管这样，他们还是派王助理与苏州园区联系购买事宜。不曾料到苏州园区讲这栋楼是国有资产，底价批售给美国代顿大学，只能接受钱从美国汇入，不接受河仁基金会汇人民币。这让我感到十分棘手，不知如何应对。因为河仁基金会虽然每年可以动用的资金有 2000 万美元左右，但不便将钱汇出境。我想，如果我以这个理由不执行我对他们的承诺，有点为难；如果去兑现承诺，我必须向上市公司股东们解释。最后，我还是硬着头皮向集团董事会报告，要求批准福耀美国代顿公司向代顿大学捐款 700 万美元。虽然最后股东大会也批准了这个方案，但作为董事长的我倍感不是滋味，因为我用了公司的钱做捐款，这是我今生第一次，虽然我已在中国捐款超过 10 亿美元，但那些都是我私人的财产。

但值得骄傲的是我未失信于美国朋友，更欣慰的是校长得知我未来将在美国创建福耀玻璃工程研究院时，立即表态，将尽最大的努力为我提供帮助。这份意外惊喜虽在我意料之外，可细想后也在情理之中，因为无论中国还是美国，向善的人性都是共通的。

2015 年 1 月 5 日下午 4 点，福耀美国代顿公司向代顿大学捐款 700 万美元的捐赠仪式于俄亥俄州代顿大学总部如期举行，至此我心上的一块石头也落下了。

经过近一年的努力，一个完整的投资美国的战略方案也清晰问世。在美国建一个具有独立上、中、下产业链的汽车玻璃生产企业，其规模达到全美 30% 以上供应能力的企业投资可行性方案就这样形成，并力推成功投资的经典经验是爱上投在国的人民与文化，以企业公民范本作为企业的行为准则，同时谋求投资效益的最大化。

PERORATION
结语：半生玻璃缘

回顾我的一生，最青春的年华，都贡献给了中国的汽车玻璃。

回首走过的路，曾经的每一段经历，每一幅画面，每一场对白，均似一幕幕电影胶片，定格在我的人生舞台上，精彩而富有哲理。

我不一定是剧中的主角，但是，我演好了我的角色。

这是在我回首往事时，我可以这么自豪地对自己说的一句话。

我的人生，与玻璃交集。玻璃，亦给我别一样的体悟。

诚如诸君所知，我是做汽车玻璃的。汽车玻璃也叫安全玻璃。整车中，除了前挡风玻璃采用夹层技术以外，边窗玻璃与后挡风玻璃均采用钢化玻璃。而安全玻璃使用的原材料主要是平板玻璃。

平板玻璃用做汽车玻璃时需要钢化，而不管使用哪一种工艺成型的平板玻璃，其工艺流程均存在着一个先天的缺陷，无法突破。这个缺陷，就是在硅熔化后流向成型槽时，存在先后。先流出的先成型，后流出的后成型。虽然先后流出的时间差只有1、2秒钟，但因流出前后温差大，还是存在先出来的成型快，后出来的成型慢。这短短的1、2秒之差，造成的结果是：玻璃一旦受到外力撞击，其破损处就面目狰狞——锋利如刀，利刃如剑。使用钢化工艺将其钢化，就是把按规格切割好的玻璃，放进高温炉里加热到熔化临界温度，使二氧化硅分子重新均匀排列，并使用均匀高风压，对整片玻璃进行冷却，重新快速成型，以提高其抗冲击硬度。钢化后的玻璃不仅强度比钢化前提高10倍，其重新排列的二氧化硅分子在遇到超极限外力撞击之后，不再狰狞如刃，而是化作豆粒大小的碎片，不再伤人。

高档的汽车玻璃使用真空镀膜技术：即使用真空溅射技术，先把金属雾化，然后通过喷雾方式镀上。这样形成的膜，薄到纳米级，但装在车上，却可起到冬暖夏凉的作用。即使玻璃破碎了，膜还附着在它上，骨断筋还连。

玻璃如是，人亦如是。纵观天下，不管哪个政府、企业、机构、团体，如发生拉帮结派，其内耗不但有损战斗力，给团队和社会带来的危害亦是不可估量。其内部派系自然因相知的先后而有序矣。

人与物，其形其神，殊途同归。大千世界，神乎奇乎。

19世纪有先哲著书，将世界称为"名利场"。名利场者，"天下攘攘，皆为利往，天下熙熙，皆为利来"。古往今来，名利场下埋葬了多少英雄好汉？侥幸可以窃得，又有几多能逃身后骂名。常感慨，名利之科学取得有如真空镀膜技术，虽沐浴"名利场"中，但却钝化气场辐射，似有若无，似无若有，于在或不在间，入木，入肉，入骨，带来永恒。是谓道。

我们的祖国妈妈，经历了三十多年的改革开放，已发展成全球第二大经济体，但又一个新的矛盾浮了出来，那就是基尼系数居高不下，贫富两极有进一步分化的迹象，这又再一次困扰着我好事的心。借助投资美国常去的机会，对该国进行调研发现：作为全球第一大经济强国的美国，在过去的发展中，不仅注重发展经济，更关注社会和谐。通过近百年的努力，他们建立起了一个成熟并行之有效的社会救济服务系统，在不足 3.5 亿人口的美国拥有各类慈善机构近 200 万家，其中 80% 是由企业或企业主家族出资成立。除此之外，美国政府还刚性规定企业必须无条件为雇员缴纳其工资收入的 11% 作为各类保险费用（这里不含健康保险）。受益如此庞大的公益系统，换来了美国今天的社会稳定、繁荣富强。这不由使我回想起父亲以前曾告诫的：有福者，必须先有量，福是从气量中求。

从自主创业的 1983 年开始计算，至今三十多年来，我通过捐赠、救济帮助了上万名学生完成学业，救济社会贫困户超过十万户，修建学校、公园、道路、寺庙、图书馆，加之捐出的流通股票，累计捐赠超过 80 亿人民币，发宏愿祈求身边的社会和谐、稳定并与之共同发展。我把我的企业发展成名副其实的跨国集团。在此过程中我也从一个一文不名的贫困青年，成长为今天跨国集团的董事长，真可谓天道酬勤！更是天道酬仁！我在其中领略了无常之真谛，体悟到祖宗"谋求发展、兼济天下"的真实意义与价值。

回首往事，感触颇深，只恨才疏，难以归纳。草就此书，亦非为了博名，只想将过往所悟与天下共享，祈求众生能有所受益。

AFTERWORD
后 记

　　萌发著此小传之念，并非想标榜自己。缘起 2014 年年初，应美国东西方中心邀请，参加夏威夷的东西方慈善论坛。在这个会议上，遇见了来自美国的一批老朋友，有洛克菲勒家族的，以及美国一些著名慈善家。会议期间十分荣幸地认识了美国前财长保尔森夫妇，并单独与他们开了一个早餐会。保尔森先生与我同龄，虽贵为美国前阁僚而举世闻名，但为人却十分谦和，其夫人非常干练，据说是一位环保专家。他有一个以他名字命名的慈善基金会，叫保尔森中心，致力于支持有利于加强中美关系的各种经济和环境方面的研究和项目，包括关注全球的环境保护，如支持中国加强湿地保护、为中国的国家公园体制建设提供技术支持等。保尔森夫妇告诉我，保护地球上的湿地不仅因为湿地是"地球之肾"，更关键的意义是保护全球数以亿计的各类迁飞鸟类。他们说这些可爱、勇敢的鸟类一生都在不停地为了生存和繁衍后代而在每年的春、秋两季从南到北，从北到南地迁徙。它们不知道国界，跨境也不懂用护照。而湿地最关键的功能是为鸟类提供繁殖后代或迁徙途中休息、补充能量的栖息地，起到保护鸟类族群作用。这个早餐会开得很成功，我将自己的河仁基金会与其相比，觉得在普度众生中，保尔森夫妇救助的族群，无论是从高度上，还是数量上均超过我的基金会，自此心中立下向其学习的心愿。

这个论坛讨论的是中美慈善文化，也称中美慈善文化论坛，但这两年召开这样的会议所需费用却都是来自中国的慈善家们。美国业界的来宾都对中国这个族群赞赏有加。但从他们言谈中我也看到，在他们赞赏之余，却不忘对中国同行的质疑。在他们心中，或许根本不相信，在宗教信仰缺位以及经济生态环境处于转型期的中国，会产生企业家与慈善家一族。在他们看来，我们来自中国的这一族，最多只能视为土豪而已。

会议即将结束的最后一个下午，讨论了两个问题：一是是否将这个会议定格为常态化中美慈善文化论坛？二是 2015 年这个会议费用筹集问题。会上，中国慈善家又表态出资，我发出了完全不同的声音。

我认为：

第一，这样的会议充其量只能算是中美民间个人或团体自己的集会，根本不能定格为中美文化交流，因为双方参会人员的资格都没有经过国家法定程序认定，不能代表国家组织。

第二，既然是中美慈善文化论坛，参加的人，美国更多，为什么都由中国人出钱、赞助，这有失公平。发生这样的事，不仅有损中国参会人员形象，更玷污了美国作为现代文明大国的声誉。我认为2015 年如需再开这个会议，费用就由中美双方参会代表中均出，这才有意义。我说不光是钱的问题，这里显示出我们双方代表的素质与境界问题。

未曾想到我的发言得到美国参会众多朋友的支持。立即有美国一位慈善家先生表态，2015 年会议由他赞助。我说，那我也代表中国慈善家出 50%。这个会议就在这样一个讨论中结束了。

晚宴上，多位美国企业家开始关心我的前世与今生，我简单与他们作了介绍，却未曾料到他们十分感兴趣。他们说，您的创业故事很精彩，您的业绩也很突出，有没有出书？我告诉他们还没有。按中国人的文化，多做少说，再加上我还很忙，想等过几年彻底退休后再说。不料他们却说，他们对中国都很友好，但却有一大部分美国人对中国不了解，很想了解中国。你们的政府在也大力推介中国，但资料中唯缺少一个真实的中国企业家的成长资料。他们说，您应该出一本自传，目的是从另一个侧面介绍中国正在成长中的企业家一族。事后，我再三考虑，从他们在会上接受我的建议，再后来又建议我出书：我相信他们的态度、想法是真诚的。

回国后动了写书的念头，找来了原来一直热心让我出书的几位作家，他们也都付出很多努力。他们的建议认为一本书是否成功，关键是否被读者接受，如用第一人称写，略显枯燥。建议我提供素材，他们创作。几位都写了一两章，但我都不满意，应该承认，他们通古达今，加入了许多华美词汇，却淡化了我故事的真实，这与我出书的初衷相悖。为此，我试着要求用第一人称口述，由他人整理，但照样存在这个问题，因为口述往往体现不出故事真实完整场景与思想，整理者又加入了她、他的观点，最终才决定自己动笔。对我来说，这是一个十分痛苦的差事，但念到这是为了介绍中国企业家是怎样成长，促成外国人对中国的进一步了解，就这样上阵了。

回首过去，曾经的故事，历历在目，有如一幅幅的电影胶片，定格在我的人生舞台，精彩而富有哲理。通过认真总结回顾，我发现，中外虽有文化差异，但在创业路上的方法却大同小异。每一个成功的企业家，追求的都是一种奉献精神与境界，他浑身充满异样力量，他是市场经济的代表性人物。为此，他首先是一位创业者，凭其高度负责的精神，充满前瞻的智慧与胆识，借助市场各方的力量，凭借个人人格魅力创业。以市场需求为导向的持续创新，换取良好的效益与可持续发展的力量，同时能本着共享的精神关注企业身边的社会之和谐发展。在创业的路上，自 1983 年承包工厂开始，我始终以企业家自勉，并认为企业家的责任，是应始终坚持下面三个信念：

国家会因为有您而强大。

社会会因为有您而进步。

人民会因为有您而富足。

虽然这三句话看着有点大，但我却始终作为人生价值观的灯塔来树立。

责任编辑:詹素娟
文字整理:詹素娟
封面设计:彭世兴

图书在版编目(CIP)数据

心若菩提/曹德旺 著.—增订本. —北京:人民出版社,2017.4(2020.9 重印)
ISBN 978－7－01－017515－7

Ⅰ.①心… Ⅱ.①曹… Ⅲ.①曹德旺-自传 Ⅳ.①K825.38

中国版本图书馆 CIP 数据核字(2017)第 058393 号

心若菩提
XIN RUO PUTI
(增订本)

曹德旺 著

人民出版社 出版发行
(100706 北京市东城区隆福寺街 99 号)

北京中科印刷有限公司印刷 新华书店经销

2017 年 4 月第 1 版 2020 年 9 月北京第 3 次印刷
开本:710 毫米×1000 毫米 1/16 印张:25.25 插页:14
字数:350 千字

ISBN 978－7－01－017515－7 定价:79.00 元

邮购地址 100706 北京市东城区隆福寺街 99 号
人民东方图书销售中心 电话 (010)65250042 65289539